从小白到 CFO

财务精英的进阶之道

邢梁雁　刘永军◎著

人民邮电出版社

北京

图书在版编目（ＣＩＰ）数据

从小白到CFO：财务精英的进阶之道 / 邢梁雁，刘永军著. -- 北京：人民邮电出版社，2024.1
　　ISBN 978-7-115-62158-0

　　Ⅰ．①从… Ⅱ．①邢… ②刘… Ⅲ．①财务管理 Ⅳ．①F275

中国国家版本馆CIP数据核字(2023)第132317号

内 容 提 要

　　本书通过理论介绍、实践分析和案例解析，详细阐述了成为财务精英必备的思维和技能，有助于读者更好地完成财务工作。

　　本书提供系统、全面的财务管理方案，目的是让读者读懂财务报告、做好财务分析、减少成本浪费，做好纳税筹划，降低企业风险，提升企业盈利能力，从而帮助企业提高竞争力。希望读者能通过阅读本书对财务管理和财务总监的相关工作有更深的理解，并对实际的财务管理工作有所帮助。

◆ 著　　　　邢梁雁　刘永军
　　责任编辑　李士振
　　责任印制　周昇亮

◆ 人民邮电出版社出版发行　　北京市丰台区成寿寺路 11 号
　　邮编　100164　　电子邮件　315@ptpress.com.cn
　　网址　https://www.ptpress.com.cn
　　涿州市京南印刷厂印刷

◆ 开本：700×1000　1/16
　　印张：17.75　　　　　　　　2024 年 1 月第 1 版
　　字数：358 千字　　　　　　　2024 年 1 月河北第 1 次印刷

定价：89.80 元

读者服务热线：(010)81055296　印装质量热线：(010)81055316
反盗版热线：(010)81055315
广告经营许可证：京东市监广登字 20170147 号

前言
PREFACE

　　财务管理是企业管理中的重要一环。作为管理者的财务总监，其在企业中的角色越来越重要。一个优秀的财务总监应该具备良好的职业道德、较强的战略领导能力以及全面的工作能力。

为什么编写本书

　　对于初学者来说，财务管理作为一门专业性较强的课程，难免会有不知如何下手的感觉。在财务管理实务中，财务法规并非一成不变，而是一个动态体系。随着社会经济的发展，会计制度、会计准则、税收法规等也在不断地更新。

　　这些更新，给从事财务管理工作的人提出了更高的要求。本书对财务精英在管理中遇到的常见问题给出了解决思路和建议，并提供了落地方案。阅读本书，读者可构建财务战略模型，从财务报表分析企业，帮助企业解决内部控制问题等。

本书的定位

　　本书主要针对财务精英训练实操作业，塑造财务思维，规划职业道路，打通上升通道。

　　本书全面揭示了常见财务思维的逻辑内涵，从理论到实践，并辅以丰富的图表和实战案例，以帮助读者掌握财务总监精进的思维策略。

本书的特点

　　1. 内容丰富，重点突出。本书包含财务总监精进的常见逻辑内涵，可作为财务精英学习用书，可帮助读者实现从财务新手到财务总监的飞跃。

　　2. 图文并茂，案例讲解。本书图表丰富，案例解析，用直观清晰的图表和实务案例解析财务问题，通俗易懂。

3.注重实战，专业性强。本书属于实操性、方法性很强的书籍，内容充实具体，专业性较强。本书作者专注于财务战略与管理，有非常丰富的从业经验。

在编写本书的过程中，编者参考了相关资料以及相关专家的观点，并加以借鉴，在此谨向这些资料的作者以及专家致以诚挚的谢意。由于编者水平有限，书中难免存在疏漏之处，恳请大家批评指正。

编者

2023.11

目录
CONTENTS

财务战略转型是企业在复杂多变的经济环境中，为谋求企业资金均衡有效地流动和实现企业整体战略，为增强企业财务竞争优势，以战略性财务为导向，在加强现有财务管控工作的基础上，通过前移财务管理工作，全面参与企业战略管理、市场营销以及资产管理等经营活动，以强化对企业经营全过程的决策支撑和价值管控为目标的经济行为。

1.1 我国财税体制

随着我国经济的发展，作为社会再分配的主要工具——税收，其社会收入分配调节职能和社会经济宏观调控职能将日益凸显。

我国税收制度将进一步向"适当提高直接税比重""持续推进结构性减税""不断加强税收征管"三大方向发展。

1.1.1 全面实施"营改增"

营业税改征增值税，简称营改增，是指以前缴纳营业税的应税项目改成缴纳增值税。营改增的显著特点是减少重复征税，可以促使社会形成更好的良性循环，有利于企业减轻税负。

我国全面推开营改增的时间是 2016 年 5 月 1 日。

1.1.2 金税四期

金税四期的上线时间为 2020 年 11 月 13 日。金税四期是国家推行的金税工程计划中的第四期，是第三期的升级版。金税四期不同于金税三期以现金流来控税，而是升级为以信息流来控税、以数据来控税。

金税四期与金税三期对比，如图 1-1 所示。

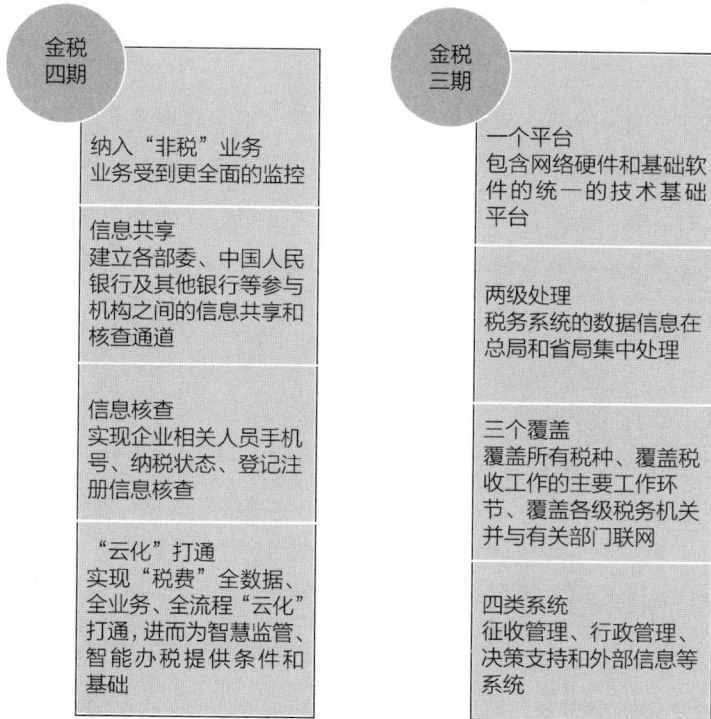

图 1-1 金税四期与金税三期对比

金税四期可以通过多维度的数据分析了解企业的资产、采购、生产、销售、运营情况，以及企业的股东、资产、有无涉及法律诉讼等各种经营信息，也可以对比企业过去的申报数据以及同行业的相关数据，运用经营底层逻辑原理，实现大范围数据层层打通。

与此同时也能全方位了解个人的各类收入、资产情况、社会关系等，以及一个家庭整体的收入、资产情况，逐步提升个人所得税纳税人的纳税意识，稳定税源。

例如，金税四期可以调取企业招投标的数据、运输的数据，还有社保工资数据等，实现了更大范围的数据打通。一旦这些数据对比出现了异常，系统就会预警。预警的结果就是企业将接受税务局稽查。

1.1.3　个人银行结算账户如何分类

个人银行结算账户包括 3 类，分别为Ⅰ类账户、Ⅱ类账户、Ⅲ类账户。

Ⅰ类账户即传统上在柜面开设的账户，是全功能账户，可以办理存取现金、理财、转账、消费缴费、购买投资理财产品、支付等银行业务，使用范围和金额不受限制。个人的工资收入、大额转账、银证转账，以及缴纳和支付社会保险、住房公积金等业务应当通过Ⅰ类账户办理。在此基础上，为便利存款人支付，增设了Ⅱ类、Ⅲ类账户。

Ⅱ类账户与Ⅰ类账户绑定使用，资金来源于Ⅰ类账户，可满足直销银行、网上理财产品等支付需求，不能存取现金、不能向非绑定账户转账，消费支付和缴费单日不超过 1 万元，但购买理财产品的额度不限。

Ⅲ类账户只能进行小额消费和缴费支付，主要用于网络支付、线下手机支付等小额支付，并设有 1 000 元的账户余额限额。

给银行结算账户分类的作用，是每个人可根据自己的需要，主动管理自己的账户，个人可以将Ⅱ类、Ⅲ类账户运用在移动支付中，采用基于主机的卡模拟、手机安全单元、支付标记化等创新技术使用移动支付；还可以将Ⅱ类、Ⅲ类账户绑定支付账户，办理支付账户充值或者快捷支付业务，满足小额、高频的支付需求。把经常使用网络支付的账户降级，将不同的账户按需要分类管理，这样既能保证资金安全，也方便支付。

1.1.4　去货币化

若要了解去货币化，首先要了解什么是货币化。

货币化是指交易过程中用货币来衡量。过去，人们衡量一个商品的价值都是实物化的，比如一件布衣相当于一石米、一件丝绸衣服相当于一只羊，这样有碍交易的发展。但货币化程度也不是越高越好，想象一下大家都去炒股票和黄金了，谁提供商品和劳务呢？所以实体经济与虚拟经济并存、互利共生才是可行之道。

去货币化可以简单理解为减少货币供给，相当于紧缩的货币政策。去货币化的意义主要在于降低通货膨胀率，当然从货币政策的角度考虑，去货币化还有稳物价、增经济、促就业、平收支等意义。

1.1.5 个人所得税改革

个人所得税是和人民群众关系密切的税种，涉及千家万户的利益。始于 2018 年的新一轮个人所得税改革，建立了综合与分类相结合的个人所得税制度，引入了子女教育、大病医疗、赡养老人等多项专项附加扣除，同时还大幅提高起征点（基本减除费用标准）。

通过一系列改革，我国建立起更科学合理的税制，具有重要的里程碑意义。

1.2 如何定位财务战略转型

财务战略是指为了谋求企业的长远发展，根据企业战略要求和资金运动规律，在分析企业内外环境因素的变化趋势及其对财务活动影响的基础上，对企业未来财务活动的发展方向、目标以及实现目标的基本途径和策略所做的全局性、长远性、系统性和决定性的谋划。财务战略是组织财务活动、处理财务关系的一项综合性管理战略。

要做到合理定位财务战略转型，准确构建财务战略思想，确立财务战略目标和财务战略重点，制定有效的财务战略措施，必须统一其先进性与可行性，密切衔接其长期、中期、短期目标以及科学地预见财务管理的变革趋势。

1.2.1 民营企业财务管理问题及解决途径

现今，民营企业依旧面临着很多问题。而民营企业财务管理的问题，一直是民营企业的难题。

（1）民营企业财务管理问题分析

民营企业财务管理存在的问题如图 1-2 所示。

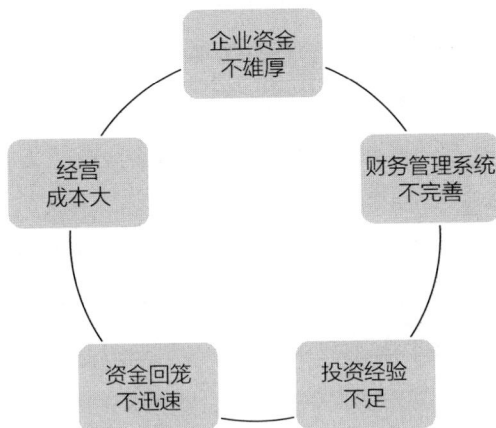

图 1-2 民营企业财务管理存在的问题

①企业资金不雄厚。

大多数民营企业的活动资金不是很充足，融入资金困难，造成了民营企业财务难管理、难存活等现象。虽然大部分民营企业已经有了较为独立的融资体系，但这一体系还不是很完善，还是给民营企业带来了很大的难题。

银行对民营企业的信任较低，因此贷款额度小；一些银行的贷款流程相当复杂，导致民营企业需要很长时间才能拿到贷款；大多数民营企业的规模不是很大，难以在融资市场上取得融资。

②财务管理系统不完善。

很多民营企业的财务管理者是企业主的亲戚或朋友，这也是导致民营企业不能完善财务管理系统的原因之一，具体有以下几点。

第一，因为民营企业的财务管理不够透明，往往只有一个人或者几个人掌握企业真正的财务状况，财务管理者很容易进行贪污等活动。

第二，民营企业的财务管理系统单一，不能引进更加科学、更加完善的管理方案，导致民营企业在财务管理上没有完善的制度和科学的操作流程。

第三，大多数民营企业的经济命脉掌握在企业主手中，财务管理人员又由企业主安排，有些企业主对资金于企业的重要性的认识不足，导致经常出现占用企业活动资金等现象。

③投资经验不足。

民营企业没有十分科学的投资分析系统，使民营企业在进行一些中小型投资时没有更准确、更科学的依据，从而很容易导致投资失败、亏损。大多数民营企业更注重短期投资带来的利益，但往往就是那些投资周期短、回报多的项目存在很大的风险，而民营企业又不能很好地把控这类风险，所以很多投资都是失败的。

④资金回笼不迅速。

民营企业资金回笼不快一直是民营企业的难题，项目完成了却很难收回资金，对财务管理造成了很大困扰。具体的原因有以下两点。

第一，民营企业更注重维护合作关系，而这使客户养成了拖欠尾款等习惯，而民营企业又不想用强势的方法去收回账款，所以客户就一直拖欠，久而久之，拖欠得越多，民营企业越不好进行追回，陷入恶性循环。

第二，民营企业对老客户的维护是很看重的，所以有一些客户是赊账进行交易的，导致民营企业要自己先垫钱，而双方可能连合同等书面形式的保障都没有，很容易出现收账难的情况。

⑤经营成本大。

企业运营成本大也是民营企业财务管理存在问题的重要体现。这一问题具体表现在以下两点。

第一，企业员工过剩。一些企业中员工结构复杂，导致一些员工拿着工资却不做事。

第二，日常开销大。一些企业的业务人员，以出去跑业务为借口，胡乱花钱，最后找企业报销。企业财务支出的不透明性，导致很多资金都不知道花在什么地方。

（2）改善民营企业财务管理的途径

改善民营企业财务管理的途径如图 1-3 所示。

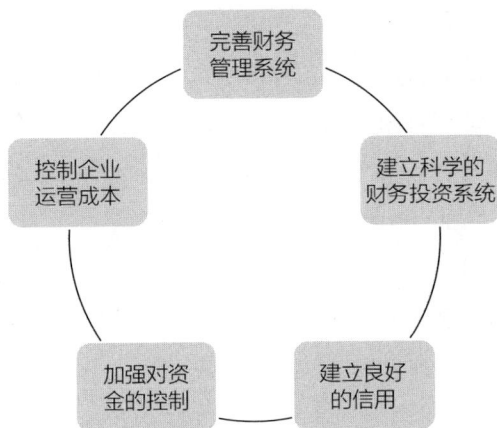

图 1-3　改善民营企业财务管理的途径

①完善财务管理系统。

财务管理系统是民营企业发展的命脉，所以建立更加完善的财务管理系统是民营企业财务管理的重点。

如何完善财务管理系统呢？

第一，加强企业财务信息管理系统建设。企业常用的财务系统，例如ERP，能够全方位提供企业经营过程中各个环节的数据信息，这些数据信息为未来财务管理工作打下了坚实的基础。

第二，建立财务控制系统。财务管理的通俗理解就是钱流到哪里就要管到哪里，财务部门要设置专门的岗位或者职责来管理资金流动过程中的不合理情况。

第三，健全资金管理体系企业应从融资计划、各类支出审批制度、资金预算制度、应收账款制度入手，健全资金健康循环体系。

第四，建立企业风险管控机制。企业是一个有机体，各部门工作不是独立存在的，那么企业就要充分从运营、财务、法律、商务、资产、市场、行业等各方面全面考虑风险问题。

②建立科学的财务投资系统。

科学的财务投资系统可以避免企业进行一些会亏本的投资，增加一些会赚钱的投资。

具体途径如下。

第一，引进投资人才。企业要培养和重视投资人才，利用他们的专业知识和眼光，帮助企业获得利益。

第二，建设完整的投资系统。企业通过投资系统进行合理的分析，可以得到科学、客观的结果，这样有利于做出更加合理的投资方案，使投资利益最大化。

第三，洞察企业的财务状况。企业应了解自身的财务状况，避免投资导致的资金周转困难，让主营业务出现问题。

③建立良好的信用。

建立良好的信用可以帮助企业累积口碑，是一种长期投资。

企业信用的培养可以通过以下两点来完成。

第一，对企业信用的培养。企业要合理使用资金，及时偿还企业对外的债务。

第二，重视对企业员工信用的培养，因为企业员工是企业形象的直接体现，对他们进行信用培养是不可缺少的。

④加强对资金的控制。

企业应加强对资金的控制，少进行风险大的投资，不进行亏损的投资，让企业得到健康的发展。把资金牢牢地控制在自己手中，是预防企业面临资金困难的有效办法。

1.2.2 民营企业财务管理的五个阶段

民营企业存在一个成长发展的过程，处于不同发展阶段的民营企业，需要不同的财务管理水平和精细化程度。

民营企业财务管理的五个阶段，如图 1-4 所示。

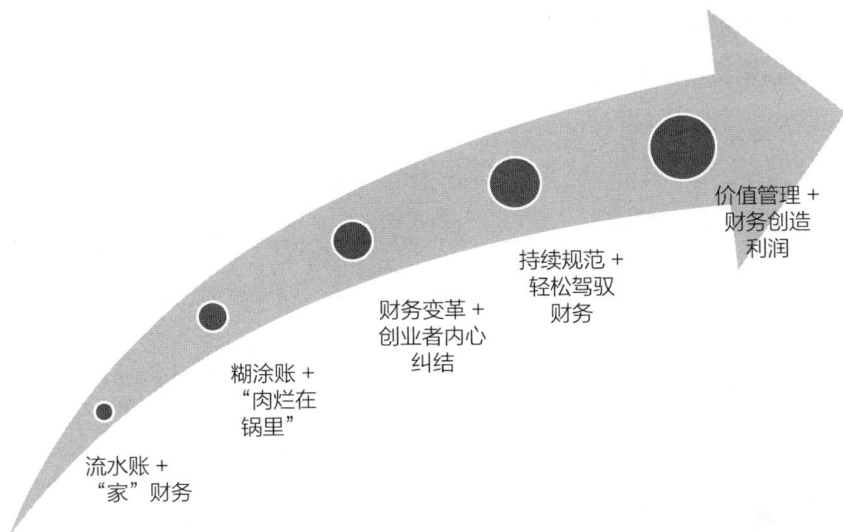

图 1-4　民营企业财务管理的五个阶段

（1）流水账＋"家"财务

很多民营企业创业者不懂财务，企业内部也没有成立专门的财务部门，更没有专职的财务人员。其实，财务是一项非常专业的工作，如果没有专门的财务部门或专业的财务人员，则该企业一般还处于初创阶段，年营业额在 1 000 万元以下，这类企业的主要目标是赚钱，完成原始积累。

（2）糊涂账＋"肉烂在锅里"

当企业规模逐渐扩大，员工也逐渐变多，年营业额也在 1 000 万元以上时，很多企业内部也出现了专职的财务人员、财务部门。此阶段，企业没有业务与财务的衔接流程，也没有相应的规范制度，同时财务人员没有经过太多的专业训练和没有丰富的实践经验，企业的财务管理基本处于"糊涂账＋'肉烂在锅里'"的阶段。

此阶段，创业者需要注意两件事情——依法纳税和做好资金管控。

（3）财务变革＋创业者内心纠结

随着企业规模扩大，企业对管理成熟度的要求越来越高。创业者会开始考虑财务管理体系的建设，希望做到账目清晰、纳税合理，做好资金管控。

此阶段，创业者内心纠结，与财务人员在沟通、交流以及企业财务管理诉求方面，可能会存在矛盾，创业者听不懂财务人员的话，财务人员理解不了创业者的要求甚至觉得创业者在瞎指挥。

（4）持续规范＋轻松驾驭财务

处于这个阶段的企业大部分是上市企业，或者是准备上市的企业。此阶段的企业已经基本具备了相应的制度和流程，财务人员变动基本不会影响企业的业务和财务。此阶段，企业财务与业务已经有了一定的衔接，数据的支撑已能够让管理层轻松驾驭企业运营。

处于这个阶段的企业的不足点可能在于过于考虑财务是否合规合法，导致财务部门在挖掘企业利润增长空间、在利用财务为企业创造价值方面做得还不够。

（5）价值管理＋财务创造利润

如果创业者格局足够大、企业管理与财务生态环境足够优秀，那么企业可能会出现第五阶段的财务管理模式。

通过升级自己的财务系统，提升数据化管理能力，提升财务对业务的支撑能力，并帮助经营者控制风险、提高效率、降低成本、对市场变化做出快速反应，是许多成长型企业创业者梦寐以求的。

大多数成熟的企业都有一个健全的财务支撑体系，企业想继续发展、扩大规模，就必须要拥有完善的财务管理。如何升级财务管理系统，打造专业财务团队，学会利用财务创造利润，是每位创业者需要考虑的问题。

1.2.3 传统会计与现代会计

20 世纪以来，现代科学技术与经济管理科学突飞猛进。受政治、经济和技术环境的影响，传统会计不断充实和完善，财务会计核算工作更加标准化、通用化和规范化。

传统会计与现代会计的区别在于：传统会计侧重于记账，现代会计侧重于管理；现代会计与企业其他管理制度的联系比较紧密，传统会计的联系则比较少；管理工具不同，传统会计使用手工工具记账，如算盘、纸质账本等，现代会计常用计算机记账。

1.2.4　财务信息化和财务职能转型

财务信息化是以现代信息技术为基础，适应企业电子商务运作模式，实现业务与财务协同、并发控制的管理信息系统。它将以网络为代表的信息技术与先进的财务管理思想和管理方法有机融合，集会计核算制度、财务会计报告制度和财务管理制度于一体，实现物流、资金流、信息流和业务流的"四流合一"，从而达到以核心企业为轴心的资源共享、信息共享目标。

财务信息化可以解决企业财务管理中突出的问题，可以增强企业整体素质和市场竞争力，逐步优化财务管理，提高财务价值创造水平。企业只有不断推进财务信息化建设，才能在国际市场竞争中取得优势，共享全球资源。

当今，财务职能正在发生根本性变化，财务人员的工作正从记录和报告结果向驱动和实现业务价值转变。随着首席财务官（CFO）逐渐成为企业战略价值的创造伙伴，财务职能转型势在必行。

世界著名咨询公司埃森哲对 CFO 转型角色的持续研究揭示了财务工作的变化：81% 的 CFO 把发现并聚焦新业务价值当作其主要职责之一；77% 的 CFO 认为，推动企业转型属于他们的职责范围；70% 的 CFO 认为，传统财务人才需要快速且彻底地更新工作技能，而需要更新的技能中很多都是全新技能。

埃森哲关于 CFO 的新研究，深入探讨了 CFO 的转型角色及其在变革过程中承担的重要角色。CFO 曾经只是企业的记账人员，而后他们成了企业的合作伙伴。如今，他们是战略推动者，也是首席执行官（CEO）信赖的顾问。今天的 CFO 需要处理三个优先事项：推动财务数字化转型，发挥数据的力量；领导财务数字化转型；培养面向未来的财务人才。CFO 需专注于推动盈利增长，包括营收增长、净利润增长和股东价值增长。

传统上，财务转型只关注财务成本，但情况正发生变化，企业希望借助财务的能力，创造并发展具有竞争力的业务优势。数字化使企业能够利用信息的力量，而财务部门则是所有信息汇合的地方。财务部门具备释放数字化力量的条件，通过综合分析各方面信息，推动企业各部门共同实现显著的业务成果。

1.2.5　财务部门的"脑""心""手"

战略财务、业务财务、财务共享服务中心，被称为企业的"脑""心""手"，已成为未来财务发展的趋势。

战略财务是指将企业的长期（如 10 年和 20 年）目标（包括财务目标、客户目标、内部流程目标等）和行动计划转换为财务预测模型，在不同的经营、投资和筹资的预设条件下，模拟和分析单个目标企业或集团的利润、资产负债和现金流量的可能情况。并且根据不同的企业价值评估方法对企业和股东价值进行评估，以便高层管理者分析判断不同战略对企业的长期财务影响，最终选择财务效果最佳的战略方案。

业务财务则加深了财务跨部门合作的深度，细化了财务管理的颗粒度，通过理解业务的商业逻辑，为企业进行专业的财务评估，使财务业务化、业务理性化，努力促成业务与财务双向融合，保证企业的稳定发展。

财务共享服务中心（FSSC）是近年来出现并流行起来的会计和报告业务管理方式。它是将不同国家、地区的实体的会计业务拿到一个共享服务中心（SSC）来记账和报告的方式，建立财务共享服务中心的好处是保证了会计记录和报告的规范、结构统一，而且由于不需要在集团的每个公司和办事处都设会计，节省了成本，但这种操作受限于某些国家（地区）的法律规定。

在企业内部，这三个板块并非各自独立的，而是一个相互联系的有机体。我们把它们比作财务部门的"脑""心""手"，如图 1-5 所示。

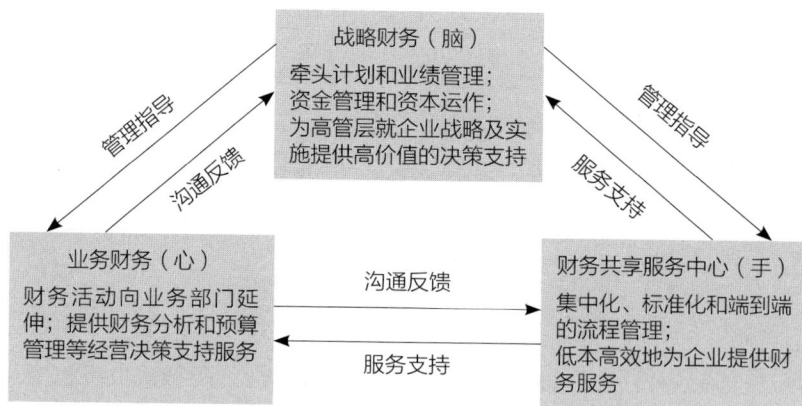

图 1-5　财务部门的"脑""心""手"

例如，在中兴通讯，业务财务像毛细血管一样，深入企业的各个层级，能把财务数据转化为信息，并以业务语言传递给各级领导者，辅助领导者做决策，而且可以把业务部门遇到的困难及时反馈到财务部门。

与业务财务相匹配的是战略财务。战略财务和中兴通讯的战略部门及绩效考核部门一起组成了企业的参谋部门，能及时把企业的战略转化为政策，把企业的意志转化为行动方案，通过各个体系落实。

此外，还有面向全球的忙碌的财务共享服务中心。每天，财务共享服务中心在网上接收来自全球的无数单据，做出判断，审核、记账、归档，与此同时生产出大量数据。对业务财务和战略财务而言，这些数据就是源源不断的原料，供应它们进一步生产出各种信息。

"以共享服务为基础的财务管理模式"，这是中兴通讯给自己的财务管理模式的名称。共享服务作为基础，配以业务财务、战略财务，三者相互支撑，共同形成了中兴通讯特有的财务管理模式。在这一模式下，财务部门不只是做账部门，还为企业决策提供参谋。

某种程度上，财务人员的思维模式和领导的思维模式接近甚至重合，都均衡、全面、科学，而且财务部门涉及的领域通常包括传统会计、辅助决策、资本市场的运营、投资管理等，这也决定了财务部门该有更多的话语权。

从某种意义上讲，未来的企业竞争其实是数据的竞争，而所有数据都聚集在财务部门，并经由财务人员转化成建议，为战略决策提供依据。企业必须发挥出财务部门的作用，让财务部门成为企业信息的通道，建立起一个全覆盖的信息网。

1.3　企业常见的财务问题及处理方式

当前，财务问题一直是影响和阻碍众多企业持续健康发展的主要因素之一。如何处理和解决好这些问题，已是当今有些企业不得不面对的现实问题。

1.3.1　企业常见的财务问题

企业常见的财务问题，如图 1-6 所示。

A、B账（两套账）问题	账面记录存在瑕疵	大额应付款无法支付	利用税收洼地避税的问题	社保缴纳基数与发放工资不符
抽逃注册资本	收入确认时间不合规	存货账实不符	政府优惠税率政策利用问题	金税四期：发票稽查上下游牵连问题
账外资金回流，其他应收/应付款过多	存在大量滞留票及税负率控制不合规	公司注销问题	加计扣除与加速折旧，税务风险规避	税银联网：个人银行卡流水大，风险高
商业回扣问题	财政补贴处理问题	买卖发票	员工的个人所得税未代扣代缴	股权转让高溢价，产生高额所得税问题
虚开增值税专用发票	提前开发票	过度投资、过度负债、资金链断裂	企业分红与员工个人避税	
无票支出问题	不合规票据问题	企业缺钱，资金利用效率低	公私不分，企业私设"小金库"	

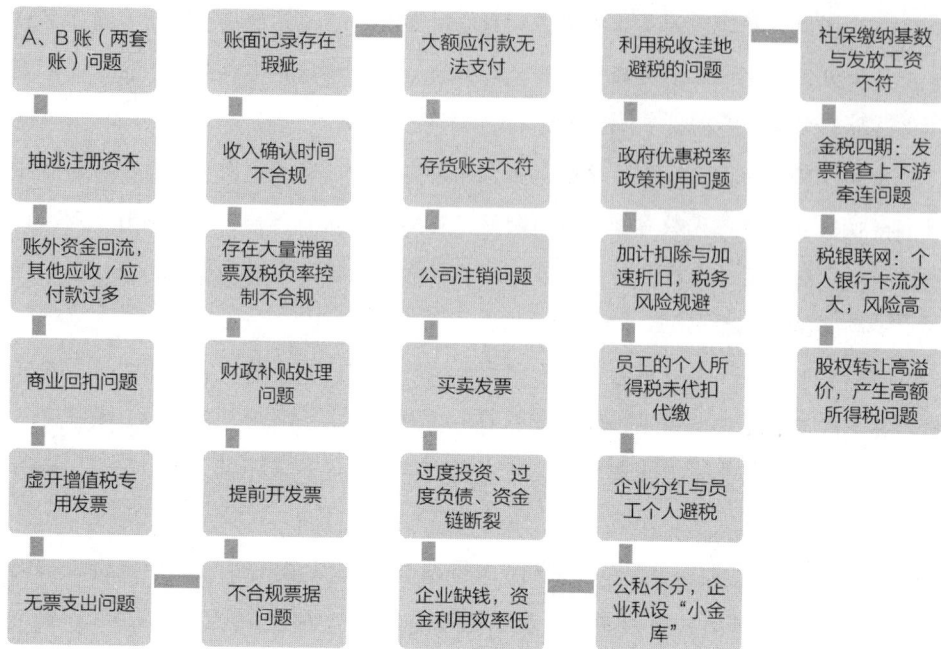

图1-6　企业常见的财务问题

1.3.2　企业常见财务问题的处理

企业常见财务问题的处理方式及流程如下。

（1）熟悉商业模式、业务和产品

商业模式、业务和产品决定了企业的财务体系，这一体系的内容具体包括会计政策、核算方式、业务流程、税务处理及管理会计的决策需求。所以财务人员必须通过调研、走访管理层和业务部门来掌握商业模式、业务和产品。

（2）研究制度和流程

研究企业的制度、流程甚至惯例，阅读所有的相关文件。同时，需要结合企业的战略和经营目标，确认哪些制度和流程需要建立或优化。

（3）看账

把企业最近3年的报表、科目余额表甚至凭证全部推敲和分析一遍，列出相关的问题，找出原因并给出解决方案，比如可提出以下问题。

①收入的确认是否正确？

②应收账款是否与客户确认的金额一致？是否存在呆账、坏账？

③成本的计算是否正确？

④应付账款是否与供应商确认的金额一致？是否存在不需要支付的款项？

⑤存货和固定资产是否账实相符？是否有必要安排一次全面的盘点？

⑥是否存在长期挂账的其他应收、应付款？原因是什么？

⑦税务处理是否正确？有无错报、漏报的情况？是否存在历史遗留的税务问题？

⑧有没有享受税收优惠政策的可能性？如何筹划有利于合法降低税务成本？

（4）评估财务团队成员

通过上面三步，其实已经可以对财务团队成员的人品、能力得出基本的结论。财务管理者需要做的是梳理财务组织架构、明确职责、完善流程，并给予培训、指导和考核，以此来打造一个强有力的财务团队。

（5）解决问题

把通过上述 4 步发现的问题和该做的工作整理成一个任务清单，然后在较短的时间内（如一个月内）解决这些问题，以为财务工作奠定良好的基础。

1.4　税收风险、纳税筹划及税收风险管理的方法

税收风险管理是企业风险管理的重要内容，企业的大多数业务活动均会与税收核算相联系。

1.4.1　税收风险

税收风险分类如下。

①因少缴税而产生的风险，涉及补税、罚款、缴滞纳金等。

②因多缴税而产生的风险。

产生税收风险的原因如下：

①用企业管理代替税收管理，用情理观念代替税法规定；

②知识更新落后于税法更新；

③制度建设缺失；

④机构人员不到位；

⑤某些生产经营流程导致存在潜在的税收风险；

⑥涉及收入确认、混合销售等的问题，往往不能很好把握。

1.4.2　企业税负及纳税筹划

为什么不同企业的税负不同呢？税负是由纳税义务决定的。

①纳税义务与会计核算无关。

②纳税义务与经济合同无关。

③纳税义务是由利益相关者的交易结构决定的。

各国（地区）的税收政策因为政治、经济、文化等多方面的差异而存在差别，即使在同一个国家，不同的区域也存在税收政策上的不同。即使在同一个区域，不同类型企业适用的税收政策也不同。

企业大部分纳税筹划业务存在于财务部门以外的其他业务部门，可以说纳税筹划的重点环节是业务操作环节。要开展纳税筹划，必须准确把握从事的这项业务都有哪些业务过程和业务环节，涉及我国现行的哪些税种，有哪些税收优惠政策，所涉及的税收法律、法规中存在着哪些可以筹划的空间。掌握以上情况后，纳税人便可以利用税收优惠政策达到节税目的，也可以利用现行税法的筹划空间达到节税目的。

纳税筹划行为，本质是一种经济行为。比如，我国对部分国有企业、集体企业、民营企业所做的调查表明，绝大多数企业有到经济特区、开发区及税收优惠地区从事生产经营活动的愿望和要求，其主要原因是在这些地区经营，企业的税负轻、纳税额较少。

纳税筹划的核心原则：①税是交易产生的，要想降低税负就要改变交易方式。例如：一个购销业务涉及销售货物、送货上门、安装调试和技术服务，如果签订合同是整体报价，那么在税法上就被认定为混合销售，税率从高计征，按照销售货物的税率来去征税，但是在签订合同中，如果能把销售货物、送货上门、安装调试和技术服务每个单项履约义务具体报价多少标注清楚，那么每一个单项的履约义务就能够适用税率，从而起到节税的目的。②将业务适用的税率合理合法地从高税率转移到低税率。例如：企业规范管理，发展科技创新，申请高新技术企业，企业所得税从 25% 降低到 15%，从而起到节税的目的。

1.4.3　税收风险管理的基本方法

企业税收风险管理的基本方法如下。

①强调服务，注重改进服务方式和方法，提高服务质量和水平，建立和谐的税收征纳关系。

②管理环节前移，变事后管理为事前管理和事中监督，预防和提前发现税收风险。

③提高企业自我遵从度，正确引导企业利用自身力量实现自我管理，企业只有着力于自我遵从，才能从根本上解决企业税收管理对象复杂、管理资源短缺等问题。

④实行个性化管理，针对企业面临的税收风险制定差异化管理措施。

⑤将控制重大税收风险摆在首位，着重关注企业重大经营决策、重要经营活动和重点业务流程中的制度性和决策性风险，有针对性地关注账务处理和会计核算等操作层面的风险。

⑥加强对子公司的税收风险管理：提高税收风险防范意识，从被动管理向主动管理转变；提升税收风险管理层面，从防风险为主向创效益为主转变；建立税收信息管理系统，为税收风险管理提供信息基础和技术保障。

⑦负责税收管理的人员应及时整理最新的税收政策，深入研究，发现其对企业的影响点，进行相应的处理。

⑧从业务处理流程入手，从根本上控制税收风险。

⑨决策时应十分谨慎，并进行必要的咨询。

第 2 章
业财融合

业财融合需要财务人员了解业务、融入业务，能否尽快融入业务将成为检验财务人员是否合格的重要标准。财务经理如果不懂业务，就只能提供低价值的会计服务。而随着企业的竞争压力加大，在低价值边缘徘徊的财务，终将被企业优化。而且，如果财务经理想升职为财务总监，突破职业瓶颈，就必须将业务从支撑业务向引导业务方向转变，为企业"降成本、控风险、增效益"。

2.1 财务思维转型

业财融合中重要的四个字，就是"改变思维"，即重要的不是学会特别多的技能、技巧，而是从思维层面上改变对财务总监这一岗位或者工作职责的认识。

2.1.1 改变思维从做技术到做管理

在我们学到某个知识点或者方法的时候，结合自己的工作、生活和学习来思考："我之前对这个工作是怎么做的？做得好吗？如果我把老师讲的或者书上写的知识运用到工作当中，是否更加合理、高效呢？"我们还可以把所学的知识讲出来，可以录短视频、发朋友圈和同事或者朋友探讨等，这样一来，我们就会从被动学习变成主动学习，才能真正地掌握知识、思想等，这才是真正会学习的状态。

而财务总监是一个综合性较强的岗位，我们要做的就是改变思维，从做技术到做管理，做团队的领头羊，确定好财务部门的方向，带领整个团队前进。

2.1.2　未来财务发展趋势：智能机器人、财务共享

自 20 世纪 90 年代开始，财务软件开始逐步走进中小企业。从最基础的财务软件取代手工记账，到现在越来越智能化的账、财、税、资及业财融合系统的运用，你会发现一大部分不能够随着时代发展而改变思维的人只能面临着淘汰。

前几年，大批高速收费员面临下岗。

一个收费员被通知下岗的时候，痛哭着找领导理论："我从毕业就来收费站工作，把最好的年华都献给了收费站，我现在 36 岁了，除了这项工作我什么都不会，你现在让我去找工作，我该怎么办？"

听到这样的哭诉，纵然心里很难受，但是换个角度想，ETC 取代人工收费并不是一蹴而就的，是有一个过程的，这个过程同时也是收费员应该好好考虑自己以后出路的最佳时机，但是部分收费员还是抱有一丝丝的侥幸心理，觉得自己不会是那个被辞退的"倒霉蛋"。

正是因为有这样的想法，才会出现前述场面。因此，我们要有一个能够时刻接受变化的思维和愿意随时调整自己离开舒适区的心态。

最近几年，首先，以智能机器人为代表的自动化、智能化快速发展和应用，为财务人员提高了工作效率、带来了福音，也带来了巨大的危机。有了它们，财务部门能将很多事情交给计算机来处理。计算机可以把大部分简单事情都干了，而且不会出错、不停歇、不闹情绪。

其次，共享服务中心是通过对人员、技术和流程的有效整合，实现组织内公共流程的标准化和精简化的一种创新手段。作为一种战略性业务架构，共享服务中心以客户服务和持续改进的文化为核心，实现价值导向服务，促使组织在更大范围内，甚至在全球范围内能够集中精力于其核心能力，从而使各业务单元创造更多的附加价值。

共享服务是指将组织内原来分散在各业务单元进行的事务性工作和专业服务工作（如行政后勤、维修支持、财务收支、应收账款清收、投诉处理、售后服务、物流配送、人力资源管理、IT 管理服务、法律事务等）分离出来，成立专

门的部门来运作，从而实现内部服务市场化，通过为内部客户提供统一、专业、标准化的高效服务来创造价值的运作模式。共享服务实现了组织整合资源、提高效率、降低成本的目的。

共享服务的模式有很多种，常见的模式是在集团内部成立一个独立的中心，其他业务单元 / 部门与该中心的关系是内部客户的关系，共享服务中心自成一个组织，通过一套明确的服务水平协议（SLA）来递交服务。即集团财务的思维，也正因为有这么一套协议，才可以使所集中起来的职能更加流程化、标准化，才可以保证服务质量的一致性、及时性，才可以借助预先双方对服务水平标准的界定，实现对服务质量的衡量和监控。

为了不使共享服务中心成为集团内部的一个垄断部门，而彻底失去自我改进的压力，有的集团还引入了竞争机制，内部客户并不是只能从集团共享服务中心采购服务，假如内部提供的服务水平无法与外部供应商的水平媲美，那么内部客户将会优先购买外部供应商的服务。这种竞争的压力，就迫使内部的共享服务中心必须时刻致力于不断提高服务水平，力求为内部客户提供始终优于外部市场的高质量、及时的服务。

随着信息技术的发展、互联网 + 时代的到来，以及财务由核算向管理转型的趋势越发明显，财务共享作为管理会计应用的基石，正面临定位与价值的全面更新。

财务共享中心大致有 3 个发展阶段。

1.0 阶段。财务共享的核心是对财务会计工作的集中式处理，其模式可概括为涵盖"核算共享、报销共享和资金共享"和"共享平台运营"的"3+1"共享模式，在这个阶段，财务共享中心只是在交易层面共享，并没有延伸到其他环节。总体而言，我国的财务共享中心仍处在 1.0 阶段。

2.0 阶段。在此阶段，财务共享中心实现了对集团内交易事项的集中式记录和处理，从源头上掌握了集团内部各单位的交易数据和信息。一些企业开始挖掘共享的附加价值，通过打破业务与财务核算的壁垒，向资产管理、工程分包、合同管理等相关业务领域进行深度延伸。

3.0 阶段。财务共享的核心在于构建以数据共享为核心的财务共享中心，使其成为集团级别的数据管理中心，集成核算数据、预算数据、资金数据、资产数据、成本数据、外部标杆数据等与高层管理和决策相关的信息，成为企业未来决策的较好的数据支持平台。

2.1.3　业财融合思维："大财务"和"小财务"的价值对比

财务为什么重要？因为财务决定企业命运。

如果企业财务出错，则会导致企业税务出错，进而导致企业陷入违法的境地，轻则影响企业正常运营，重则导致企业破产，相关负责人受法律制裁。

但财务人员做好财务记录，确保税务安全就行了吗？当然不行。

根据业财融合思维，财务人员分两种——"小财务"和"大财务"，如图2-1所示。

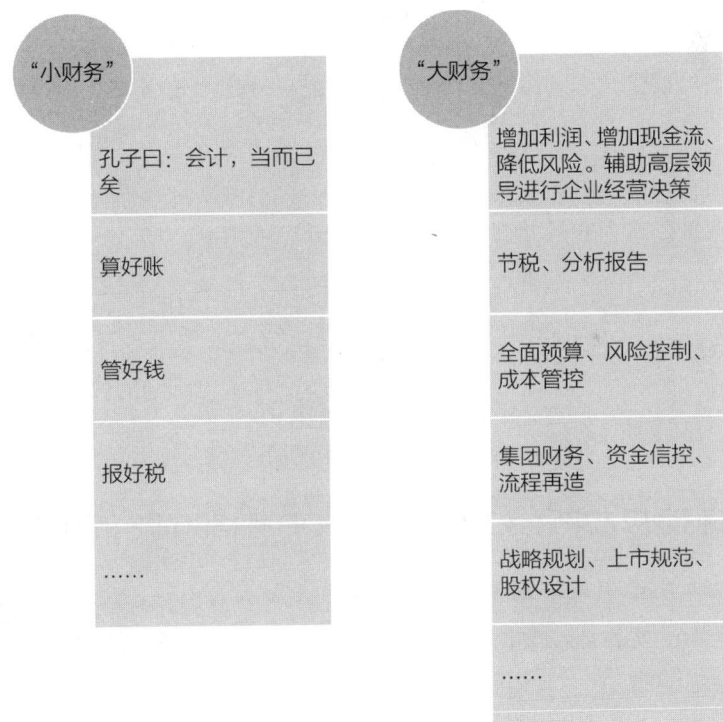

图 2-1　"小财务"和"大财务"

与"小财务"与"大财务"相对应的是企业的"小利润"和"大利润"，如图 2-2 所示。

经营利润
经营过程中产生的利润

税务利润
通过合理合法地节税
节约的成本

现金利润
现金流量产生的利润，
区别于经营利润

投资回报
做企业的最终目的
就是要使投资回报
最大化

利润

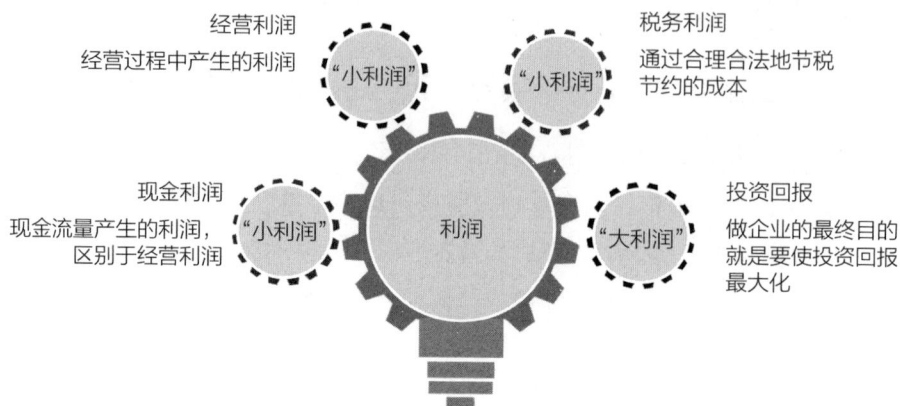

图 2-2　"小利润"和"大利润"

　　财务情况直接关系到企业未来的发展情况。一方面是因为，财务数据可以真实、完整地呈现企业发展过程中存在的不足，从而辅助企业管理人员通过业务、人员等调整，弥补不足，让企业更好地发展。另一方面则是因为，企业财务数据的情况将直接影响企业从外部获得融资、贷款等的情况。

　　如今税收优惠政策越来越多，但企业间的竞争也越来越激烈，企业所需要的财务人员，正是能全面而细致地把控企业经营情况，通过对财务数据的严格分析，及时对企业经营方向、融资方式、管理运营等做出正确的调整，让企业能够乘风破浪、扬帆远航的财务人员。

2.1.4　如何适应未来财务工作：基于 PDP 性格测试分析财务职业规划

　　行为特质动态衡量系统（PDP）依据个性特质的不同，将人区分为五大类型，分别是老虎型、孔雀型、考拉型、猫头鹰型及综合各种特质的变色龙型。

　　计分规则如下：

　　如果答案是非常同意，请给自己打 5 分；

　　如果是比较同意，则打 4 分；

　　如果是差不多，则打 3 分；

　　如果只是有一点同意，请打 2 分；

　　如果答案是不同意，就打 1 分。

　　提醒一点——回答问题时不是依据别人眼中的你来判断，而是依据你对自己的判断来回答，看看问题吧！

1. 你是一个值得信赖的人吗？

2. 你性格温和吗？

3. 你有活力吗？

4. 你善解人意吗？

5. 你独立吗？

6. 你受人爱戴吗？

7. 你做事认真且正直吗？

8. 你富有同情心吗？

9. 你有说服力吗？

10. 你大胆吗？

11. 你精确吗？

12. 你适应能力强吗？

13. 你组织能力强吗？

14. 你积极主动吗？

15. 你害羞吗？

16. 你强势吗？

17. 你镇定吗？

18. 你勇于学习吗？

19. 你反应快吗？

20. 你外向吗？

21. 你注意细节吗？

22. 你爱说话吗？

23. 你的协调能力强吗？

24. 你勤劳吗？

25. 你慷慨吗？

26. 你小心翼翼吗？

27. 你令人愉快吗？

28. 你传统吗？

29. 你亲切吗？

30. 你工作足够有效率吗？

现在，把第 5、10、14、18、24、30 题的分加起来就是你的"老虎"分数；把第 3、6、13、20、22、29 题的分加起来就是你的"孔雀"分数；把第 2、8、15、17、25、28 题的分加起来就是你的"考拉"分数；把第 1、7、11、16、21、26 题的分加起来就是你的"猫头鹰"分数；把第 4、9、12、19、23、27 题的分加起来就是你的"变色龙"分数。

假若你某一项分数远远高于其他四项，你的个性特质就是典型的该项动物属性；假若你某两项分数远远超过其他三项，你的个性特质是这两项动物属性的综合；假若你各项分数都比较接近，恭喜你，你是一个面面俱到、性格近似完美的人；假若你某一项分数特别偏低，想提升自己就需要在其对应的动物属性的加强上下功夫了。

下面逐一分析不同动物类型的人的个性特质。

（1）老虎型（支配型）

老虎型的人一般目标明确，喜欢冒险，个性积极，竞争力强，喜欢掌控全局、发号施令，不喜欢维持现状，其行动力强，目标一经确立便会全力以赴。老虎型的人的缺点是决策较易流于专断，不易妥协，故较容易与人发生争执、摩擦。如果下属中有老虎型的人，则要给予他更多的责任，让他觉得自己有价值；如果上司是老虎型的人，则要在他面前展示自信果断的一面，同时避免在公众场合与他唱反调。

个性特点：有自信、够权威、决断力强、胸怀大志、喜欢评估、目标明确、喜欢冒险、个性积极、竞争力强、有对抗性。

优点：善于控制局面并能果断地作出决定；这一类型的人常成就非凡。

缺点：当感到压力时，这类人就会非常重视迅速地完成工作，而容易忽视细节；由于他们要求过高，加之好胜的天性，他们有时会成为"工作狂"。

老虎型的人的工作行为特点主要如下：

交谈时进行直接的目光接触；

有目的性且能迅速行动；

说话快速且具有说服力；

运用直截了当的实际性语言；

常罗列计划要点。

老虎型领导人倾向以权威进行决策，当其部属除要高度服从外，也要有冒险的勇气。

老虎型的人适合从事有开创性与改革性的工作，在这些工作中，容易有出色的表现。

（2）孔雀型（表达型）

孔雀型的人热情洋溢，好交朋友，口才较好，重视形象，擅于人际关系的建立，富有同情心，适合从事人际导向的工作。缺点是容易过于乐观，往往无法顾及细节，在执行上需要专业人员来配合。对孔雀型的人要以鼓励为主，给他表现机会，以保持他的工作激情，但也要防止他在细节上失误。

个性特点：很热心、够乐观、口才较好、好交朋友、风度翩翩、诚恳、表现欲强。

优点：此类型的人生性活泼，能够使人兴奋；他们能高效地工作，善于通过建立良好的人际关系来实现目标；他们很适合从事需要当众表现、引人注目的工作。

缺点：孔雀型的人因其跳跃性的思考模式，常无法顾及细节以及常中途放弃。

孔雀型的人的工作行为特点主要如下：

常运用手势；

面部表情特别丰富；

常运用有说服力的语言；

工作区域充满了各种能鼓舞人心的东西。

孔雀型领导人在团体内，是人缘好的人和受欢迎的人，是能吹起领导号角的人。孔雀型领导人的部属，除能乐于在团队中工作外，还要对领导谦逊有礼，不露锋、不出头。孔雀型领导人，不宜有老虎型部属。

孔雀型的人在推动新思维、执行某种新使命或进行某项宣传等工作中，都会有极出色的表现。

（3）考拉型（耐心型）

考拉型的人属于行事稳健、强调平实的人，其性情平和，不喜欢给人制造麻烦，温和善良，常被人误认为懒散不积极。对考拉型的人要多给予关注，要挖掘他们内在的潜力。

个性特点：很稳定、敦厚、不好冲突、行事稳健、强调平实、有过人的耐力、温和善良。

优点：他们对其他人的情绪很敏感，这使他们在集体环境中会照顾他人感受。

缺点：很难坚持自己的观点和迅速做出决定。一般来说，他们不喜欢面对与同事意见不一致的局面，他们不愿处理争执。

考拉型的人的工作行为特点主要如下：

和蔼可亲；

说话慢条斯理，声音轻柔；

常用赞同性、鼓励性的语言；

工作区域摆有家人的照片。

考拉型领导人，适宜做安定内部的管理工作，在高度专业领域，或在气氛和谐且时间充裕等的职场环境中，他们能发挥特长。当企业已占据较大的市场份额时，考拉型领导人是极佳的总舵手；但当企业还在开拓市场的时候，老虎型或孔雀型领导人似乎更合适。

考拉型领导人强调无为而治，能与周围的人和睦相处，是极佳的人事领导者，适宜在企业改革后，作为企业和员工重建信任的工作。又由于他们具有耐心，所以有能力为企业赚取长远的利益，或为企业打好永续经营的基础。

（4）猫头鹰型（精确型）

猫头鹰型的人传统而保守，分析力强，分析结果的精确度高，是较好的品质保证者。他们喜欢把细节条例化，拘谨含蓄，谨守分寸，忠于职责，但会让人觉得吹毛求疵。猫头鹰型的人说话做事很具有条理性，处事客观合理，只是有时会钻牛角尖。

个性特点：很传统、注重细节、条理分明、责任感强、重视纪律、保守、分析力强、拘谨含蓄。

优点：执着于找出事情真相，有耐心仔细考察所有的细节并想出合乎逻辑的解决办法。

缺点：有时为了避免做出错误结论，他们会分析过度。

猫头鹰型的人的工作行为特点主要如下：

很少有面部表情；

动作缓慢；

喜欢使用精确的语言，注意细节；

工作区域挂有统计图表等。

架构稳定和制度健全的企业可聘用猫头鹰型的人来当各级领导人，因为猫头鹰型领导人喜欢在安全的环境中工作，且其表现也会较好。其行事讲究制度化、事事求依据、讲规律。然而，当企业需要进行目标重构、结构重组、流程变革时，猫头鹰型领导人就会产生迷失感，不知如何处事，也不知如何自处。

由于猫头鹰型领导人进行决策时以数据和规则为主，其直觉能力和应变能力都偏弱，创新能力也相对较弱，因而其不适合从事需要创建或创新能力的工作。组织完善和发展稳定的企业，宜用猫头鹰型的人当领导者。

猫头鹰型领导人尊重传统、重视架构、事事求据、喜爱工作稳定的性格，是企业安定力量的来源。然而，由于他们行事讲究制度化、事事求依据和讲规律，故他们会将细节条例化，事事检查以求正确无误、结果精确，但这样会让人觉得他们吹毛求疵，不易维持团队内的团结精神和凝聚力。

（5）变色龙型（整合型）

变色龙型的人中庸而不极端，凡事随缘，擅于沟通，他们能充分融入各种新环境、新文化且适应性良好，懂得凡事看情况、看场合，故他人会觉得他们没有个性。

优点：善于在工作中调整自己的心态去适应环境，具有很强的沟通能力。

缺点：从别人眼中看变色龙族群，会觉得他们较无个性及原则。

变色龙型的人的工作行为特点主要如下：

擅长整合内外资源；

没有强烈的个人意识形态，是他们处事的观念。

变色龙型的领导人，综合了支配型、表达型、耐心型、精确型四种特质，没有突出的个性，擅长整合内外信息，兼容并蓄，不会与人为敌，以中庸之道处世，行事绝对不会剑走偏锋，让人放心。

变色龙型的领导人既没有突出的个性，对事也没有强烈的个人意识形态，事事求中立。由于他们能充分地融入各种环境中，他们可以为企业进行各种对内对外的交涉，只要任务明确和目标清晰，他们都能恰如其分地完成任务。

2.2　从新手到财务总监：晋升必备技能

很少有人愿意在一个岗位上停滞不前，大多数人都希望自己能在职场上得到晋升，财务人员也一样。那么要实现从财务新手到财务总监需要具备哪些技能呢？

2.2.1　沟通力及领导力

财务总监指的是由企业的所有者或所有者代表决定，以体现所有者意志，且能够对企业的财务、会计活动进行全面监督与管理的高级管理人员。

要成为一家企业的合格的财务总监，需要和企业内部、外部等人员进行交流、沟通和协调，需要具备良好的人际沟通能力、协调各利益集团之间的关系的能力。

除此之外，财务总监还要具备良好的组织领导能力，善于协调控制各方面的人力、物力和财力，使之能达到动态平衡，使企业获得较好的效益；能采取有效的控制手段，使工作按照要求达到预期的目的。

2.2.2　进行财务报表分析

现代企业管理者普遍更加重视企业的财务管理。随着现代企业的发展，财务管理会逐渐占据企业管理的核心地位。

现代企业财务管理以数据化管理为核心。财务总监应通过阅读管理报表及进行分析来找到问题，解决问题，这样才能体现财务报表的价值，才能进行量化管理，把企业的目标贯彻到部门和个人。

2.2.3　重视会计核算

会计核算是财务管理的基础，但是也是容易被忽略的一个部分，其主要原因如下。

第一，太过简单，很多财务人员认为自己都懂了。

第二，企业管理者不懂会计核算，因此不了解其重要性。

第三，会计账面处理存在造假的可能性，导致核算数据被企业管理者质疑。例如资产负债表中的资产项的固定资产、存货、应收账款等都存在失真的可能性。

会计核算具有自身价值，绝对不只是简单地把分录做对就好了。

财务总监要重视会计核算，认识其价值，判断核算数据的真实性，并以此为基础进行财务管理。

2.2.4　精细化成本核算

企业成本居高不下一直都是个较难的问题，节流是很多企业的宗旨，但是也要讲究方法。

财务总监需要具备精细化成本核算的能力，通过成本费用精细化管理方案来降低成本、增加收入。

2.2.5　做好纳税筹划

一家企业要想提升企业的核心竞争力，就需要考虑自身经营情况和税负情况。一般来说，在企业经营得比较好的情况下，其纳税额也是比较多的，这个时候企业财务总监就需要提前做好纳税筹划，合理合法地减少税款，避免企业面临高税务风险，阻碍企业的发展。

2.2.6　有效管理现金流

财务总监是企业现金流管理体系的创建者和维护者。在这个"现金为王"的时代，现金流管理的重要性不言而喻，财务总监应具备较强的现金流管理能力。

2.2.7　全面预算管理

"凡事预则立，不预则废。"财务总监需要具备全面预算管理的能力。

制定预算是企业对未来可能发生的业务做彩排，是对企业未来一定时期内经营、财务等方面的收入、支出等做总体安排。

2.2.8　其他相关技能

财务总监必备的其他相关技能，如图 2-3 所示。

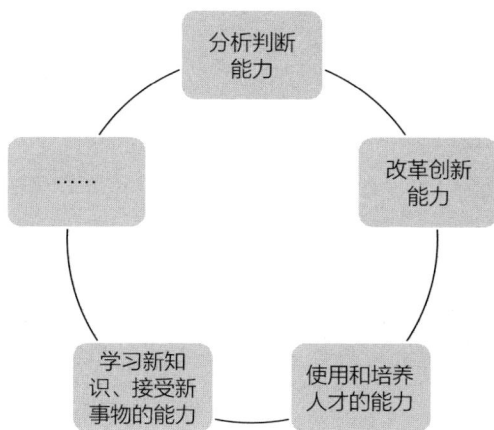

图 2-3　财务总监必备的其他相关技能

第一，分析判断能力。财务总监要具有较强的分析判断能力，以控制企业财务风险，进行风险收益权衡。

第二，改革创新能力。财务总监是企业改革的主要推动者，需要不断地总结经验，进行改革创新，要善于发现问题并解决问题，推动企业的发展，为企业注入更多的活力，使企业始终具有蓬勃的生命力。

第三，使用和培养人才的能力。"人尽其才"是财务总监在人才使用方面的目标，财务总监应不断地培养人才，让企业的员工能发挥自己的长处，使整个团队更有效率、更有活力，让财务工作顺利开展。

第四，学习新知识、接受新事物的能力。现今，新事物出现的周期越来越短，学习新知识、接受新事物成为财务总监必不可少的能力。只有不断地充实自己，学习新知识、接受新事物，顺应时代的发展潮流，才能立于不败之地。

2.3　财务总监制度的内涵

财务总监制度是指在企业财产所有权与经营权相分离的情况下，由企业所有者委派独立于被监督单位的机构人员，对企业的经营管理和财务收支及其有关的经济活动的真实性、合法性和效益性进行检查的一种经济监督制度。

2.3.1　财务总监的具体职责

财务总监是比较重要的岗位，一般需要对财务的相关知识比较熟悉。财务总监的职责包括：

①总管企业会计核算、报表编制、预算工作；

②负责编制企业利润计划、资本投资、财务规划以及成本标准；

③制定和管理对税收政策的处理方案及程序；

④建立健全企业内部核算体系以及数据管理体系；

⑤组织企业有关部门开展经济活动分析，组织编制企业财务计划及成本计划。

总之，财务总监的主要职责还是对企业的资金运营情况负责任，身为企业的财务总监，需要对企业的财务状况有宏观把握。

2.3.2　财务总监的职权

财务总监的职权如下所示：

①审核集团公司的重要财务报表和报告，与集团公司总经理共同对财务报表和报告的质量负责；

②参与审定集团公司的财务管理规定及其他经济管理制度，监督检查集团子

公司财务运作和资金收支情况；

③与集团公司总经理联合审批规定限额范围内的企业经营性、融资性、投资性、固定资产购建支出和汇往境外资金及担保贷款事项；

④参与审定集团公司重大财务决策，包括审定集团公司财务预、决算方案，参与审定集团公司重大经营性、投资性、融资性计划和合同以及资产重组和债务重组方案，参与拟订集团公司的利润分配方案和亏损弥补方案；

⑤对董事会批准的集团公司重大经营计划、方案的执行情况进行监督。

2.3.3　财务总监的工作任务

财务总监的工作任务如下。

（1）财务研究与分析

①对宏观经济环境的调研。财务总监要随时关注经营动态，区分经济萧条和高涨阶段，并针对不同阶段实施不同的财务政策。

②对微观环境的研究。财务总监要对市场环境、采购环境、生产环境、人员环境、品牌效应等进行分析。

③对金融环境的研究。财务总监要争取财务管理上的主动权，获取和利用政策，促成企业迅速筹集资金，合理利用有限资金，同时合理偿还负债，尽可能减少资金成本。

④分析财务指标。财务总监要随时关注企业三大能力，即营运能力、偿债能力、盈利能力，并对三大能力对应指标进行分析，及时发现企业存在的问题，以进行针对性解决。

⑤对本企业内部财务环境的研究。财务总监要将问题、矛盾消化在事前，健全机制，充分发挥管理能力，新环境下企业理财目标要建立在充分了解企业特性的基础之上。

（2）战略管理

①将企业战略与价值最大化的目标结合起来，不断评估各项计划的价值创造力，在重大问题上为企业提供专业建议。

②协助股东、其他管理者挖掘价值源，制定经营与扩张战略。

③评估企业利用机会的能力，开发新渠道以弥补欠缺的能力。

④就各项提案和重大交易，做出专业评估与规划等。

（3）资本运作管理

成本制胜的理念已成为传统的管理思路，合理的资本运作有较大的好处，财务总监的压力集中于寻找进一步发展的良机。

内涵式资本运作适合中小企业，即注重利用现有资源挖掘潜能，提高资金使用效率和做好商业信用规划，在流程、体制等方面进行重组，实现成本费用最小化，收入、利润最大化。外延式资本运作适合大型企业。

目前很多企业将两种方式并用，对外实行兼并、重组、收购、发行股票或债券等，财务总监涉及资产评估、融资、谈判、交易等。在资本运作过程中，财务总监必须要考虑资本运作成本与风险问题，避免得不偿失，把风险控制在一定范围之内。

（4）成本系统管理

成本系统管理包括成本核算和成本控制两大环节。财务总监要利用成本信息做出重要成本组合决策、制定竞争性策略、改善经营行为、评价业绩。

要确保成本信息的可靠性，促进成本管控，就要特别注重战略成本、目标成本、作业成本管控，实行成本预测、成本决策、成本计划、成本核算、成本责任、成本监督、成本分析、成本考核分级管理，明确各环节职责与任务，把成本管控在较佳状态，实现成本领先，有的放矢。

成本的根源在于作业，要从头控制，通过价值链挖掘潜能和节省点。同时要利用新型成本理念，关注质量和速度，起到增值和减少浪费的作用。

（5）财务系统管理

财务系统为企业管理、薪酬管理、成本管控、业绩计量等提供支持性服务，对内要符合企业管理的要求，符合本企业文化，对外要遵循会计准则和相关法律法规。

财务系统是一个很复杂、业务烦琐的工作系统，财务总监要选择适合企业的财务报告、会计政策，对各个模块进行科学设计，实现低成本、高效率、防风险的运作模式，建立优质的财务个性化体系。

（6）税费系统管理

企业利润、现金流量大小与企业税收负担有着直接的关系，企业生产经营每个环节都可能会产生税款，财务总监成功节税是企业减负的有效途径之一。

财务总监要合理合法地利用免税、减税、抵免、退税、延缓纳税、税率差异、税负转嫁等手段，制定适合企业的纳税筹划方案，并在多个方案中选择最优的来处理财务、经营、组织、交易等复杂业务。

财务总监要特别关注常见税种的筹划空间，如增值税、消费税、所得税等，同时要考虑到税收优惠政策，从纳税人的构成入手，再从影响税额的因素进行分析，最终形成可操作的方案。

（7）薪酬激励系统管理

现代企业财务管理与会计已渗透到人力资源管理领域，财务总监对企业薪酬激励系统的管理侧重于数据上的分析与控制，并对薪酬体制设计做出评估。

在整个薪酬体制设计中，财务总监要做好预算管理，评估出部门、经营者和员工的产值、产量、销量、收入、成本费用、节支贡献等，反映出各环节的劳动指标；同时也要建立客户满意度、员工投入度、竞争性基准等指标，区分固定薪酬、变动薪酬进行管理；对于员工持股也要建立适合企业特征的分配政策。

（8）财务内部控制管理

财务控制的起点在于预算，是事前控制的主要内容，财务总监应根据企业组织架构，划分出不同类型的责任中心，建立一套行之有效的会计体系来实施管理控制，确定合理的控制指标，监督评估各责任中心的绩效，同时要随时跟踪预算执行情况，提出差异修正建议和改进建议。

（9）企业资源管理

企业竞争的优势是建立在企业拥有独特资源及特定环境的基础之上的，配合战略管理的实施，是企业资源的组合与配置。面对企业有形或无形的资源，财务总监要利用对资源管理的经验与技巧，充分发挥资源使用、利用价值。

财务总监常面对的有技术资源、市场资源、人力资源、人际资源及组织流程等，财务总监要参与到资源配置活动中，排除影响资源有效整合、配置的因素，如过度保护资源、过于强调短期目标、浪费资源等，做好规划或提出建设性建议，实现资源共享和价值创造。

在制定资源规划时，必须要做到论证成功因素、关键因素、优劣因素、测试假设等；建立科学的信息系统，用数据或文字记录反映出各种状态下的资源情况，为整合、配置资源打下基础。

（10）销售督促

财务总监在与市场部领导协商确定市场部的销售任务后，应根据市场部的销售任务及销售费用的控制额度等的完成程度，及时对其做出考核，在适当的时机，以适当的方式督促其不断向所定的目标等靠拢，使企业产品及时售出、资金及时回笼，以维持企业持续经营和推进业务活动正常开展。

（11）团队管理

①积极推行集团人力资源政策，关注企业管理调整与变化对员工格局的需求。

②充分调动员工的能动性，增强财务人员的责任感和提高其职业道德水准，以结果来论证价值。

③平衡团队生活，增强团队凝聚力，稳定员工队伍。

④以提升团队实战能力为目的，分期对团队进行培训。

⑤严格考核，公平评估员工价值。管理工作必须贯穿计划、组织、协调、指挥、控制五大环节。

2.3.4　财务总监专业素质要求

财务总监做财务管理工作时需要进行大量的经济业务处理和专业判断，每家企业都希望自己所聘的财务总监兼有会计师、管理会计师和注册会计师的专业能力，因此，财务总监在专业素质方面主要要有以下几方面要求。

（1）全面系统的财务、会计、税务、金融、审计知识

财务总监在组织企业会计核算，进行财务管理、财务控制时，应确保企业财务处理科学、合理、合法，而且及时向企业决策者和外部需求者提供全面、正确的财务报表是财务总监必须完成的日常工作之一，因此没有丰富的财务、会计知识是不行的。财务总监同时负责企业审计方面的工作，大量的审核与审计需要财务总监有丰富的审计知识。

企业财务总监是企业财务管理方面的最高负责人，企业财务管理是一项专业性要求非常高的工作，其中的大量业务需要财务总监利用专业知识进行判断，没有系统的专业知识是不可能完成这项工作的。

（2）丰富的企业管理知识

企业财务总监是企业高层管理者之一，除了负责其职责内的财务、会计、审计工作外，他还得参与企业的其他管理工作，其涉及的管理工作包括企业的方方面面，因此，财务总监除应掌握全面的财务、会计、审计等专业知识外，还必须掌握企业管理知识，包括企业战略、计划、价值链管理、产品、人力资源等方面的知识。财务总监只有全面掌握企业管理知识，才能发挥这一岗位的真正作用。

（3）一定的法律知识

企业财务总监在管理企业财务管理工作的同时，需要协助企业外部机构对企业进行审计评价，管理企业对外融资、资产抵押、兼并、合资、资产处置、缴纳税款，参与企业上市、企业债券发行、经济合同起草与签订，处理企业与其他单位的经济法律事务等。这些工作、业务涉及大量的法律事务，需要财务总监具备一定的法律知识。

第 3 章
信息化管理

　　随着时代发展，越来越多的信息涌现，对企业财务管理造成巨大的压力，传统的管理思维已经不能满足新时代的财务管理工作要求，甚至会给企业财务管理带来诸多影响。而会计信息化管理作为企业财务管理的必然趋势，也给企业带来了正面和负面影响，趋利避害、发挥会计信息化的最大优势，成为诸多企业努力的方向。

3.1　企业信息化管理

　　会计信息化指的是在如今信息化社会的大背景下，面对复杂的竞争环境，企业在财务管理的投融资、利润分配、资源分配等工作中融入信息化技术，以将有关信息整合、提高财务管理水平的一种工作方式。

　　例如企业购买会计电算化软件，将财务管理工作深入企业原材料采购、生产加工、物流运输、销售、售后服务等环节当中，实现了数据动态采集，能够更好地实现预算管理、资金管理、资源调配、利润分配等，确保企业以最少投入获得最多产出，确保企业拥有强劲的发展动力。

3.1.1　企业信息化管理系统

　　企业信息化管理系统泛指用于企业的各种信息系统，诸如管理信息系统或决策支持系统、专家系统、各种泛 ERP 系统，或客户关系管理系统、人力资源管理系统这样的专职化系统。

企业信息化管理内容，如图 3-1 所示。

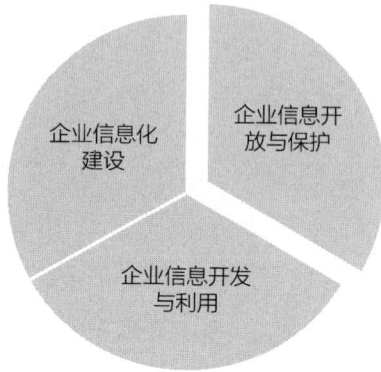

图 3-1　企业信息化管理内容

（1）企业信息化建设

企业信息化建设是企业实现信息化管理的必要条件，大致任务包括以下几点。

①计算机网络基础设施建设 [企业计算机设备的普及、企业内部网（Intranet）/ 企业外部网（Extranet）的建立与因特网的连接等]。

②生产制造管理系统的信息化 [计算机辅助设计（CAD）、计算机辅助制造（CAM）等的运用]。

③企业内部管理业务的信息化 [管理信息系统（MIS）、决策支持系统（DSS）、企业资源计划（ERP）、客户关系管理（CRM）、供应链管理（SCM）、知识管理（KM）等]。

④企业信息化资源的开发与利用（企业内外信息资源的利用，企业信息化人才队伍培训，企业信息化标准、规范及规章制度的建立）。

⑤企业信息资源建设（信息技术资源的开发、信息内容资源的开发等）。

（2）企业信息开放与保护

信息开放有两层含义，即信息公开和信息共享。信息公开包括向上级主管公开信息、向监督部门公开信息、向社会公开信息、向上下游企业公开信息和向消费者公开信息、向投资者公开信息等。信息共享指企业信息按照一定的使用权限在企业内部各部门之间、员工之间和合作伙伴之间进行资源共享。

企业信息保护的内容很多，如专利保护、商标保护、知识产权保护、合同保护、公平竞争保护等。

（3）企业信息开发与利用

从信息资源类型出发，企业信息资源有记录型信息资源、实物型信息资源和智力型信息资源之分。智力型信息资源是存储在人脑中的信息，这类信息需要人们不断开发加以利用。企业信息开发与利用的内容，包括市场信息、科技信息、生产信息、销售信息、政策信息、金融信息和法律信息等。

3.1.2　企业信息技术建设的重要性

尽管不同企业的业务千差万别，但企业信息系统总是由一些相对稳定的管理单元构成的，而每个管理单元可以视为一系列管理与决策活动。这些活动的实质是在特定的管理思想与方法的指导与控制下对相关人员、物料、资金、信息等资源进行合理使用和调度。

从应用的角度讲，企业信息化管理系统是不同层次的企业访问主体在不同的访问控制策略约束下按照特定的工作流程完成确定的工作任务，并对相应的企业数据信息进行统计分析，为企业的经营活动提供决策支持；从开发技术角度来讲，访问控制技术、工作流技术和柔性报表技术是企业信息化管理系统的关键技术。

企业信息技术建设的重要性，如图 3-2 所示。

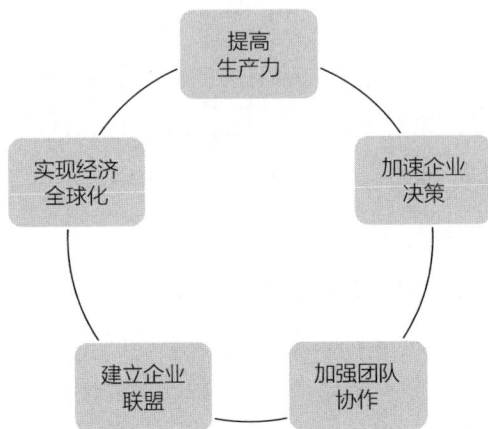

图 3-2　企业信息技术建设的重要性

（1）提高生产力

采用信息技术的初衷和基本任务是提高生产力。由于信息技术具有快速、准确存储及处理大量信息的能力，因此能大量缩短时间、减少错误以及降低与处理信息相关的成本，从而能提高生产力。

具有代表性的系统有业务处理系统（TPS），亦被称为联机事务处理（OLTP）。TPS 的一个重要延伸就是客户集成系统（CIS），该系统能让客户自己处理自己的事务，如客户能通过自动取款机（ATM）随时存取现金。

（2）加速企业决策

与联机事务处理相似的是联机分析处理（OLAP），其能使人员能迅速、一致、交互地从各方面观察信息，以支持决策。支持决策的技术可分成两类：一类是为决策者提供信息，帮助决策者分析情况，如经理支持系统；另一类是为决策者提供一些建议方案，如决策支持系统。此外，地理信息系统（GIS）、人工智能（AI）、数据仓库（DW）和数据挖掘（DM）技术也被广泛用于加速决策。

（3）加强团队协作

这里的团队是指分布在世界各地、由两人以上组成的工作小组。协作系统是为在地理上分散的团队改善合作关系而设计的系统，团队成员之间通过信息共享和信息交流沟通来进行协作。

协作系统的基础是群件，如 Louts/Notes。群件的主要功能包括团队动态交流（如小组日程安排、视频会议）、文档管理和加速应用开发。

（4）建立企业联盟

为了更好地实现供应链管理（SCM），共享其他企业的优势和智慧，不少企业建立了跨组织信息系统（IOS）。典型的跨组织信息系统有电子数据交换（EDI）、商家对商家（B2B）和电子资金转账（EFT）。

（5）实现经济全球化

全球化经济使得大多数大企业向跨国企业转型。通过互联网，它们把自己的产品和服务销往全世界，同时利用其他国家的更廉价的劳动力。

因此，许多跨国企业建立了基于互联网的、覆盖各地子公司的信息化管理系统，以更加有效地管理企业总体运营，从而为企业高层管理者提供及时、准确的信息。

3.1.3 企业信息技术存在的风险

企业信息技术存在的风险如下。

第一，信息化管理系统或相关系统程序可能会对数据进行错误处理，也可能无法识别错误的数据。

第二，如果对自动信息系统、数据库及操作系统的相关安全控制无效，会增加对数据信息非授权访问的风险。

第三，数据丢失风险或数据无法访问风险，如系统瘫痪。

第四，不适当的人工干预，或人为绕过自动控制。

3.2 财务管理信息化

随着经济全球化和全球信息化的推进，市场竞争更加激烈。面对压力与挑战，我国企业必须加快信息化应用进程，推动企业管理变革，提升核心竞争力。

3.2.1 财务管理信息化

财务管理信息化是在特定的环境下产生的一种全新的财务管理方式。财务管理信息化具有实现物流、资金流、信息流同步化，财务管理集成化，财务组织弹性化以及财务资源供应链化等特点。从历史发展的角度来看，我国企业财务管理信息化经历了从使用单机会计电算化软件，到企业内部建立局域网，运用统一的财务软件，再到企业内外流程一体化应用层次这三个发展阶段。

在企业财务管理的各个环节充分利用现代信息技术，建立信息系统，可以使企业财务信息得到集成和综合，从而提高财务管理水平和经济效益。

3.2.2 会计电算化

会计电算化是计算机在会计数据处理中的应用。长久以来，会计人员都是手工做账。随着计算机的发明以及软件的进步，会计人员开始用计算机做账，这是会计数据处理方式的一次革命。

能进行会计电算化成为会计人员的必备工作技能。

3.2.3　会计信息系统

会计信息系统是专门用于会计业务处理的应用软件，属于管理信息系统中的财务管理子系统，包括会计核算和管理会计。其中，会计核算以账务核算为核心进行账务处理，包括负责设计工资核算、固定资产核算、成本核算等专项核算内容；管理会计包括财务情况分析、预测和决策分析、资金管理分析、内部经济核算管理分析等内容。

会计信息系统主要包括财务部分、购销存部分以及管理分析部分。会计信息系统根据功能和管理层次的高低，可以分为会计事务处理系统（初级管理）、会计管理信息系统（中级管理）、会计决策支持系统（高级管理）。

3.2.4　网络财务

网络财务是基于因特网（Internet），以财务管理为核心，将业务管理与财务管理一体化，能够实现各种远程操作、事中动态会计核算和在线财务管理，并能处理电子单据和进行电子货币结算的一种财务管理模式，是电子商务的重要组成部分。这里的网络既不是企业传统的自成体系的局域网或广域网，也不是单纯的 Internet，而是 Internet 相互协同形成的开放网络。

总之，网络财务是将以因特网为主的 IT 技术和先进的管理理念相结合，应用于企业财务管理的结果。

在网络财务的概念下，在空间上，企业的财务管理不仅是对企业内部进行财务管理，而且其管理范围还扩展到企业的外部和企业的周边，使得企业的管理能力大大提升。在时间上，企业的财务管理从过去的事后反馈，对企业经济运作不能及时进行监控，发展到可以对企业实时地进行监控，这表明企业的财务管理从静态管理走向了动态管理，从而保证了能及时发现企业经济运作过程中出现的问题，也能及时地为决策部门提供正确的参考资料。

综合来看，网络财务使财务管理方式发生了质的改变，大大提高了企业的管理水平和管理效率。

3.2.5　财务管理信息化的核心

财务管理信息化是企业财务人员利用现代信息技术手段，对企业流程重组，调动财务人力资源的信息潜能，挖掘企业各种财务信息资源，更好地组织企业财务活动，处理财务关系，从而实现企业财务目标的过程。

（1）财务管理信息化存在的问题

财务管理信息化存在的问题，如图 3-3 所示。

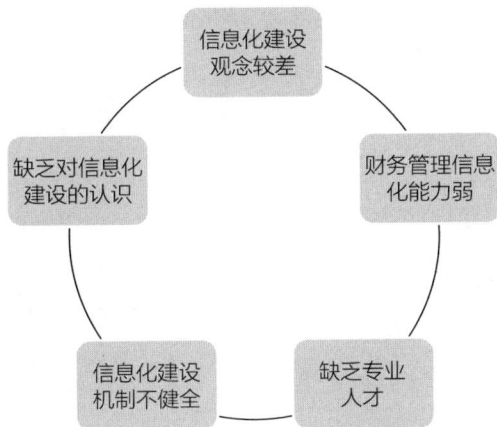

图 3-3　财务管理信息化存在的问题

①信息化建设观念较差。

很多企业对财务信息化建设缺乏正确的认知，认为手工做账已经被计算机技术代替，利用计算机去计算财务数据就算是完成了信息化建设，这是现代化管理理念缺失的具体体现。由于认识不充分，财务管理信息化建设过程中出现了经费不足的问题，资金不足阻碍了企业的财务信息化建设。

②财务管理信息化能力弱。

当代高新技术不断革新，基于财务管理的信息化应用技术的更新速度也随之加快。但就企业发展实际来看，财务管理信息体系的建设却呈现出滞后状态，调查结果显示，有部分企业在完成了阶段性财务系统建设工作后，不想再投入过多的资金，导致财务管理信息体系滞后，无法满足管理实际需求。

③缺乏专业人才。

以往的财务管理模式已经落后，企业需要大量的信息技术人才，具有信息技术人才是实现财务管理信息化的必然条件。但企业大部分员工因受到多种因素的影响而存在部分缺陷，如员工自身的思想和认知结构不健全，从而阻碍了企业信息化建设。

④信息化建设机制不健全。

很多企业的财务管理信息化制度弊端甚重，无论是工作流程、组织架构，还是职责分工、技术规范，都缺少明确的规定与要求，使得财务管理信息化建设缺乏依据。

再加上当前我国大多数企业并未在财务信息化管理系统方面注入足够的动力，导致系统开发建设力度不足，且多数企业往往直接套用国外已有的财务信息化管理系统，并未结合自身的实际发展状况，因此财务管理信息化工作始终无法取得实质性进展。

⑤缺乏对信息化建设的认识。

财务管理的信息化建设是一项系统性工程，需要循序渐进，企业管理者和工作人员对其的认识不应该停留在简单借助计算机技术进行财务信息处理层面，其最终目的在于采集企业各个部门的信息，经过集中分析与处理，再将其合理运用于企业内部管理与决策。

当前我国大部分企业对于财务管理的信息化建设的认识过于片面，虽然它们引进财务软件来替代传统核算，但这对企业整体管理工作和资金运营并无太大益处。

（2）推动财务管理信息化的方法

推动财务管理信息化的方法，如图 3-4 所示。

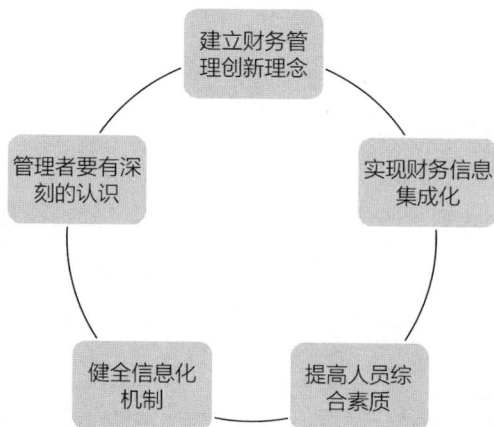

图 3-4　推动财务管理信息化的方法

①建立财务管理创新理念。

企业管理层要真正认识到财务管理信息化建设的重要性，同时要树立正确的管理理念。要想做到这一点，相关协会、政府部门和管理者要充分发挥自身作用，通过多种形式帮助企业管理者或让自己掌握财务管理信息化相关知识，树立财务管理创新意识。

②实现财务信息集成化。

企业与财务软件的发展密切相关，两者是相互影响、相互促进的关系，企业是财务软件开发的立足点，而财务软件的开发方向则要符合企业的发展实际。企业财务管理信息化建设的推进，为财务软件行业创造了更多的发展机遇，由此可见，企业应当增强与财务软件开发公司的联系，根据自身需求，在实现技术更新的同时，更好地满足企业管理需要。

③提高人员综合素质。

在信息化发展趋势下，财务人员面临着更大的挑战，财务管理模式的创新与改革更是推动了财务人员转型。对此，企业要想实现可持续发展，就必须做好财务人员的培训工作，帮助他们提升能力与综合素质，使其在实践工作中不断进步，实现财务管理和信息化技术的有机结合。但有一点需要注意，企业要结合财务人员的实际情况，有针对性地开展培训，切实提升财务人员本身的管理能力和计算机处理能力。

④健全信息化机制。

第一，企业要根据自身实际情况，建立相应的财务信息化管理机制，明确企业资源和财务信息化需求，合理设置信息化工作流程、组织架构以及人员分工，要求不同岗位的财务人员充分了解财务信息化工作的流程，尽职尽责，切实做好自身工作，为企业财务信息化工作的后续发展打下坚实基础。

第二，企业要充分借鉴其他优秀企业的财务信息化管理系统，学习其优秀经验，应通过调研探索出一条符合自身实际的财务信息化发展道路，并定期对自身财务工作实际进行考量，及时改进与完善，确保财务信息化管理系统的灵活性与实效性。

⑤管理者要有深刻的认识。

企业管理者要走出对财务管理信息化建设的认知误区。财务管理的信息化是贯穿企业生产经营全过程的，因此做好各部门的协调工作至关重要。在信息化模式下，企业生产经营过程中所产生的信息都需要进行集中分析与处理，为企业财务管理决策提供科学依据。在今后的发展过程中，企业还要持续加深信息化改革的深度，以提高内部管理的信息化水平。

综上所述，目前我国已经进入了信息化时代，加强信息化管理工作是企业可持续发展的重要前提，而财务信息化管理工作是内部管理工作的核心。

3.3 财务数字化转型

近几年，几乎所有行业的企业都逐步采用数字信息化技术进行管理和加快企业的进一步发展，数字化转型带给企业的优势很多。

3.3.1 财务数字化转型的核心是什么

企业财务数字化转型的核心是连接与协同。企业中有组织、人员、系统、产品、业务等元素，而这些元素之间需要连接和协同，包括线上和线下协同，通过协同共同推进企业运行。高效的连接与协同能够帮助企业在市场上赢得较强的竞争力。

3.3.2 财务数字化转型的路径及效果

财务数字化转型的实施方式因企业而异，没有统一的路径，需要企业对自身财务能力进行评估，针对薄弱环节进行改造。例如：预算执行较难，报销费用时不知道预算结余，企业可以上线预算系统；资金信息不及时、不便于领导决策，资金记录分散且难以追溯，企业可以上线资金系统；税务申报数据庞杂、处理难度大，税收政策更新快，企业可以上线税务管理系统。

实施新系统或其他新科技时，必然涉及配套的人员、组织、流程变动，因此企业需要做好方案设计和变革管理。数字化转型并不是一次性的项目，而是企业持续运用新科技对自身进行改造的过程。

财务数字化转型的常用路径，如图 3-5 所示。

图 3-5　财务数字化转型的常用路径

信息化：通过上线系统等方式，将线下数据转换为线上数据。

自动化：通过加入系统控制节点、机器人流程自动化（RPA）等方式，将一些简单的操作交给系统自动完成，提高运营效率，同时提高数据时效性和准确性，比如自动预算控制、银行对账、月结关账等。

智能化：通过搭建数据中台等方式，集成企业内各个系统数据，积累历史数据，抓取市场数据，搭建企业绩效考核模型，形成对企业经营结果的预测，帮助管理层做出决策。

企业数字化转型的效果，如图 3-6 所示。

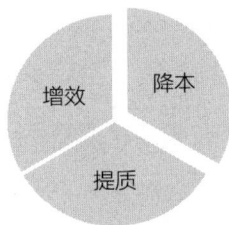

图 3-6　企业数字化转型的效果

（1）降本

关于企业成本，有很多不同的分类，比如：财务成本与管理成本、变动成本与固定成本、直接成本与间接成本、可控成本与不可控成本等。降本，即企业能通过数字化转型尽可能地削减企业不必要的支出、减少并尽量避免日常的浪费。

（2）提质

企业产品的品质也有多种分类，比如：基本品质与附加品质、使用品质与感性品质等。提质，即数字化转型的推进能有效地帮助企业在新产品的研发设计、制造工艺的优化改进、生产线的科学管理以及产品的品质控制、检测运维等方面实现绩效的提高，进而提高企业的整体品质管理水平。

（3）增效

企业的效率提高涉及诸多方面，如生产效率、物流效率、渠道效率、研发效率等。企业能借助数字化转型，有效地促进内部产、研、供、销各环节的运行效率的提高及企业整体业绩水平的提高。

数字化转型的核心目的是让企业管理透明化，通过数字化管理系统，对采购、生产、营销、管理等环节进行高效管理，让企业运营更加顺畅。

3.4 管理驾驶舱的设计

近年来，数字经济呈现出快速发展的态势。数字化作为企业应对远程办公等的有效手段，在复工复产、经济复苏过程中发挥了突出作用。

但是企业数字化转型是一个持续且漫长的过程，有针对基础工作的优化与变革，也有针对基础管理工作的改进，大多数工作都是一个潜移默化的过程，而要让这些工作显现出来，就不得不提到企业的管理驾驶舱。

3.4.1 企业管理驾驶舱及分类

企业管理驾驶舱是企业数字化转型推进过程中各里程碑的集合，通过数字化转型的一个个结果输出，来不断完善并丰富管理指标体系且反映在管理驾驶舱中。

（1）什么是企业管理驾驶舱

企业的管理驾驶舱是通过对企业全域数据的抽取、分析，结合可视化的仪表盘或表格等，使企业的指标体系能够实时化、可视化地反映企业的运营状态，为企业内部领导层及高管的商业决策提供数据基础的一个系统。

（2）企业管理驾驶舱的类型

企业管理驾驶舱按不同层级大致分为三类，如图 3-7 所示。

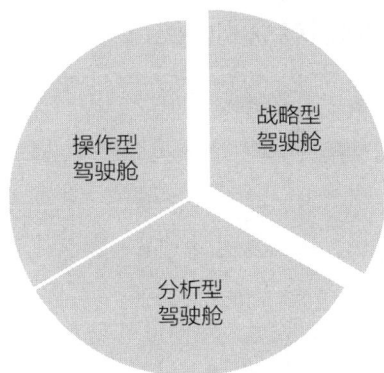

图 3-7　企业管理驾驶舱的分类

①战略型驾驶舱。

战略型驾驶舱的作用主要是快速掌握企业的运营情况，监控企业经营情况，并帮助管理层制定经营决策，使用者通常是企业高层。

比如根据业务需求开发出高管所需的公共通用的管理驾驶舱，可以从宏观上满足高管日常管理、经营分析、专项业务分析的需要；还可以针对高管所负责的整体业务、关键绩效指标（KPI）和数据（例如负债、利润、营收）等进行查看。

②分析型驾驶舱。

分析型驾驶舱重点在于分析，除去核心指标数据，还可以深入探究现象发生的原因。分析型驾驶舱在技术上通过钻取、联动、过滤等操作，从现象出发，沿着数据的脉络寻找原因。

比如销售业绩为什么下降，回款时间长的原因又是什么。因此，分析型驾驶舱更多的是落实战略到战术执行层面的中层管理人员服务，这部分需要更多体现的是问题直接显性化，优先级排序，关联直接采取行动的方式推进。

③操作型驾驶舱。

操作型驾驶舱强调持续、实时的信息汇报，所以对数据的时效性要求比较高。操作型驾驶舱，用于监控每日进度和产出，以保证实际业绩和预期计划相符，也就是保证战略目标分解到每一天的完成度。

比如 KPI 的数值监控，监控绩效达成情况；比如阈值预警，生产原料不足会发出警报；比如一些实时数据的监控，有些行业企业的管理驾驶舱，需要对关键指标进行实时监控，例如交易所成交量监控、航班监控、地铁线路运行监控等。

3.4.2　搭建管理驾驶舱的难点和误区

搭建管理驾驶舱的难点在于企业管理指标的定义以及管理方法的定义，其核心是围绕有效管理、连贯管理而展开的标准化管理，通过数字技术的手段，将企业管理决策提高到一个新的高度。就好比驾驶一辆汽车，通过仪表盘我们可以实时看到当前的油耗、时速等，从而及时针对驾驶行为做出调整，最终达到过程管理的目的。

而搭建管理驾驶舱的误区就是很容易让原本能发挥极大作用的管理驾驶舱，最后沦为面子工程。比如搭建过程中领导要看什么，就反映什么。

3.4.3　如何搭建管理驾驶舱

管理驾驶舱的后端数据架构，主要是基于数据仓库来建立企业的分析模型。首先统一采集数据（其间涉及数据采集、数据口径的统一、数据清洗等环节）；之后将数据归整到数据仓库，按照分析模型存储和传输；最后在前端报表展示应用，或者在大屏展示环节，抽取数据仓库或者数据集市的数据，固定展示或实时展示。

总的来说，搭建管理驾驶舱有以下步骤。

（1）需求调研

从产品经理的角度出发，第一步就是搞清楚用户需求，简单来说就是回答三个问题：管理驾驶舱是给谁看的？他想看什么？有哪些关键指标？

比如制作一个管理驾驶舱，这个管理驾驶舱的受众可能是公司 CEO、销售总监、各大区销售负责人，或者各个基层销售人员。不同层级的受众，他们关注的数据是不一样的，这时候就需要我们根据业务需求梳理展示逻辑，让数据指标合理地呈现在屏幕上。

如果遇到复杂的管理驾驶舱，涉及多个数据指标，计算过程复杂，可以用思维导图来梳理。但总的来说，数据指标是管理驾驶舱展示主体，最好能覆盖企业过去和将来、内部和外部的管理信息，以便让管理者能够根据这些指标判断企业状况，及时调整经营战术。

（2）依据指标选择对应图表

确定了要展现的数据指标之后，下一步就是根据指标分析的场景，选择对应的图表。

（3）布局排版

根据之前定好的数据指标进行排版。主：核心数据指标安排在中间位置、占较大面积，多为动态效果丰富的图表。次：次要数据指标位于屏幕两侧，多为各类图表。辅：辅助分析的内容，可以通过钻取、联动、轮播显示。

一般让有关联的指标相邻或靠近，把图表类型相近的指标放一起，这样能减轻观者认知上的负担并提高信息传递的效率。

一般会让设计师出一个效果图，确定排版布局和配色方案，重要的是输出一些装饰组件，适当给原标题、数字等添加一些诸如边框、图画等的点缀效果，这样能提高整体美观度。

（4）上线调试

布局排版结束后上线，看关键视觉元素、字体字号、页面动效、图表等是否按预期显示，有无变形、错位等情况。

性能和数据方面，看图表动画是否流畅，数据加载、刷新有无异常，页面长时间展示是否存在崩溃、卡死等情况，后台控制系统能否正常切换前端页面显示等。

第 4 章
财务报告分析

企业财务管控绕不开财务报表，财务报表是企业的体检表。财务报表提供了足够多的关于企业经营状况的信息，通过财务报告分析，企业可以了解到想要了解的经营情况。

财务报表的数据不是凭空而来的，而是企业按照会计准则的要求，用一定的方法将一笔笔实际发生的业务由繁及简、由表及里地汇总而成的。读懂财务报表，就可以大致了解企业的经营状况，从而做出管理和投资决策。

4.1 管理报表体系

管理报表体系包括对内报表、对外报表两大类。

对内报表是提供给企业主、高管和股东的，主要用于经营管理，没有标准格式。对内报表包括用于管理决策的无数张报表，比如工资排行榜、业绩排行榜、客户明细表、存货明细表、成本明细表、产品毛利分析表、top20 供应商明细表……

一家营业额在 1 000 万元以上的企业，对内报表不会少于 10 张。

对外报表主要提供给外部主体，用于国家数据统计或征税、银行贷款融资等，所以必须用中华人民共和国财政部（以下简称"财政部"）规定的标准格式。对外报表包括资产负债表、利润表、现金流量表等。

4.1.1 何为管理报表

管理报表是企业内部管理报告的总称，指的是各种以为企业内部管理者提供经营管理决策的科学依据为目标，而编制的分析评价报告体系。管理报表是企业相关管理信息的汇总，其目的是服务于企业自身的生产经营需要。

从内容的角度来讲，管理报表包含与企业发展相关的宏观经济信息，如政府产业政策、地域经济水平、细分市场、竞争状况等；企业内部的各种管理信息，涵盖从研发到销售以及后勤支持部门，如人事、财务等。

4.1.2 管理者要有能看懂财务报表的能力

从某种意义上说，财务报表是地图、指南针、导航仪、显微镜、参谋，更是企业的成绩单，管理者想做出正确的决策必须依靠真实准确的报表。许多企业主及非财务管理者都看不懂财务报表，这无异于"摸黑经营"，他们完全靠感觉经营企业。

财务报表是企业主及非财务管理者管理企业的必备工具。他们想要间接管理企业的时候，必须通过财务报表来了解企业的经营情况，通过财务报表来知晓职业经理人的工作成绩、经营成果等。

财务报表是企业管理者的"驾驶舱"，企业管理者要基于数字做经营决策。总经理及职业经理人就像驾驶员，需要通过财务报表来知晓经营中的各项数据，从而明确企业的经营方向，纠正操作上的不当等。

所以，管理者应具备能看懂财务报表的能力。

4.1.3 什么是好的报表信息

如果把财务管理水平分成初始级、控制级、规范级、管理级和优化级，那么报表信息的准确性、及时性、有用性等方面能够反映出一家企业财务管理的级别。

好的报表和分析，能够促使管理者行动，能够改进工作，最终提升企业经营业绩。好的报表信息，应该是管理者关心的一些指标。既然这些指标是他们关心的，那么管理报表就应该围绕这些指标来反映数据。

好的报表信息应符合的条件，如图 4-1 所示。

图 4-1　好的报表信息应符合的条件

4.1.4　如何编制人人都能看懂的报表

一般来说，企业主所学专业可能不是与会计相关的，对财务报表的了解就不是很多，但是又必须能看懂财务报表，那么财务人员如何编制出人人都能看懂的报表呢？财务人员编制报表的要求如图 4-2 所示。

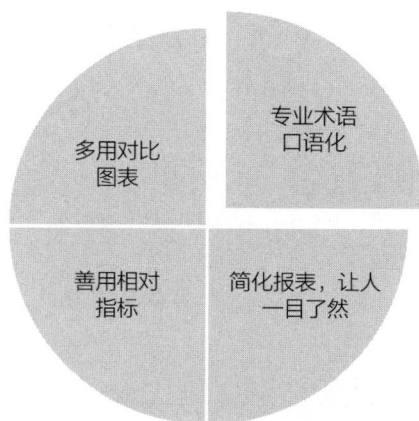

图 4-2　财务人员编制报表的要求

（1）专业术语口语化

财务人员要把专业术语转化为生活中的俗语，例如：将现金、银行存款统称为现金或者钱，把固定资产说成设备，把不动产说成企业名下的房产，将应收账款说成别人欠企业多少钱未还，等等。

（2）简化报表，让人一目了然

作为企业主，十分想知道的是企业赚了多少钱、花了多少钱、还有多少钱可支配，欠别人多少钱、别人欠企业多少钱等。财务人员编写报表时重点突出这几类信息就可以了，将报表简化，能让企业主一目了然，至于收入具体来源、开销明细等细节，当企业主问及时再汇报，但财务人员也要做好汇报这些数据的准备。

（3）善用相对指标

财务人员汇报财务绝对数时，大多数企业主没概念，比如财务人员说产品产量是多少，企业主并不知道生产效率是否提高了，汇报人均单产量企业主就有概念了；如果财务人员向银行说企业有多少资产，银行并不知道企业还钱的能力怎么样，财务人员要把负债除以资产得出的比率告知银行，银行才能大体知道企业的偿债能力了。

（4）多用对比图表

图像表达比简单的文字、数字表达更直观、更有说服力，企业主看报表的目的就是从中找到自己想要的数据来了解企业经营情况，做出决策，比如通过看利润表最终得出这月的利润是多少，财务人员可将本月利润与前三个月、六个月的利润做对比，并做出图表，便于企业主判断企业利润的变化及其发展趋势，更好地做出决策。

4.1.5　财务管理的预警机制

财务管理的预警机制是企业选择重点检测财务指标，确定财务危机警戒标准，监测和发现财务危机，及时警示有关负责人员，并分析企业发生财务危机的原因、企业财务运行潜在的问题，提出防范措施的一种制度安排。它兼有监测、诊断和治疗功能。

企业应当居安思危、未雨绸缪，要有一定的风险意识和超前意识，要建立健全财务预警机制，以避免财务危机的发生、恶化。

4.2　了解财务内涵

在众多与经营管理能力相关的理论中，很少有人重视作为企业管理核心的财务管理能力。事实上，企业的财务系统是一个独立而综合的完整系统，它通过货币的形式贯穿企业所有的经营和管理活动，是整个企业管理的灵魂所在。正确采用财务战略，有利于提升企业核心竞争能力。

4.2.1　财务系统：战略与财务

财务战略是战略思想与财务活动的融合体，它为企业战略的实施提供配套支持，在一定意义上决定了企业资源的配置效率和效果，因此制定合理的财务战略对企业的发展有重要的意义。

财务战略的最高目标是实现企业价值最大化，也就是实现风险和报酬平衡时的企业自由现金流最大化，此目标是财务管理各项活动的切入点，可证明企业价值的可持续增长与财务战略具有相关性。

财务与战略有着天然、较强的交互性。

首先，财务问题表现为资产负债表、利润表和现金流量表等财务报表以及一系列定量化的财务指标。经过审计的财务报告与财务指标的确反映了企业过去一定时期内的经营业绩与财务状况，但是管理价值始于战略止于财务结果，现在的成功与失败都取决于过去某一段时间采取的战略，所以企业现在的财务报告其实是过去的企业战略实施结果的表现。

其次，财务战略聚焦企业价值目标。人们对战略与企业价值之间的因果关系已有基本共识，即企业财务目标与企业战略目标具有本源同质性。对于战略与财务资源的关系，可以简洁明了地表达为"战略上光有资金不行，没有足够的（自有）资金更不行"。

当企业高速发展时，财务战略必须保证企业价值可持续增长，使其保持必要的战略理性。在企业营运过程中，财务战略必须能够预估出企业的长期风险，而且能够保持必要的财务弹性，以便随时应对这些风险。

动态的企业财务战略管理过程大体分为以下五个步骤，如图 4-3 所示。

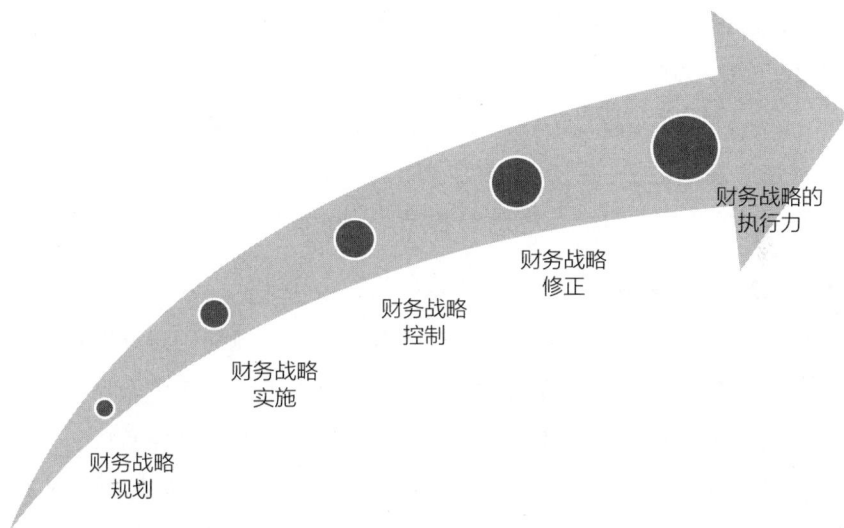

图 4-3　动态的企业财务战略管理过程

（1）财务战略规划

制定财务战略规划，目的在于确定适应企业未来的财务状况。财务战略规划是指为谋求企业资金均衡有效地流动和实现企业整体战略，为增强企业财务竞争优势，在分析企业内外环境因素对资金流动影响的基础上，对企业资金流动进行全局性、长期性与创造性的谋划，并确保其执行的过程。

财务战略规划是根据企业所面对的宏观经济环境和内外部财务环境，为企业管理层提供分析结果，例如，内外部环境中有哪些因素会对企业未来的财务状况产生影响，认清这些影响因素的性质，尽力确定这些因素的影响程度。

重要的还是设置财务战略目标，财务战略建立在企业价值可持续增长的目标上。另外，制定财务战略规划还包括制定财务战略，财务战略是为实现财务战略目标而服务的，是从企业发展全局出发做出的长期性的财务谋划和财务活动纲领。企业必须面对不断变化的财务环境，制定相适应的动态财务战略，以保证有效分配资源，促使企业价值可持续增长。

（2）财务战略实施

财务战略的实施是财务战略管理的关键，财务战略实施成功与否还依赖于企业的组织结构、运行机理等是否全面、系统融合。

此外，企业必须建立系统的战略评价体系来检验战略实施的效果，并反馈指导和促进战略的实施。

财务战略实施的关键就是把握住基本经济原则和现金流量的关系，新生现金流量与现金内部使用的关系，收益性、现金流量和价值创造的关系，以及和市场价值的关系。财务战略实施是以价值创造为主线的。

（3）财务战略控制

企业财务战略控制是将反馈的财务战略实施成效与预定的财务战略目标进行比较，检测二者的偏离程度，对于不利的偏差，采取有效措施进行纠正，以便实现财务战略目标。财务战略控制具有以下特点：财务战略控制面向整个企业；财务战略控制的标准是依据企业的总体财务目标，而不是财务战略规划本身的目标；财务战略控制既要保持财务战略规划的稳定性，又要注意保持财务战略的灵活性。

（4）财务战略修正

财务战略修正是在财务战略执行过程中产生的实际结果与预定目标有明显差距时，对财务战略方案进行修改。如果财务战略执行成效与预期财务战略目标无明显差异，则不需要对财务战略进行修正。造成财务战略修正的具体原因很多，既有客观因素，又有主观因素。财务战略修正是更好地实现企业财务战略目标的一个重要程序。财务战略作为一套总体设想，是主观对客观的一种预测，随着主客观条件的不断变化，就会出现主客观偏差，就需要及时修正。

（5）财务战略的执行力

目前，我国很多企业管理层意识到了战略的重要性，并能够重视财务战略，但他们完成制定财务战略的工作后就认为完成了大部分工作，很少有人认为执行过程会出现问题，很少有人会对具体的实施给予足够的关注。执行力缺失成为财务战略没有实现预期目标的主要原因。

财务战略缺乏执行力的原因是多方面的，概括起来主要有两大类：一类是企业财务战略制定与执行过程本身存在问题；另一类是企业内部因素和外部因素与财务战略不匹配。其中，财务战略制定与执行过程本身存在问题是财务战略缺乏执行力的根本原因。

为了保证财务战略的执行力，首先必须使得企业全体员工对财务战略形成共识。企业各级员工对财务战略的共识对财务战略的成功执行有重要影响，共识程度越深，财务战略执行的效果就越好。其次，财务战略目标必须进行分解，落实到人，否则再好的财务战略只是口号而已。如果因为财务战略执行力不足而达不到目标，则会使员工对财务战略目标产生怀疑，不利于财务战略目标的执行。

此外，财务战略必须与执行环境相匹配。财务战略对于一家企业来说不是固定的，应该是随企业的发展呈动态变化的。

财务战略应随着宏观经济的发展与时俱进。企业会在其成长轨道上从初步创立走向成熟，继而走向衰退，最终撤出市场。因此，为了保障财务战略的执行力，必须制定出能够适应不同成长阶段和不同环境的动态财务战略。

4.2.2　会计恒等式：所有财务工作的基础原理

财务状况的恒等式，即会计恒等式：资产 = 负债 + 所有者权益，如图 4-4 所示。

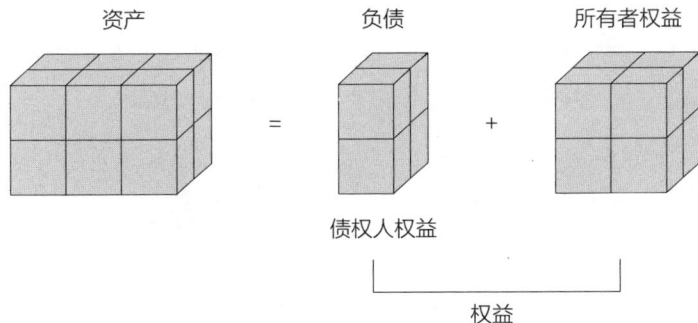

图 4-4　会计恒等式

会计恒等式反映了企业在某一特定时点资产、负债和所有者权益三者之间的平衡关系。资产表明企业拥有什么经济资源和拥有多少经济资源，负债和所有者权益表明经济资源的来源渠道，即谁提供了这些经济资源。

会计恒等式是所有财务工作的基础原理，永恒不变。当负债不变时，资产与所有者权益同方向变化；所有者权益不变时，资产与负债同方向变化，而当所有者权益与负债都变化的时候，资产的变动额则等于所有者权益与负债变动额之和。

财务状况等式也被称为基本会计等式、静态会计等式，它是复式记账法的理论基础，也是编制资产负债表的依据。

4.3　初识财务报表

财务报表是反映一家企业经营状况的特殊语言。解读与分析财务报表的意义在于排除企业问题，发现隐藏的风险。财务报表是对企业或预算单位一定时期的财务状况、经营成果和现金流量的结构性表述。

4.3.1　什么是财务三大报表

财务三大报表是指资产负债表、利润表、现金流量表。资产负债表反映企业报表日财务状况，利润表反映企业会计期间的盈利情况，现金流量表反映企业会计期间的经营、投资、筹资现金流情况，如图 4-5 所示。

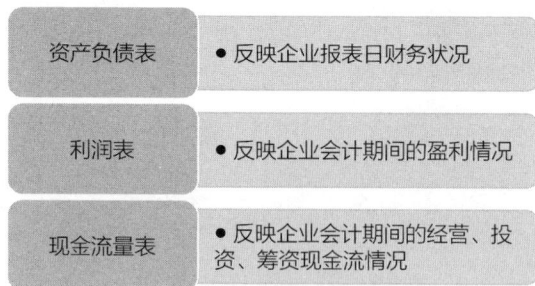

资产负债表	● 反映企业报表日财务状况
利润表	● 反映企业会计期间的盈利情况
现金流量表	● 反映企业会计期间的经营、投资、筹资现金流情况

图 4-5　财务三大报表

（1）资产负债表，反映某一时点的财务状况

资产负债表亦称财务状况表，表示企业在一定日期（通常为各会计期末）的财务状况（即资产、负债和所有者权益的状况）的主要财务报表。资产负债表利用会计平衡原则，将合乎会计原则的资产、负债、所有者权益等交易科目分为"资产"和"负债及所有者权益"两大区块，再经过编制分录、记账凭证、分类账，试算平衡等会计程序后，以特定日期的企业财务状况为基准，浓缩成一张报表。其除了可以让企业内部除错、明确经营方向、防止弊端外，也可让所有阅读者于短时间内了解企业经营状况。

资产负债表为会计上相当重要的财务报表，其重要功用在于表现企业的经营状况。就程序而言，资产负债表为簿记记账程序的末端，是集合了登录分录、过账及试算调整后的最后结果与报表。就性质而言，资产负债表则是表现企业或企业资产、负债与所有者权益的对比关系，确切反映企业营运状况的报表。就报表基本组成而言，资产负债表主要包含了会计恒等式左边的资产部分，与会计恒等式右边的负债与所有者权益部分。而作业前端而言，如果完全依照会计原则记载，并经由正确的分录或试算过程，则资产负债表左右边的总金额完全相同。试算平衡公式就是资产金额总计 = 负债金额合计 + 所有者权益金额合计。

（2）利润表，反映某一时期内经营成果

利润表是反映企业在一定会计期间的经营成果的财务报表。当前国际上常用的利润表格式有单步式和多步式两种。单步式是将当期收入总额相加，然后将所有费用总额相加，一次计算出当期收益的格式，其特点是所提供的信息都是原始数据，便于理解；多步式是分多步计算求得净利润的格式，便于使用人对企业经营情况和盈利能力进行比较和分析。

由于利润表反映的是企业某一期间的财务状况，所以，又被称为动态报表。有时，利润表也称为损益表、收益表。

（3）现金流量表，反映某一时期内现金流量

现金流量表是财务三大报表之一，所表达的是在一固定期间（通常是每月或每季）内，一家企业的现金（包含银行存款）的增减变动情形。现金流量表，主要是要反映出资产负债表中各个项目对现金流量的影响，并根据其用途划分为经营、投资及筹资 3 个活动。现金流量表可用于分析一家企业在短期内有没有足够现金去应付开销。

4.3.2　财务三大报表间的勾稽关系

虽然资产负债表反映的是时点数——年初数、期末数，而利润表反映的是本期发生数，但是在资产负债表的年初数和期末数中间加上本期增减数之后，就发现可以把利润表整个装到资产负债表中的所有者权益中的未分配利润项下。利润表中的"净利润"就是资产负债表中"未分配利润"本期增减中的一个因子。

利润表上的收入不一定代表资产负债表中货币资金的增加（也就意味着不代表现金流量表上有现金流入），也可能是赊销带来的资产负债表中应收账款的增加。

如同在说资产负债表和利润表的关系一样，按直接法编制的现金流量表也是可以装到资产负债表中的货币资金项下的。年初有多少钱，本期流入多少、流出多少，加减得到期末有多少钱。

4.3.3　如何实现业财融合

业财融合是业务与财务融合的简称，是指业务发展与财务管理相结合，业务和财务融为一体，从企业的整体去思考业务开展是否符合企业发展的目标方向。业财融合是新时代财务人员转型的方向。

业财融合的核心是：事前规划、事中控制、事后评估，形成一个管理闭环。业财融合的关键在于把握业务流程的关键控制点，财务人员需要主动融入业务经营中。那么，财务人员就不能再局限于眼前的凭证、报表、单据，应将眼光扩展至行业、客户、供应商；不能将眼光局限于会计准则的要求，还应放眼于行业政策、行业趋势、商业模式、竞争者信息等。

管理会计的本质就是业财融合，管理会计更多关注的是企业的财务和业务的统一，为了实现这一目标，管理会计往往需要与各个业务部门进行交流，了解企业发展中的风险与机遇，是风险则进行控制，是机遇则抓准时机、果断出击。

要想从财务会计转型到管理会计，就要先知道财务会计是干什么的、管理会计又是干什么的。传统意义上的财务会计就是算算账，做好分内的事，而管理会计则注重对过程的管控，在过程中发现风险，及时终止或者调整，在执行每一步时都要从财务的角度、成本的角度、风险的角度对过程进行分析，得出结论，有问题则及时解决。财务人员应理解各自的侧重点，然后有针对性地进行分析，财务人员想要成功转型，必须学会看到管理会计的价值。

4.4　企业财务分析

当建立起适合企业的管理报表体系后，一堆数据将呈现在管理者的面前，他们做出的决策是否正确，还很难判断。数字是死的，只有将数字变为一种能反映企业经营情况的语言，才是与企业情况相息相通的，这就需要财务分析，才可成为企业主及非财务管理者驾驭企业方向盘，才是与企业情况息息相通的，这就是我们所说的分析、决策。

采用分析、决策支持系统对企业的财务、经营信息及数据进行分析，可提炼出对管理层决策有价值的信息，并且可为管理层决策提供方案。

4.4.1　从短期偿债能力指标看偿债能力

要看一家新企业的短期偿债能力怎么样，就要算一算它的流动比率和速动比率。

流动比率主要用来反映企业偿还债务的能力，其计算公式如下。

$$流动比率 = 流动资产 \div 流动负债$$

现今，人们常认为合理的流动比率通常要低于 2。过高的流动比率主要反映了企业的资金没有得到充分利用，而该比率过低，则说明企业偿债能力较弱。

另一个指标就是速动比率，它是企业速动资产与流动负债的比率，速动资产是企业的流动资产减去存货、预付费用和待摊费用后的余额，主要包括货币资金、短期投资、应收票据、应收账款等项目。公式如下。

$$速动比率 = （流动资产 - 存货 - 预付费用 - 待摊费用）\div 流动负债$$

速动比率可用于衡量企业流动资产中可以立即变现用于偿还流动负债的能力。一般情况下，该比率应以 1 为好，但在实际中，该比率（包括流动比率）的评价标准还须根据行业特点来判定，不能一概而论。

4.4.2　从长期偿债能力指标看企业资本结构

要看一家企业的资本结构是否合理，可以通过三个指标计算出来，它们分别是所有者权益比率、固定资产净值率、资本化比率。

我们先来看所有者权益比率。该指标主要用来反映企业的资金实力和长期偿债能力。公式如下。

$$所有者权益比率 = 所有者权益总额 \div 总资产$$

可见，所有者权益比率与企业资金实力成正比，但该比率过高，则说明企业资本结构不合理。该指标一般应在 0.25 左右，但对于一些大型企业而言，该指标的参照标准应有所降低。

接下来，我们来看固定资产净值率。该指标反映的是企业固定资产的新旧程度和生产能力。公式如下。

$$固定资产净值率 = 固定资产净值 \div 固定资产原值 \times 100\%$$

固定资产净值率对于评价工业企业生产能力有着重要的意义，一般该指标以超过 75% 为佳。

最后，我们来看资本化比率。该指标主要用来反映企业需要偿还的长期负债占总长期营运资金的比重，所以该指标不宜过高，一般应在 0.2 以下。其计算公式如下。

$$资本化比率 = 长期负债 \div （长期负债 + 股东股益）$$

第 5 章
会计制度及管理

国家统一的会计制度是指国务院财政部门（即财政部）根据会计法制定的关于会计核算、会计监督、会计机构和会计人员以及会计工作管理的制度。

根据《中华人民共和国会计法》的规定，国家统一的会计制度，由国务院所属财政部制定；各省、自治区、直辖市以及国务院业务主管部门，在与会计法和国家统一会计制度不相抵触的前提下，可以制定本地区、本部门的会计制度或者补充规定。

5.1 会计制度的基本概念

会计制度有会计法律、会计行政法规、会计部门规章和地方性会计法规。会计制度是对商业交易和财务往来在账簿中进行分类、登录、归总，并进行分析、核实和上报结果的制度，是进行会计工作所应遵循的规则、方法、程序的总称。

5.1.1 会计制度的内容体系

详细的会计制度应包括：会计凭证的种类和格式以及编制、传递、审核、整理、汇总的方法和程序；会计科目的编号、名称及其核算内容；账簿的组织和记账方法；记账程序和记账规则；成本计算方法；财产清查办法；会计报表的种类、格式和编制方法、报送程序；会计资料的分析利用；会计检查的程序和方法；电子计算在会计中的应用；会计档案的保管和销毁办法；会计机构的组织；会计工作岗位的职责等。

5.1.2 会计制度的作用

企业应当依照法律、行政法规和国务院财政部门的规定建立会计制度。企业财务会计管理虽是企业内部事务，但事关股东、潜在投资者、债权人、企业职工和社会公共利益等，影响甚大。

企业会计制度的作用，如图 5-1 所示。

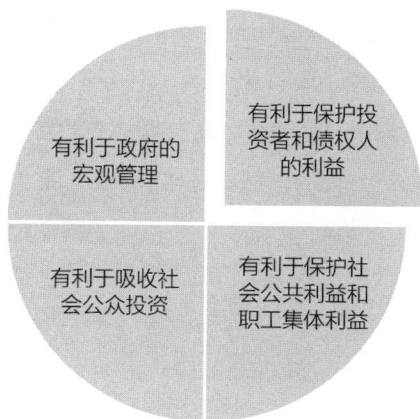

图 5-1 企业会计制度的作用

（1）有利于保护投资者和债权人的利益

投资者除参与决定一些重大事项外，一般不参与企业的日常生产经营活动，投资者往往是通过了解企业的生产经营状况和企业的财务状况，来维护自身利益。企业的资产作为企业对债权人的担保，资产状况如何、企业的经营状况如何直接涉及债权人的债权能否得到保障。

财务会计工作的规范化，可以保证企业正确核算经营成果，合理分配利润；还可以保证企业资产的完整，使债权人的利益得到保护。

（2）有利于保护社会公共利益和职工集体利益

针对社会影响比一般企业的社会影响大得多的企业，维护其稳定、健康地发展，有利于维护社会秩序，因此，有必要对企业的公积金提存等做出统一的规定。

同时，为防止企业片面追求利润最大化而忽视职工集体利益，对公益金等做出规定也是十分重要的。

（3）有利于吸收社会投资

企业的规范化和公开化，可使企业利益相关者能方便地了解到企业的经营状况和盈利能力，从而做出投资决策。因此合理的会计制度可以起到吸收社会公众投资的作用。

（4）有利于政府的宏观管理

不同企业在统一的财务会计制度规定下筹集、分配资金，记录、反映经济业务，这有利于政府掌握总体情况，制定政策，实施管理。

为了平衡上述不同主体之间的利益需求，法律要求企业内部建立规范的会计制度，这也体现了经济活动社会化所带来的不同主体的利益企业中的交汇和碰撞。

5.2　会计制度的要点

合理地组织会计核算形式是做好会计工作的一个重要条件，对于保证会计工作质量，提高会计工作效率，正确、及时地编制会计报表，满足相关会计信息使用者的需求具有重要意义。

5.2.1　会计核算体系

会计核算体系亦称会计方法体系，是指由各种彼此独立而又相互联系的会计方法所组成的有机统一整体，包括会计核算方法、会计分析方法、会计检查方法、会计预测方法、会计决策方法和会计控制方法。

会计核算方法是对会计对象的经济业务进行完整、连续、系统的记录和计算，为经营管理提供必要信息所采用的方法，一般包括设置账户、复式记账、填制和审核凭证、登记会计账簿、成本计算、财产清查、编制会计报表七种方法。上述七种方法相互联系、密切配合，构成了一个完整的方法体系。

（1）会计核算体系的基本操作

会计核算体系的基本操作是：当经济业务发生后，经办人员填制或取得原始凭证，并据以登记账簿；对于生产经营过程中发生的各项费用，要进行成本计算；对于账簿的记录，要通过财产清查加以核实，在保证账实相符的基础上，定期编制会计报表。

会计核算体系的基本操作，如图 5-2 所示。

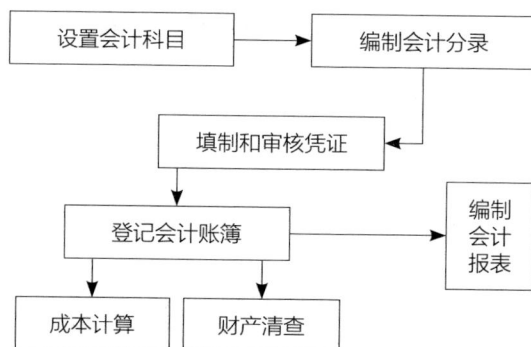

图 5-2　会计核算体系的基本操作

（2）什么是规范的企业会计核算体系

规范的企业会计核算体系，如图 5-3 所示。

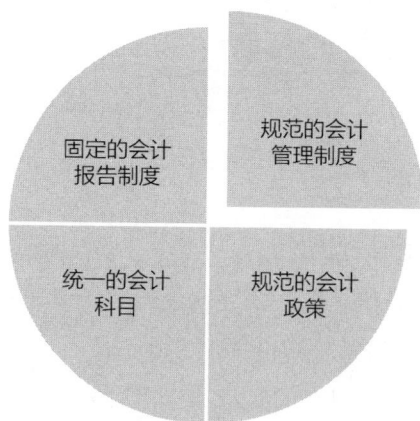

图 5-3　规范的企业会计核算体系

①规范的会计管理制度。

会计管理制度是针对企业会计人员、档案、核算的管理制度，内容庞杂。一般来说，会计管理制度包括以下内容。

第一，会计岗位划分及岗位责任制管理办法，具体包括企业会计核算和财务管理的岗位划分、各岗位的责任范围等。

第二，会计人员管理办法，包括会计部门管理人员和核算人员的任职资格、招聘、培训等内容。

第三，会计工作交接管理办法，包括会计实务的交接和会计资料的交接。值得指出的是，由于我国长期以来就业人员的低流动性，大部分企业并不重视会计人员的交接管理办法。其结果是，当会计人员的流动性显著提高时，会计人员交接手续不完善的问题非常突出，导致很多企业的历史会计信息不完整、会计政策不连贯、会计科目不统一，给预算的编制和考核带来了很多问题。

第四，会计档案管理办法，包括会计材料的形成与归档，会计档案的分类、排列与编目，会计档案的保管与统计，会计档案的提供与利用，会计档案的鉴定与销毁等内容。

第五，会计电算化管理办法，包括软件的选择、系统初始化、密码管理、系统维护等内容。

第六，会计检查管理办法，包括会计检查的内容、会计检查的周期、会计检查的组织实施、会计检查结果的使用、会计检查结果的反馈等内容。

②规范的会计政策。

会计政策指企业在会计核算时所遵循的具体原则以及企业所采纳的具体的会计处理方法。长期以来，企业普遍存在重视会计科目而轻视会计政策的现象，这在一定程度上给企业会计工作造成了不良的影响。会计政策不规范，就会使集团公司内部的会计信息缺乏可比性，从而导致集团公司预算考核的依据缺乏合理的基础。笔者在长期从事预算管理咨询和会计核算咨询的实践中注意到，许多集团公司甚至不了解相关子公司的会计政策。

目前，由于预算管理主要集中在损益预算领域，所以基于预算管理的需要，规范会计政策首先需要规范与损益确认相关的会计政策。概括来说，与损益确认相关的会计政策主要包括以下几个方面：一是收入确认政策；二是成本、费用的确认政策及成本、费用的划分；三是固定资产折旧政策与无形资产摊销政策；四是资产减值的会计政策；五是与存货、短期投资计价有关的会计政策。

对于实施预算管理的企业来说，制定统一的会计政策，包括两种情况。

第一，所有纳入预算管理的生产经营单位的业务范围相同。这类企业一般具有高度的行业专门化特征，全集团只从事一种或少数几种行业，如我国的电信行业、发电行业、供电行业等的集团公司。集团公司要从全集团出发，全面制定标准、详细的会计制度。

第二，纳入预算管理的生产经营单位的业务范围不相同。这类企业涉及的行业较多。这类企业涉及很多业务种类，如制造、施工、物流、服务等业务，如我国的一些控股公司。这类企业的集团公司不能制定标准的会计制度，这就要求集团公司强化管理手段，加深对子公司业务的熟悉程度，制定差别化的会计政策。但要强调的一点是，从预算考核数据的真实性出发，控股公司的会计核算办法一般应该由集团公司制定，至少应该由集团公司核准。

③统一的会计科目。

在大型企业的预算管理中，各责任中心会计科目的相互统一、预算科目与会计核算科目的统一，是减少预算工作量的必不可少的手段，是强化预算考核的前提。有的企业的预算由各部门编制，这导致预算科目与会计核算科目不一致，数据难以汇总，难以实施考核。如，在预算管理中，规定非设备修理费不得高于修理费的15%，但是，在会计核算中，并没有按照非设备修理费和设备修理费进行明细核算，考核依据只能是修理部门的统计数据，结果出现了由被考核部门提供考核用信息的情况，难以发挥考核的作用。

所以，要使预算管理规范化，必须实现会计科目统一化。

第一，由控制预算管理的最高层次企业制定会计科目，并明细到一定级次。

第二，在已经规定的会计科目级次上，下级企业既不能增加科目，也不能减少科目，只能在最末级科目下设科目，以保证数据的汇集能够自动完成。

第三，各级企业设置科目的明细程度以满足本级企业的预算管理需要为原则。如，集团公司在进行预算考核时，如果要单独考核下级企业的业务招待费，则会计科目的设置至少要能够满足单独核算业务招待费的需要。

④固定的会计报告制度。

实施预算管理的企业必须对各责任中心的预算执行情况进行定期的分析、报告，对预算执行的异常情况进行深入的因素分析，并报告企业的预算管理当局。

固定的会计报告是企业预算分析和控制的依据。固定的会计报告制度主要包括以下几项内容。

第一，预算分析指引。

第二，管理会计报告表格体系，主要是明确在日报、周报、月报、季报、年报中，分别向哪些级别的管理者报送哪些明细报表。一般来说，在日报、周报中，主要向最高层报送现金流量信息；而在月报、季报和年报中，要向各责任中心报送本单位的预算完成情况，向最高层报送全企业的预算完成情况。在这一过程中如果出现非预期差异，还要详细分析差异产生的原因并加以报告。

第三，报告周期及时限，主要明确每种报告的上报时间。如日报在次日上班后一小时内上报，周报在下周一早上上报，月报在次月前三个工作日内上报等。

（3）什么是会计核算方法体系的核心

复式记账是会计核算方法体系的核心。

复式记账法是以资产与负债、所有者权益平衡关系作为记账基础，对于每一笔经济业务，都要以相等的金额在两个或两个以上相互联系的账户中进行登记，系统地反映资金运动变化结果的一种记账方法。

复式记账的特点如下。

①对于每一项经济业务，都在两个或两个以上相互关联的账户中进行记录，这不仅可以反映每一项经济业务的来龙去脉，而且在全部经济业务都登记入账以后，还可以通过账户记录全面、系统地反映经济活动的过程和结果。

②由于每项经济业务发生后，都是以相等的金额在有关账户中进行记录，所以可据以进行试算平衡，以检查账户记录是否正确。

复式记账之所以要求在两个或两个以上的账户中以相等的金额进行记录，是为了保证会计等式的平衡，所以说复式记账的理论依据就是会计恒等式。

（4）七种会计核算方法

会计核算有七种基本方法，如图 5-4 所示。

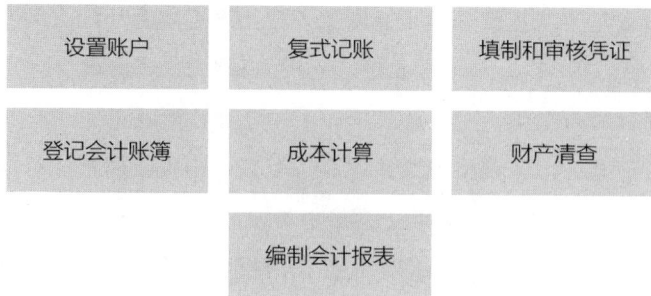

设置账户	复式记账	填制和审核凭证
登记会计账簿	成本计算	财产清查
编制会计报表		

图 5-4　会计核算的七种基本方法

会计核算的七种基本方法即设置账户、复式记账、填制和审核凭证、登记会计账簿、成本计算、财产清查、编制会计报表。可以把上述七种方法总结成以下口诀：会计核算方法七，设置科目属第一；复式记账最神秘，填审凭证不容易；登记账簿要仔细，成本核算讲效益；财产清查对账实，编制报表工作齐。

会计核算的主要方法的具体介绍如下。

①设置账户。

设置账户是对财务会计核算的具体内容进行分类核算和监督的一种专门方法。由于会计对象的具体内容是复杂多样的，要对其进行系统的核算和经常性监督，就必须对经济业务进行科学的分类，以便分门别类地、连续地记录，据以取得多种不同性质、符合经营管理需要的信息和指标。

②复式记账。

复式记账是指对所发生的每项经济业务，以相等的金额，同时在两个或两个以上相互联系的账户中进行登记的一种记账方法。采用复式记账方法，可以全面反映每一笔经济业务的来龙去脉，而且可以防止差错和便于检查账簿记录的正确性和完整性，该方法是一种比较科学的记账方法。

③填制和审核凭证。

会计凭证是记录经济业务，明确经济责任，作为记账依据的书面证明。正确填制和审核会计凭证，是核算和监督财务收支的基础，是做好会计工作的前提。

④登记会计账簿。

登记会计账簿简称记账，是以审核无误的会计凭证为依据，在账簿中连续地、完整地记录各项经济业务，以便为经济管理提供完整、系统的记录和财务会计核算资料。账簿记录是重要的会计资料，是进行会计分析、会计检查的重要依据。

⑤成本计算。

成本计算是按照一定对象归集和分配生产经营过程中发生的各种费用，以便确定各对象的总成本和单位成本的一种专门方法。产品成本是综合反映企业生产经营活动的一项重要指标。正确地进行成本计算，有利于考核生产经营过程的费用支出水平，同时又是确定企业盈亏和制定产品价格的基础，还可以为企业进行经营决策提供重要数据。

⑥财产清查。

财产清查是指通过盘点实物、核对账目，以查明各项财产物资实有数额的一种专门方法。财产清查，可以提高会计记录的正确性，保证账实相符；同时，还可以查明各项财产物资的保管和使用情况以及各种结算款项的执行情况，以便对积压或损毁的物资和逾期未收到的款项及时采取措施，进行清理和加强对财产物资的管理。

⑦编制会计报表。

编制会计报表是以特定表格的形式，定期并总括地反映企业、行政事业单位的经济活动情况和结果的一种专门方法。会计报表主要以账簿中的记录为依据，经过一定形式的加工整理而产生一套完整的核算指标，这些指标是考核、分析财务计划和预算执行情况以及编制下期财务预算的重要依据。

以上会计核算的七种方法，虽各有特定的含义和作用，但并不是独立的，而是相互联系、相互依存、彼此制约的，它们构成了一个完整的方法体系。在财务会计核算中，应正确地运用这些方法。一般在经济业务发生后，财务人员要按规定的手续填制和审核凭证，并用复式记账法在有关账簿中进行登记；期末还要对生产经营过程中发生的费用进行成本计算和财产清查，在账证、账账、账实相符的基础上，根据账簿记录编制会计报表。

5.2.2　会计核算基础

会计核算基础有两种——收付实现制和权责发生制，如图 5-5 所示。

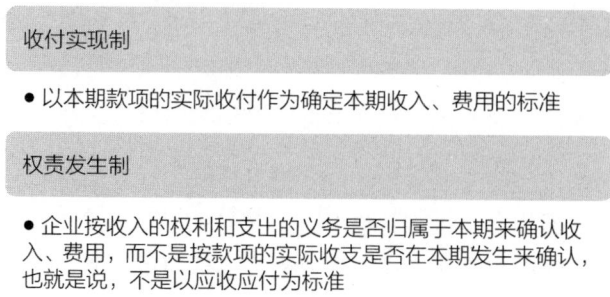

图 5-5　会计核算基础

（1）收付实现制

收付实现制以本期款项的实际收付作为确定本期收入、费用的标准。凡是本期实际收到款项的收入和付出款项的费用，不论款项是否属于本期，只要在本期实际发生，即作为本期的收入和费用。所以收付实现制又叫实收实付制。

（2）权责发生制

权责发生制是指企业按收入的权利和支出的义务是否归属于本期来确认收入、费用，而不是按款项的实际收支是否在本期发生来确认，也就是说，不是以应收应付为标准。在权责发生制下，凡属本期的收入和费用，不论其是否发生，均要计入本期；凡不属本期的收入、费用，尽管本期发生了，也不计入本期。故权责发生制又叫应收应付制。

5.2.3　会计核算原则和组织形式

会计核算的原则是进行会计核算的指导思想和衡量会计工作的标准。会计核算的原则有 13 条，可分为 3 类——一般原则、计量原则、信息质量原则，如图 5-6 所示。

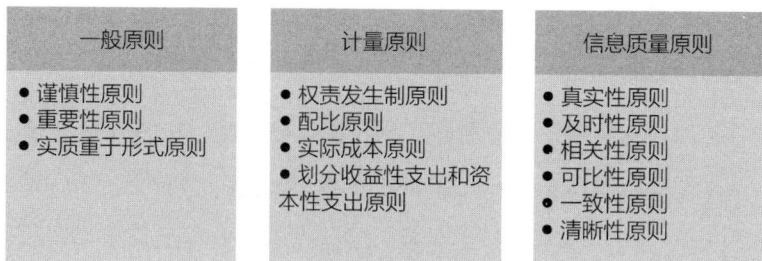

图 5-6　会计核算原则

一般原则（3 个）：谨慎性原则、重要性原则、实质重于形式原则。

计量原则（4 个）：权责发生制原则、配比原则、实际成本原则、划分收益性支出和资本性支出原则。

信息质量原则（6 个）：真实性原则、及时性原则、相关性原则、可比性原则、一致性原则、清晰性原则。

会计核算工作的组织形式，是指单位内部各部门之间的会计核算工作上的相关关系。由于不同单位的业务范围、规模大小等各不相同，会计核算工作的组织形式也就有所不同。会计核算组织形式一般有以下两种。

①集中核算的形式。在该形式下，单位的一切经济业务的凭证整理、明细分类核算和总分类核算，都集中在财会部门进行，单位内部其余各部门只负责填制原始凭证和原始记录，为财会部门提供原始资料。

②非集中核算的形式。在该形式下，一部分会计核算工作分散到单位内部所属的各个部门进行，另一部分由财会部门集中进行。

5.2.4　资本金管理及企业融资管理

资本金管理是指企业筹集的资本金在管理上有许多方面的要求，而且企业组织形式不同，在管理上的要求也不一样。

企业融资管理就是规范企业项目融资行为，降低资本成本，降低融资风险，提高融资效率。

企业价值最大化也称企业总价值最大化，即企业权益价值和负债价值之和的最大化，结合企业融资管理的内涵，企业融资管理的目的在于合理筹集企业所需资本，在投资收益一定的情况下，使得资本成本和财务风险最低化从而实现融资管理的最终目标，即企业价值的最大化。因此，企业通过好的融资管理模式来低成本地为企业的发展筹集资金，同时做到资金成本、风险控制和价值创造之间的优化和平衡，是企业财务规划和融资管理的主要原则。

5.2.5　或有负债管理

或有负债是指因过去的交易或事项可能导致未来所发生的事件而产生的潜在负债，例如，过去已存在的交易或事项导致诉讼的发生，而诉讼的结果又视法院的判决而定，故未决诉讼便具有或有负债的性质。

一般而言，或有负债的支付与否视不确定事项是否发生而定。

对或有负债进行管理，主要涉及其最佳估计数的确定问题。

（1）所需支出存在一个金额范围

如果所需支出存在一个金额范围，则最佳估计数应按该范围的上限和下限金额的平均数确定。如 2021 年 10 月 2 日，A 公司因违约被提起诉讼。因法院尚未判决，赔偿金额无法确定。但是根据专家估计，赔偿金额可能在 50 万元到 80 万元之间。因此，A 公司应在月底的资产负债表中确认或有负债为：（50+80）÷2=65（万元）。

（2）所需支出不存在一个金额范围

根据准则规定，或有事项涉及单个项目时，最佳估计数按最可能发生金额确定；而或有事项涉及多个项目时，最佳估计数按各项目的可能发生额及其发生概率计算确定。

例如，某企业在一场诉讼中，专家判断胜诉的可能性有 30%，败诉的可能性有 70%。如果败诉，将会赔偿 50 万元。在这种情况下，该企业应确认的负债金额（最佳估计数）应为可能发生的金额 50 万元。

再如，某一企业销售产品 1 000 件，每件 1 000 元。该企业售后服务规定：产品在三年保修期内，出现非人为质量问题，企业将免费修理。根据以往经验，较小质量问题的修理费为销售额的 1%，较大质量问题的修理费为销售额的 2%。据预测，本年度所售商品 10% 会出现较小质量问题，10% 会出现较大质量问题，则本年度该企业确认的负债金额（最佳估计数）为：

（1 000×1 000）×10%×1%+（1 000×1 000）×10%×2%=3000（元）。

由以上所述可见，或有负债的存在与否，主要取决于未来事件是否发生，具有较大的不确定性。

5.2.6 清算程序

公司清算是一个过程，法律设置了严格的清算程序。所谓的公司清算程序，是指在公司解散清算过程中，按照有关法律、法规的规定应该经过的具体步骤。

根据公司法及相关法律法规的规定，公司清算程序主要包括以下内容。

首先，公司自解散事由出现之日起 15 日内成立清算组。清算组正式成立后，公司即进入实质性清算程序。有限责任公司的清算组由股东组成，股份有限公司的清算组由董事或者股东大会确定的人员组成。

清算组成立后，应立即在法定期限内直接通知、公告债权人并进行债权登记，以便债权人在法定期限内向清算组申报债权。财产清单包括固定资产和流动资产、有形资产和无形资产，还包括债权和债务。在清理后，清算组还需编制资产负债表和财产清单，作为下一步工作的基础。

按照一般程序进行清算时，如遇到法律规定的特殊情形，可以转向特殊的破产清算。按照《中华人民共和国公司法》（以下简称《公司法》）的有关规定，因公司解散而清算，清算组在清理公司财产、编制资产负债表和财产清单后，发现公司财产不足清偿债务的，应当立即依法向人民法院申请宣告破产。清算组在清理公司财产、编制资产负债表和财产清单后，制定清算方案，在经相关部门、组织确认后，即可按照方案来分配财产。

清算结束后，清算组应当制作清算报告。在股东会、股东大会或人民法院确认后，清算报告生效。清算组将清算报告报送公司登记机关，申请注销公司登记，并公告公司终止。至此，公司清算工作全面结束，公司清算实现了它的最终法律效力——公司人格消灭。

需要强调的是，有限责任公司股东之间因分利不均等其他人为因素导致公司趋于解散，个别股东请求予以清算不成，由此产生的纠纷，人民法院一般不应受理。这一举措，是鉴于股东之间的权利义务由股东契约自治和公司章程规定，且上述纠纷未涉及社会公众利益，国家一般不主动实行干预。

人民法院作为国家司法机关，应当严格遵循《公司法》基本原则，重视和尊重公司的高度自主权，只有在国家利益、社会公众利益面临受损时才可适时地、适当地介入公司运作，而不能依个别公司、个别股东的要求而随意或强制地进行清算，否则会影响交易的安全性和市场经济生活的有序性，使司法调整陷入被动。

5.2.7　会计档案管理

会计档案应如何管理呢？

（1）会计档案管理要求

①会计凭证应该预先按照时间顺序进行编号，按照编号的顺序，选取相当厚度的会计凭证为一册，并进行装订。

②会计账簿应该按照相关的种类和年份分别进行立卷，一本账簿作为一卷。

③财务报告应该按照月度、季度和年度分别进行装订立卷，一本财务报告为一卷，决算审核意见书、审计报告等应该与财务报告一同装订。

④其他会计资料则需要移交到财务管理部的档案柜中进行保存。

（2）会计档案的查阅

会计档案与集团其他档案适用统一查阅、复印登记制度，登记内容由总经理与财务管理部各存一份。

会计档案不得借出；如有特殊需要，经财务经理批准后，可以进行查阅或者复制，需办理相关登记手续；查阅或者复印会计档案的人员，严禁在会计档案上涂画、拆封和抽换。

（3）会计档案的销毁

①当企业会计档案的保管期限已满之后，如果需要销毁会计档案，则应该由企业的档案管理机构和会计机构一起提出档案销毁的意见，与会计部门一起进行鉴定和审查，并编制会计档案的销毁清册。

②机关、团体、事业单位和非国有企业的会计档案需要销毁时，需要报告给单位的领导，得到批准后才能销毁；而国有企业的会计档案，除了要经过企业领导的审查之外，还需要报请上级主管单位，并在请求批准后才可以进行销毁。

③会计档案的保管期限满了之后，还需要检查原始凭证中是否存在未了结的债权债务，如果存在，则应该将其抽出，另行立卷，将其交由档案管理机构继续进行保管，直到这些债权债务结清为止。而建设单位仍在建设期间的会计档案，不可以销毁。

④在会计档案销毁之前，监销人需要按照会计档案的销毁清册逐一进行核查。单位销毁会计档案时需要有档案管理机构的成员和财务会计部门的成员等进行监销；各级主管部门销毁会计档案时，应由同级财政部门、审计部门派员参加监销；财务部门销毁会计档案时，应由同级审计部门派员参加监销。会计档案销毁后，监销人在销毁清册上签章，注明"已销毁"字样和销毁日期，以示负责，

同时根据监销情况写书面报告，一式两份，一份报本单位领导，一份归入档案备查。

5.3　会计机构和会计人员管理

5.3.1　企业会计机构

会计机构，是指各单位办理会计事务的职能部门。根据《中华人民共和国会计法》的规定，各单位应当根据会计业务的需要，设置会计机构，或者在有关机构中设置会计人员并指定会计主管人员；不具备设置条件的，应当委托经批准从事会计代理记账业务的中介机构代理记账。

了解企业单位应设置会计机构之前，应明确企业单位指的是那些自负盈亏、自主经营、自我发展的以营利为目的的单位，它包括各种类型的企业组织。一般而言，除了那些规模小、业务简单而不需要设立专门会计机构的企业单位外（但必须进行正常的会计核算），所有的企业单位都必须设置会计机构。

（1）会计机构应遵循的原则

企业会计机构应遵循以下基本原则，如图 5-7 所示。

图 5-7　企业会计机构应遵循的原则

①合规合法原则。会计机构应当符合国家有关法律法规和会计基础工作规范，以及单位的实际情况。

②全员性原则。会计机构应当能约束企业内部涉及会计工作的所有人员。

③全面性与系统性结合原则。会计机构应当涵盖企业内部涉及会计工作的各项经济业务及岗位，并应针对业务处理过程的关键控制点。

④权责明确、相互制衡原则。会计机构应当保证企业内部涉及会计工作的岗位的合理设置及其职责权限的合理划分，坚持不相容职务相互分离，确保不同岗位之间权责分明、相互制约、相互监督。

⑤成本效益原则。会计机构应当遵循成本效益原则，以合理的成本达到显著的控制效果。

⑥动态性原则。会计机构应随着外部环境的变化，企业业务职能的调整和管理要求的提高不断地升级和完善。

（2）企业会计机构的任务

①参与编制各项经济计划、定额标准，签订经济合同，参加经济管理，参与经营决策。

②执行并有权要求全体职工执行财务计划、财务会计制度，遵守和维护财经纪律。

③记录经济活动，为管理者、投资者、其他财务相关人员提供真实可靠的会计资料和真实、完整的财务会计报告。

④分析财务计划的执行情况，提出增产节约、提高经济效益的建议。

⑤检查资产的利用情况，防止出现经济上的损失浪费和违法乱纪行为等。

（3）内部会计控制制度

内部会计控制制度按基本规范的要求是指单位为了提高会计信息质量，保护资产的安全与完整，确保有关法律法规的贯彻执行等而制定和实施的一系列控制方法、措施和程序；按现代系统论和控制论的观点是指施控主体对受控客体的一种能动作用，这种作用能够使受控客体根据施控主体的预定目标而动作，并最终达到这一目标的实现；按现代管理学理论是根据组织内外环境的变化和组织发展的需要，在计划执行过程中，对原计划进行修改或制订新的计划，并调整整个管理工作过程。

以上内部会计控制制度的定义基本大同小异。总之，内部会计控制制度是单位内部的一种管理制度，是以一个单位的经济活动为总体，采取一系列专门的方法、措施和程序对所属控制系统建立内部控制体系的一种特殊管理制度。

（4）企业会计机构控制内容

会计机构涉及会计工作所有经济业务。《医疗机构财务会计内部控制规定（试行）》对内部财务会计控制内容提出了 10 项要求，如表 5-1 所示。

表 5-1　内部财务会计控制内容

序号	内部财务会计控制	内容
1	预算控制	包括建立健全预算的编制、审批、执行、调整、考核等管理制度。特别要求企业要按照批准的年度预算组织收入、安排支出、严格控制无预算支出
2	收入控制	涵盖建立健全收入、价格、预收款、票据、退费管理制度及岗位责任制
3	支出控制	健全支出的申请、审批、审核、支付等制度，明确支出审批权限、责任和相关控制措施
4	货币资金控制	建立严格的货币资金业务授权批准制度，明确被授权人的审批权限、审批程序
5	商品和库存物资控制	制定科学规范的商品及库存物资管理流程，明确计划编制、审批、取得、验收入库、付款、仓储保管、领用发出与处置等环节的控制要求
6	固定资产控制	制定固定资产管理业务流程，明确取得、验收、使用、保管、处置等环节的控制要求
7	工程项目控制	建立健全工程项目管理制度和岗位责任制，制定项目决策、概预算编制、项目实施、价款支付、竣工决策、竣工审计业务流程
8	对外投资控制	建立对外投资项目立项、评估、决策环节的有效控制措施
9	债权和债务控制	建立健全应收款、应付款项审批手续，清欠核对报告，定期清理等制度
10	财务电子信息化控制	明确财务电子信息系统功能、业务流程、操作授权、数据结构和数据校验等方面必须符合会计机构的要求

5.3.2 企业会计人员管理

对企业会计人员的管理，十分强调不相容职务相互分离。不相容职务是指如果由一个人担任，既可能发生错误和舞弊行为，又可能掩盖其错误和舞弊行为的职务。

将不相容职务实行分离，也就是说同一职务由两人或两人以上的人或部门分别管理，这样无意识犯同样错误的可能性很低，有意识地合伙舞弊的可能性也会大大降低。不相容职务分离的核心是内部牵制，合理设置会计及相关工作岗位，形成相互制衡机制。不相容职务分离的内容具体包括授权和执行的职务要分离、执行和审核的职务要分离、执行和记录的职务要分离、保管和记录的职务要分离。

授权和执行的职务分离体现的是决策权和执行权相分离，如果决策权和执行权集中于一人身上就容易产生舞弊行为，要在明确职责权限的基础上做到互相分离。

执行和审核职务的分离，会形成一种互相制约的关系，防止执行的人偏离收支计划，违背财经纪律和法律法规。

执行和记录的职务分离特别是支票和银行存款印鉴要实行分管制度，防止集中出纳员一人保管而产生舞弊现象。比如，不能由出纳人员自行编制银行存款余额调节表，要由出纳人员以外的财务人员进行编制。

保管和记录的职务要分离。比如，对物资要设三级账簿管理，即财务部门设立总账，进行总分类核算，物资保管部门要设立明细账，进行明细核算，物品保管员要设立数量明细账，进行品种、规格、数量的核算，三者互相制约，才能保护财产物资的安全和完整。

第 6 章
全面预算管理

企业预算管理是在企业战略目标的指引下，通过预算编制、执行、控制、考评与激励等一系列活动，全面提高企业管理水平和经营效率，实现企业价值最大化的一种管理方法。企业全面预算管理是一个重要的管理工具，能够帮助管理者进行计划、协调、控制和业绩评价。

6.1 全面预算管理思维

制定预算是企业对未来可能发生的业务做彩排，是对企业未来一定时期内经营、财务等方面的收入、支出等做总体安排。

6.1.1 企业中、高层管理者的预算管理责任

预算管理是企业的行为，从专业角度看，财务部门是辅助企业推行和主导预算管理工作的合适人选，但这并不意味着预算管理是财务部门的事情。在预算管理中，中高层管理者的责任一般划分如下。

（1）预算管理委员会
高层管理者起到战略引领和资源配给作用。

作为企业的高层管理者，其工作不是提出要做预算，然后将这项任务交给财

务人员就结束了。高层管理者在预算中的作用非常大，企业发展的大方向、大计划都要由高层管理者来决定，企业对做预算有多重视以及准备投入多少管理资源也是由高层管理者确定的。

大型企业可以建立预算管理委员会，以便更好地协调资源，做好预算工作，如无预算管理委员会，则以企业负责人为预算负责人。预算管理委员会由以下成员组成：董事长或 CEO（首席执行官，这里指执行总裁）、总经理、CFO（首席财务官，这里指财务总监）、副总经理、职能部门或责任单位负责人。

预算管理委员会的主要职责，如图 6-1 所示。

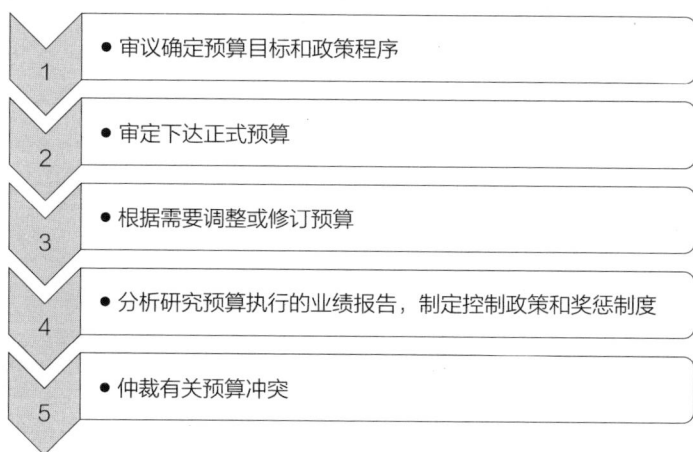

图 6-1　预算管理委员会的主要职责

（2）中层管理者的责任

中层管理者包括职能部门、业务部门、车间班组负责人及有关项目负责人等。中层管理者在预算管理中的主要责任是：确立预算编制的基本逻辑，参与编制预算，上报本部门或者项目的预算，执行预算，控制、考核和分析本部门或者项目的预算执行情况并不断改进。

在全面预算管理理念下，预算的责任在各个业务部门。例如，销售预算只有销售部自己做出来的才有用，财务部替销售部做的预算没有价值。对于销售部自己想做什么样的预算，财务部并不清楚；销售部是否能实现预算，财务部也把握不了，财务部对销售部没有掌控力，对销售预算没有判断力，因为财务部不是做业务的，只是做记录的。

做预算非常重要的是企业所有的中层管理者要学会做预算，成为预算的责任人。

6.1.2　让员工来"跳集体舞"

现阶段，我国企业的管理水平普遍不高，很多企业对财务管理不重视，对先进的管理工具没有认知。在这种情况下，财务人员需要先学会做预算，之后要培训和指导业务部门做预算，向领导说清楚预算为什么重要，督促领导重视并开始使用预算。刚开始做预算时很可能做得不够全面，只有将它逐步完善，企业整体的管理水平才会提高。

案例：某汽车集团"人人成为经营者"的全面预算管理

某汽车集团股份有限公司通过有效运用全面预算管理工具，为集团经营目标的合理制定和有效执行提供了坚实的数据基础。

全面预算管理作为该汽车集团的特色管理应用实践，有以下四个特点。

一是管理层视预算管理为重心，不仅专设预算管理委员会，而且由集团总裁牵头部署和下达预算工作。

二是重点突出"全面"，该汽车集团独创并长期实践"人人成为经营者"的管理模式，将由每个员工或若干员工组成的基准单位设定为独立核算的"经营体"，将核算单位分解细化为企业相关管理资源和技术资源的最小利用单位。

三是始终将预算跟踪和分析作为预算管控的重点，不仅关注数据，还深入分析造成偏差的原因，为管理层决策提供支持。

四是推行全面预算管理信息化。

6.1.3　企业要理性看待预算

全面预算管理是影响企业综合实力的重要因素，科学有效的管理手段能够促进企业资源的合理配置，进而促进企业的可持续发展。因此，企业在管理中，应该正确认识全面预算管理，理性看待预算，找出企业全面预算管理中存在的问题，不断探寻提高企业生产质量和生产效率的可行性方案。

（1）全面预算管理的 4 个症结

企业全面预算管理存在以下症结。

①认为全面预算是财务行为。

全面预算管理工作主要依赖组织的保证。在实践中，很多企业在实行全面预算管理过程中没有建立健全预算管理组织体系，无法从组织上来保障预算管理的规范性、严肃性和权威性，使预算流于形式而起不到应有的管理作用。

如一些企业未设置专门的全面预算管理机构，片面地认为预算仅仅是财务部门的事情，指定财务部门来编制预算并实施。虽然财务部门由于其特殊的职能定位，比较了解企业的预算制定情况和企业经济活动中各种预算项目的实际执行情况，是预算管理组织体系的重要组成部分，但如果仅靠财务部门来推动预算管理，则可能会出现一些矛盾和冲突，而部分企业内部又没有一个权威机构来进行协调，显然不利于企业处理好各部门之间的关系，同时也降低了预算的权威性，不利于当期预算的有效执行和以后预算的科学制定，使预算管理达不到预期的目的。

企业管理者应充分认识到全面预算的内容涉及业务、资金、财务、信息、人力资源、管理等众多方面，并非财务部门能确定和左右的。

预算的常见 7 种错误理解，如图 6-2 所示。

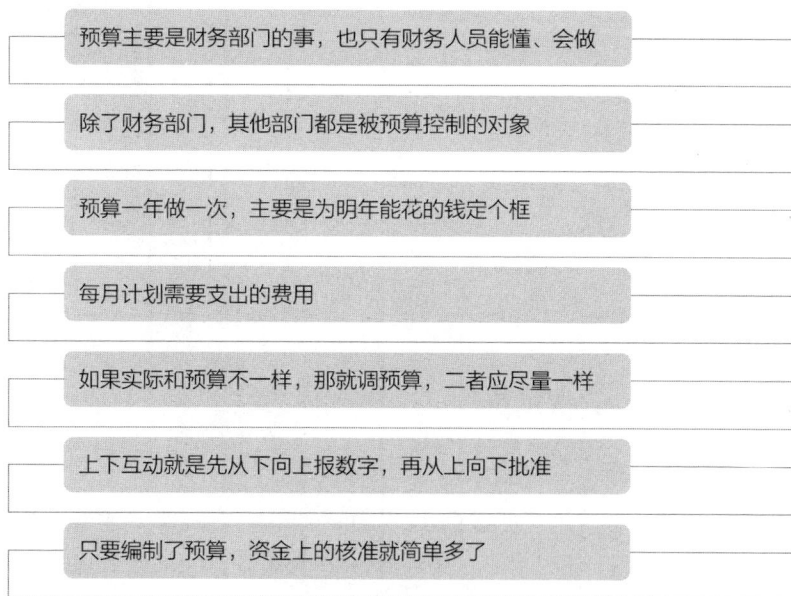

预算主要是财务部门的事，也只有财务人员能懂、会做

除了财务部门，其他部门都是被预算控制的对象

预算一年做一次，主要是为明年能花的钱定个框

每月计划需要支出的费用

如果实际和预算不一样，那就调预算，二者应尽量一样

上下互动就是先从下向上报数字，再从上向下批准

只要编制了预算，资金上的核准就简单多了

图 6-2　预算的常见 7 种错误理解

②未能实现充分的沟通协调。

在实践中，很多企业全面预算管理的全员参与度不够，存在上下达不成共识的情况。主要表现为：上层管理者将预算指标的压力简单通过预算分解层层传递，程序过于保密，往往不对下级做出合理的解释，企图通过自己的权威来让下级服从，不认真听取下级的意见，导致下级失去对企业的责任心，不认真执行企业预算，甚至导致预算管理完全失效，影响企业目标的实现。

部门之间、上下级之间，在预算编制、控制、分析过程中缺乏有效的协调，会导致预算执行结果与企业整体目标不完全吻合。

③预算刚性弱化。

预算起不了指导和约束业务活动开展的作用，存在预算外开支不按规定程序履行、预算调整随意性强、业务部门现场把关不严等现象。

在没有企业战略的环境下做预算管理，企业会不可避免地重视短期行为，忽视长期目标，使短期的预算指标与长期的企业发展战略难以融合，各期编制的预算衔接性差，各年度、季度和月份预算的推行无助于企业长期发展目标的实现，这样的预算管理难以取得预算效果。

长期以来，企业经营者的任期考核与企业的预算目标密不可分，会不可避免地出现经营者只注重任期内利润目标的现象，例如某企业主管任期内企业业务较差，而通过出售优质资产或股份来获取收益，实现目标利润，其操作往往与企业中长期战略规划严重脱节。

④缺乏有效的考核与激励机制。

考核体系不健全，难以反映企业财务状况全貌；考核制度与方法不完善，考核不能制度化；考核随意性强，致使预算考核不能保证全面预算管理的切实实施。

在实践中，很多企业缺乏健全有效的财务预算管理制度，采用以目标值为主、各部门分别控制各自的预算指标为辅的预算管理手段，缺乏明确的预算执行流程及有效的监控措施，预算考核未落实到具体责任中心，使得各费用发生部门缺乏费用控制的意识，易造成总体支出超标等情况，致使预算考核未能很好地起到"奖勤罚懒"、调动员工积极性的作用。

同时，薪酬激励与企业预算目标不匹配，预算执行的奖惩不够明确及约束不严，企业对超预算的支出并没有过分关注，预算的调整对被考核方的积极性并没有明显的影响，预算考核的刚性差，损害了被考核方的利益，影响了预算的约束和激励作用。

（2）预算管理的作用

预算管理是战略执行的保障。预算管理与战略规划和经营计划紧密联系，预算管理可校验战略的可行性，通过发挥资源配置功能，合理引导资源使用，提高企业经营效率，为企业的战略目标实现提供保障。

预算管理还是风险控制的重要组成部分。预算管理通过建立全方位、全流程的过程监控指标体系，实现对财务资源使用过程的监控，确保财务资源的使用安全。

预算管理也是企业持续创新的激励手段。预算管理通过建立客观明晰的成果指标，利用平衡计分卡为财务资源使用结果及后续再投入提供客观的业绩评估手段和考核依据，充分引导和激发企业的创新动力，进而促进企业资源的良性循环。

全面预算管理的五大作用，如表 6-1 所示。

表 6-1　全面预算管理的五大作用

作用	内容
战略支持	战略支持作用充分地体现在动态预算上，通过滚动预算和弹性预算形式，将未来置于现实之中
资源配置	预算管理能将企业资源加以整合与优化，通过内部化来节约交易成本，达到资源利用效率最大化
管理协调	预算管理通过制度运行来管理，是一种制度管理而不是人的管理
全员参与	预算管理绝不只是财务部门的事情，而是企业全体员工的全面管理
约束激励	预算管理使所有预算执行主体都知道自己的目标是什么、怎么去完成预算、预算完成与否如何与自身利益挂钩等，从而起到自我约束和自我激励的作用

（3）预算的三重境界

要想成为顶级财务总监，除了要有财务思维，还要有足够的财务能力。

所谓财务能力，包括财务软实力和硬实力。其中，软实力又包含学习能力、沟通能力、管理协作能力以及解决问题的能力等，而硬实力则指专业知识的积累、工作经验、工作业绩等。

拿预算管理来讲，多数企业会在年末时根据本年经营情况做明年的支出预算，可往往到第二年年末的时候，发现实际的支出比预算超出很多。

良好的预算控制应当是"有所控，有所不控"，预算控制的最高境界则是"不控而控"。

预算的三重境界，如图 6-3 所示。

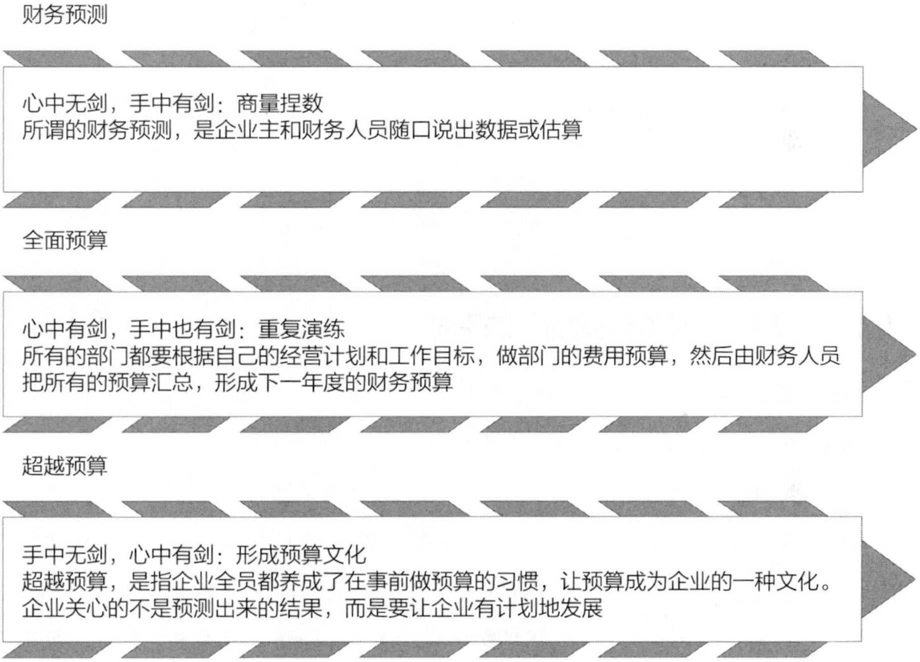

财务预测

心中无剑，手中有剑：商量捏数
所谓的财务预测，是企业主和财务人员随口说出数据或估算

全面预算

心中有剑，手中也有剑：重复演练
所有的部门都要根据自己的经营计划和工作目标，做部门的费用预算，然后由财务人员把所有的预算汇总，形成下一年度的财务预算

超越预算

手中无剑，心中有剑：形成预算文化
超越预算，是指企业全员都养成了在事前做预算的习惯，让预算成为企业的一种文化。企业关心的不是预测出来的结果，而是要让企业有计划地发展

图 6-3　预算的三重境界

（4）预算体系的 5 个核心理念

预算体系的 5 个核心理念，如图 6-4 所示。

预算是工作计划的数字（货币）表达

做预算的过程比预算结果更重要

预算不是为了省钱，而是为了合理地花钱

预算是一种管理工具，一方面引领着收入目标朝着设定的方向时刻调整，另一方面控制着费用在事先筹划的活动中按标准支出

预算是职业经理人的一种商业承诺

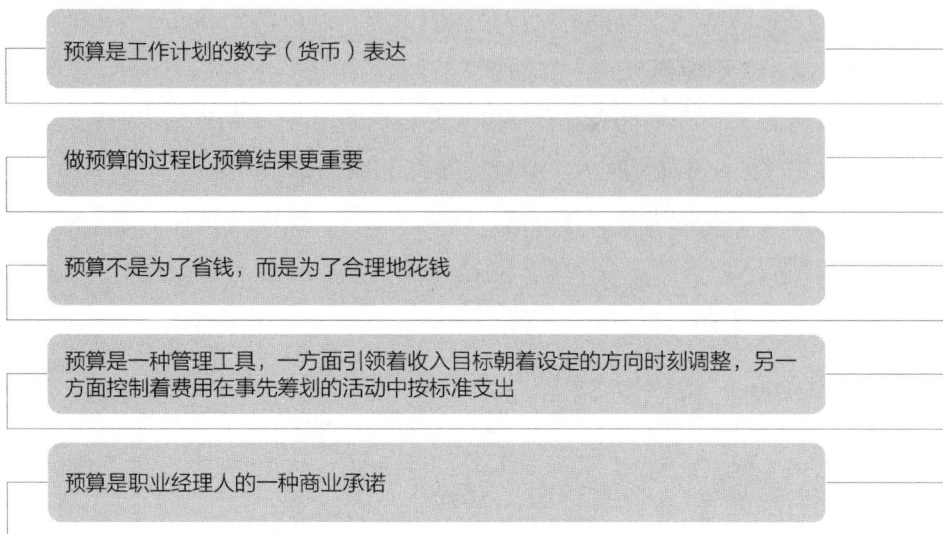

图 6-4　预算体系的 5 个核心理念

6.1.4　"杰克·韦尔奇死结"的形成

全面预算管理是企业财务管理工作中的一个重点，亦是难点。大多数企业都有着相似的误区，即存在"杰克·韦尔奇死结"。

"杰克·韦尔奇死结"对企业有多大的危害呢？我们来看一个案例。

某公司在没有推行全面预算管理时，年招待费用是 130 万元；推行全面预算管理后，各部门在年初纷纷提出增加招待费额度的要求，结果招待费申报总额达 340 万元。即使企业主减少了一半，年度招待费预算仍为 170 万元。在实际执行过程中，1—10 月公司实际支出的招待费只有年度招待费预算的 55%，但各部门在 11—12 月都足额足量、按时准点地把招待费控制在预算水平。这一方面证明企业主给定的预算很准确，另一方面也为明年的"抢夺"打下基础。

预算游戏就是这样拉开帷幕的。在全面预算管理这个"戏台"上，各部门年初"抢指标"，年末"抢花钱"。日复一日，年复一年，成本费用越"抢"越高，越高越"抢"。

这种现象就是"杰克·韦尔奇死结"。

那么应该如何解开这个"结"呢？零基预算法是解开"杰克·韦尔奇死结"真正有效的方法。

　　零基预算是什么？就是既不考虑以前花了多少钱，也不考虑将来的规模，一切从零开始编制明年的预算。这就意味着，今年的花费，并不支持明年的需求；强调明年的任务，也无助于抢夺资源。

　　然而零基预算法从提出那天起就没得到真正的应用，因为其一不看过去，二不考虑未来，失去了编制预算的依据。

　　零基预算的"基"究竟在何处？作业基础预算（ABB），为零基预算法找到了切实可行的出路。按照作业成本（ABC）方法，动作消耗与动作密切关联，但与动作结果未必存在必然的因果关系。很多费用与业务规模并没有必然的因果关系，尤其是固定费用。

　　因此，我们在进行费用预算时，首先要界定"动作"和"费用动因"。要界定"动作"，就必须界定"动作主体"，即动作的发起人。出差是个动作，该动作的主体是岗位，不同的岗位有不同的出差需求、有不同的资源消耗量。

6.2　全面预算管理的意义

　　全面预算管理的意义，主要表现在如下 5 个层面。

6.2.1　战略支持

　　预算管理通过规划未来指导当前的实践，因而具有战略性。战略支持作用充分地在动态预算上体现，通过滚动预算和弹性预算形式，将未来置于现实之中。

6.2.2　管理协调

　　对于企业，尤其是大企业，管理跨度加大，需要通过一个机制来提高管理的协调性。预算管理通过制度运行来管理，是一种制度管理而不是人的管理。

6.2.3 约束激励

预算管理是一种控制机制，预算管理可使所有预算执行主体都知道自己的目标是什么、应如何去完成预算、预算完成与否如何与自身利益挂钩等，从而起到一种自我约束和自我激励的作用。

6.2.4 资源配置

预算管理能将企业资源加以整合与优化，通过内部化来节约交易成本，达到资源利用效率最大化。

6.2.5 管理升级

全面预算管理的推行，能使高层管理者的职能逐渐集中于对资源的长远规划与对下级的绩效考核上，使企业内部的层级制从"形式"转变为"实质"。

实施全面预算管理，可以明确并量化企业的经营目标、规范企业的管理控制、落实各责任中心的责任、明确各级责权、明确考核依据，为企业的成功提供了保证。可以说全面预算管理的过程，就是战略目标分解、实施、调整和实现的过程。

总之，全面预算管理是企业内部管理控制的一种主要方法，是对企业业务预算、专项预算以及财务预算的管理。全面预算管理以实现企业的目标利润为目的，以销售预测为起点，进而对生产、成本及现金收支等进行预测，并编制预计利润表、预计现金流量表和预计资产负债表，反映企业在未来一定期间的财务状况和经营成果。

全面预算管理的特点是：对未来进行精确规划，以提高企业整体经济效益为出发点，以价值形式为主进行定量描述，以市场为导向，以企业全员参与为保障以及以财务管理为核心。

6.3　全面预算的路该怎么走

全面预算是指企业以发展战略为导向，在对未来经营环境预测的基础上，确定预算期内经营管理目标，逐层分解、下达到企业内部各个经济单位，并以价值形式反映企业生产经营和财务活动的计划安排。

6.3.1　全面预算管理的原则

财务预算编制是企业根据自身经营目标，科学合理地规划、预计及测算未来经营成果、现金流量增减变动和财务状况，并以财务会计报告的形式将有关数据系统地加以反映的工作流程。

全面预算管理的原则，主要有以下几个。

①战略性原则。

预算管理的思想要体现企业的发展战略，企业的全年预算要依据企业的中长期战略规划编制，服从企业的中长期战略规划，并符合企业总体的经营方针。

②效益优先原则。

预算要能服务于企业价值最大化的目标。

③全员参与原则。

预算编制需要全员参与，采取上下结合、分级编制、逐级汇总的程序。

④权责对等原则。

企业要给予各级部门一定权限，被授权人对预算的执行、控制等承担相应的责任。

⑤实事求是原则。

各部门要根据市场状况及本部门的实际需要，合理确定本部门的预算额度；

在编制预算收入、成本、费用的过程中遵循稳健、谨慎、保守的原则，确保以收定支，不得多报预算。

⑥可行性原则。

编制的预算要具有可操作性。

6.3.2　全面预算管理流程

全面预算管理的基础是将业务流、信息流、人力资源流与资金流整合于一体并进行优化配置的管理系统。全面预算管理的环节，如图 6-5 所示。

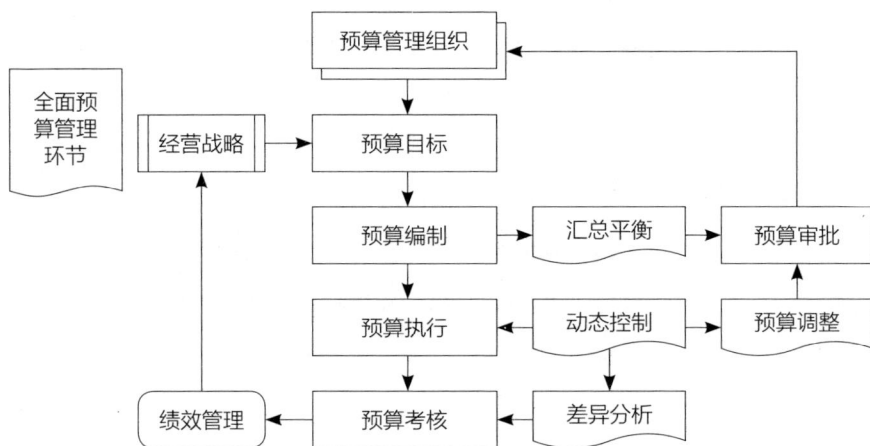

图 6-5　全面预算管理的环节

预算的编制、执行、控制和考核等一系列环节，以及众多信息的收集、传递工作都离不开财务管理工作，财务管理部门是全面预算管理的中坚力量，具有不可替代的重要作用。

总之，预算是一种系统的方法，用来分配企业的资金、实物及人力等资源，以实现企业既定的战略目标。企业可以通过预算来监控战略目标的完成程度，这有助于控制开支，并预测企业的现金流量与利润。

6.3.3　全面预算编制的程序与步骤

企业全面预算编制的程序如图 6-6 所示。

图 6-6　全面预算编制的程序

（1）准备阶段

第一，召开预算启动大会。企业每年编制预算时，为了达成共识，使全员参与，都要明确告诉各部门企业全面预算已经启动，让各部门清楚今年企业编制预算的原因及编制预算的目标、方针和思想等。

第二，确定企业的预算编制大纲。预算编制大纲是预算编制的蓝图，包括预算的目标、方法、编制程序和编制的组织架构，企业要将每一项内容都界定清楚。

（2）编制阶段

编制预算时，每一阶段、每一节点的衔接合理与否决定着预算执行效果的好坏。在整个预算编制过程中，编制预算的时间虽然占的比重很小，但能决定预算的准确性。

（3）初审阶段

各部门把预算草案提交后，预算管理委员会或预算管理部要对各部门上交的预算草案进行初审，查看其是否符合企业的编制规范。此阶段不需要许多人参加。比如，预算表中应该填写"销售收入"，有些部门却将其填写成"销售量"。预算管理委员会或者预算管理部需要将不符合企业编制规范的预算草案返回原部门重新编制。

（4）执行阶段

预算的执行阶段由财务部或预算管理部主导，相关部门一起参加，这些部门对各部门预算的可执行性提出质疑，讨论该预算是否全面、可行、科学、重要等。很多预算都是部门负责人随便写的一个数字，不管是否合理，就上报，如果有关部门在执行阶段不认真审查，就会导致执行结果存在隐患。所以，执行阶段是控制预算质量的一个关键阶段。

（5）决策下发

预算决策被审核通过后就到达下发阶段，该阶段通常在每年的 12 月底之前结束。在该阶段，企业要明确对各部门的要求与职责，并严格执行。

（6）业绩合同

决策下发之后，企业要把预算指标以及各项预算数据结合起来形成一份业绩合同，这份业绩合同需要逐级签订，如总经理与部门经理签订、部门经理与职员签订，每一级的工作都围绕着这份业绩合同进行，让所有人对业绩合同负责。这样，业绩合同便转化成绩效考核的数据来源。

全面预算编制的步骤，如图 6-7 所示。

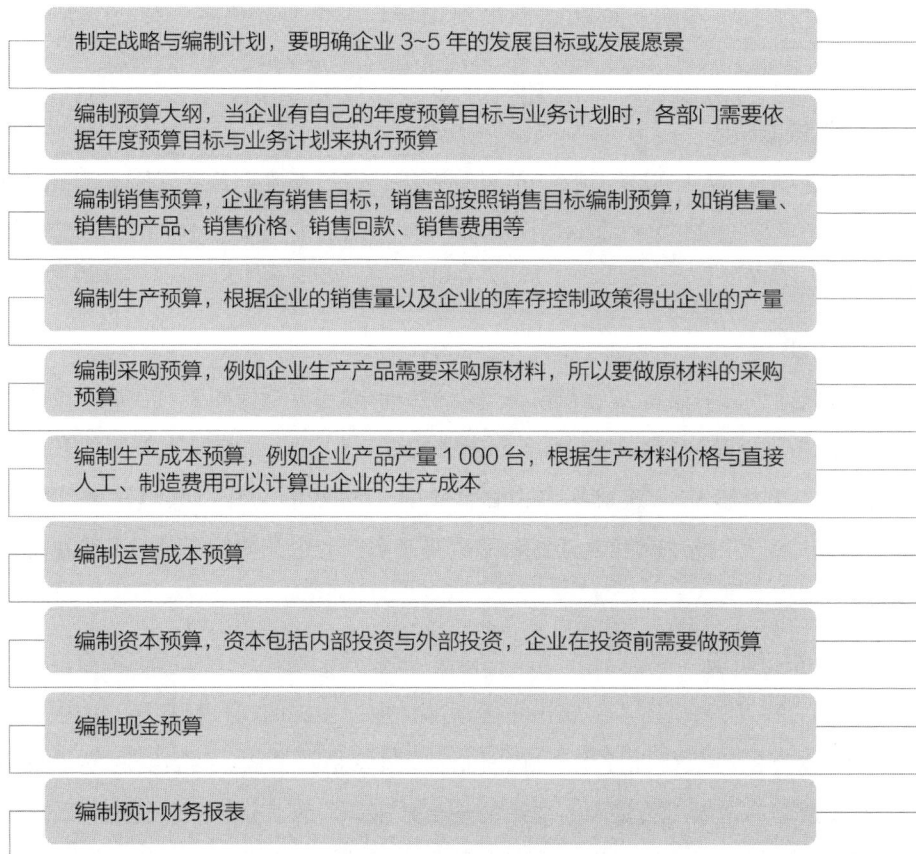

制定战略与编制计划，要明确企业 3~5 年的发展目标或发展愿景

编制预算大纲，当企业有自己的年度预算目标与业务计划时，各部门需要依据年度预算目标与业务计划来执行预算

编制销售预算，企业有销售目标，销售部按照销售目标编制预算，如销售量、销售的产品、销售价格、销售回款、销售费用等

编制生产预算，根据企业的销售量以及企业的库存控制政策得出企业的产量

编制采购预算，例如企业生产产品需要采购原材料，所以要做原材料的采购预算

编制生产成本预算，例如企业产品产量 1 000 台，根据生产材料价格与直接人工、制造费用可以计算出企业的生产成本

编制运营成本预算

编制资本预算，资本包括内部投资与外部投资，企业在投资前需要做预算

编制现金预算

编制预计财务报表

图 6-7　全面预算编制的步骤

6.3.4　确定目标，编制大纲

企业发展战略确定下来之后需要逐个落实，中长期的战略目标规划的是企业3~5 年的发展，企业需要把战略划分为年度目标，逐年实现战略。

（1）年度计划的内容

年度计划包括以下内容：外部经营状况分析、内部经营状况分析、机会与威胁的对应、设定年度经营目标、确立年度基本策略、组织优化目标策略、营销目标策略、生产目标策略、研究目标策略、设备投资策略、人力资源策略、其他部门策略。

（2）年度计划的细分目标

年度计划的细分目标如图 6-8 所示。

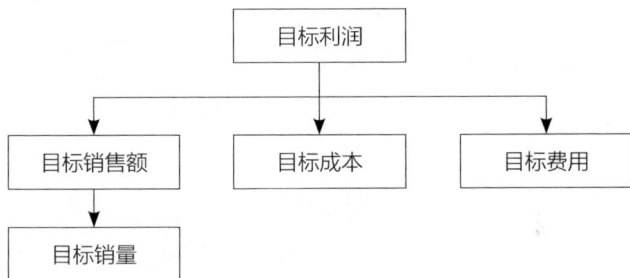

图 6-8　年度计划的细分目标

①目标利润。

目标利润的确定方法有以下两种。

一是本量利的分析方法，公式如下。

目标利润＝销售量×（单位产品售价－单位产品变动成本）－固定成本

二是总资产回报率法，假如企业资产有 100 万元，企业期望的回报率为20%，目标利润 =100×20%=20（万元）。

企业有了目标利润，则开始进入下一阶段，制定年度的销售额。根据目标利润，企业可以通过多种方法得出年度的销售额。假设企业的目标利润为 3 000万元，销售利润率为 30%，目标销售额：3 000÷30%=10 000（万元）。

②目标销量。

企业确定目标销售额后，需要进一步确定目标销量，因为销售额最终由销量实现。当企业产品为单一品种时，销量 = 销售额 ÷ 单价。假如企业的产品为多品种，这时应该考虑产品政策的问题。

例如企业有三个产品，分别为 A 产品、B 产品、C 产品，企业需要根据 A、B、C 三个产品的市场定位来分配市场份额，主打产品的市场份额应该略大，边缘产品的市场份额应该略小，如 A 产品占 30%、B 产品占 60%、C 产品占 10%。

对于 1 亿元的总销售额来说，A 产品的销售额为 0.3 亿元，B 产品的销售额为 0.6 亿元，C 产品的销售额为 0.1 亿元。此时再根据"销量 = 销售额 ÷ 单价"公式分别计算每种产品的销量。

③目标成本和目标费用。

目标成本和目标费用的计算方法有两种：一是倒挤法，由于利润 = 收入 − 成本 − 费用，在知道销售额和利润的前提下，目标成本和费用就不难计算了；二是通过其他财务指标计算，假设销售费用率为 5%，销售成本率为 60%，管理费用占销售额的比例为 5%，加起来为 70%，则毛利率为 30%。假如销售额为 1 亿元，产品成本就为 6 000 万元，销售费用为 500 万元，管理费用为 500 万元。

编制预算是核心的环节，有了以上指标，企业就可以勾勒出宏伟蓝图，各部门要围绕这个蓝图进行预算分解，做到环环相扣、齐心协力共同完成目标。

（3）年度预算编制大纲

年度目标制定好之后，预算管理委员会就要出台年度预算的编制大纲。企业是否编制这份大纲，可以从企业规模出发来考虑，企业规模较大时一定要有年度预算编制大纲，企业规模较小时则可以不编制。

通常而言，年度预算编制大纲包括以下内容。

①总纲。总纲是预算编制大纲的基本原则，是预算编制大纲的骨干和灵魂。总纲一般包括三方面内容：预算要达到的目标、企业年度经营方针、预算编制的指导思想。

②预算编制的组织领导。编制预算大纲时要明确企业预算的组织机构、预算的组织领导，要将责任落实到机构和个人。

③预算编制方法与要求。企业做全面预算时，有不同的预算方法和不同的预算内容，所以企业必须在预算编制大纲中明确每一模块采用的方法，使企业的预

算编制大纲更具指导性，让各部门都知道编制什么和如何编制。例如某部门拿到费用预算后，应该能从预算编制大纲中明确是采用增量预算法还是零基预算法编制。

④预算和审批程序。年度预算编制大纲要明确每一步做什么，每步对应的时间节点及审批环境。

⑤预算编制的时间安排与要求。预算编制的时间安排与要求应具体而详细，一定要是具体的时间节点。

⑥预算表的填写说明与要求。随着企业的发展与各项要求的提高，预算表也在逐渐优化，企业对表格的相关说明也要做到与时俱进。

⑦附件。附件一般包含两项内容：一是编制的相关政策，如基本前提和定额相关资料；二是编制预算表的格式。

6.4　预算的编制方法

"凡事预则立，不预则废。"预算管理已经成为企业实务中不可或缺的重要管理模式之一。

6.4.1　固定预算

固定预算是根据预算内正常的、可实现的某一业务量水平编制的预算，一般适用于固定费用或者数额比较稳定的预算项目。

固定预算又称静态预算，它是按固定的预期业务量编制的成本费用预算，不考虑预算期内业务量可能发生的变动。

6.4.2　弹性预算

弹性预算又称变动预算，是指该预算具有一定伸缩性，能适用于一系列业务量变化的预算。运用弹性预算时必须选择能以量表示的业务作为标准，量的多少对成本费用有直接影响；所选标准要便于了解，力求简便。

在一定的业务量范围内，固定费用是不变的，变动费用与业务量变动成正比。假设总费用 y、固定费用 a、单个业务量费用 b、业务量的数量 x，这四者之间的关系为：$y=a+bx$。

6.4.3　增量预算

增量预算是指以基期成本水平为基础，结合预算期业务量水平及有关降低成本的措施，通过调整有关原有费用项目预算额编制预算的方法。

由于增量预算方法是在前期预算执行结果的基础上进行调整，就会不可避免地受前期既成事实的影响，使上个预算期的不合理因素得以保留。

6.4.4　零基预算法

零基预算法是对预算收支以零为基点，对预算期内各项支出的必要性、合理性或者各项收入的可行性以及预算数额的大小，逐项审议决策从而予以确定收支水平的预算编制方法，一般适用于不经常发生的或者预算编制基础变化较大的预算项目，如对外投资、对外捐赠等。

也就是说，零基预算法不考虑以往所发生的费用项目和费用数额，而是以所有预算支出均为零为出发点，逐项审议，确定预算期的费用项目及预算额，在综合平衡的基础上编制预算。

6.4.5　基础预算

各部门（单位）的初始预算是根据基础数组设定的，基础数组反映和定位的是一个预算责任单位维持最低水平的运营所需要的最少资源。最少资源是预算的底线，在基础数组上的每一个增量数组，都表示增加业务量或活动所需要的资源。这种编制方法可以很好地解决传统产业的预算编制问题。

预算的编制过程中，各部门需要进行若干次平衡与调整，但原则上都应该确保基础数组预算水平不变。

6.4.6　滚动预算

滚动预算一般适用于季度预算的编制。滚动预算又称连续预算或永续预算，是在编制预算时，将预算期与会计年度脱离，随时间的推移不断延伸、补充预算期，逐期向后滚动，使预算期永远保持为 12 个月的一种方法。

6.5　预算编制方法的选择

根据不同的标准，可将预算编制方法分为不同类别。按预算范围是企业全部活动还是企业局部活动，可将预算分为全面预算和局部预算；按业务量水平是否固定可分为固定预算和弹性预算；按预算是否依据以前年度数据可分为增量预算和零基预算；按预算期间是否固定可分为定期预算和滚动预算；按预算规定的松紧度可分为标准预算（即对各预算项目都严格规定标准）和目标预算（只规定预算的目标，并不对所有项目做规定）；按预算变动性可分为刚性预算和柔性预算；按预算确定性可分为确定预算和概率预算；按预算项目是否常规，可分为常规预算和作业预算等。

这些方法各有所长，也各有所短，企业应该根据自身的业务特点和需要，选择适当的方法进行预算编制，尤其应该注意对各种方法的结合应用。

6.5.1　企业规模与预算方法选择

对于规模较大的企业，预算工作在财务中以及在整个企业管理中的地位都较高，预算的准确性和全局性较强，企业应选择全面预算、弹性预算、作业预算等。

6.5.2　管理要求与预算方法选择

对于管理要求严格的企业，对预算的准确性和全面性要求都比较高。因此，这类企业应选择全面预算、弹性预算、作业预算、零基预算、滚动预算、刚性预算等。对于管理要求相对较松的企业，可以针对具体情况只对某些事项进行预算，如利润预算、现金预算等，另外，还可以进行操作简单的固定预算、常规预算、增量预算、柔性预算等。

6.5.3　企业文化与预算方法选择

对于包容性强、企业文化氛围轻松的企业，预算编制相对灵活。因此，这类企业可选择目标预算、增量预算、常规预算等。包容性弱、企业文化氛围严肃的企业，预算编制要求相对严格，可选择标准预算、零基预算、作业预算等。

6.5.4　内部控制情况与预算方法选择

如果企业内部控制制度完善、管理基础良好，则预算的准确性就会相对较高，这类企业可以选择全面预算、零基预算、弹性预算、刚性预算等。若企业内部控制情况差、管理基础不好，则可选择局部预算和增量预算，以积累预算的经验，同时要加强预算管理。

6.5.5　管理方式与预算方法选择

如果企业为集权性管理的企业，可选择刚性预算、增量预算、固定预算、定期预算和常规预算。如果企业为实行分权管理的企业，则可选择柔性预算、零基预算、弹性预算、滚动预算和作业预算。

6.5.6　产品生命周期与预算方法选择

企业在发展的不同阶段，选择预算方法的主导方向大不相同。在市场开发阶段（导入期），企业业务量和利润都很小，资金缺乏，因而紧迫的是资本筹集，此时其预算方法的选择应以资本预算为主导；随着企业进一步发展，企业进入市场成长阶段（成长期），企业开始增加销量和利润，销售问题变得突出，因此这时预算方法的选择应以销售预算为主导；在企业发展到市场成熟阶段（成熟期）后，利润和销量增长速度减慢，利润趋于稳定，利润规划问题成为企业首要的问题，这时预算方法的选择应以利润预算为主导；到了衰退阶段（衰退期），产品销量和利润减少，企业需要采取措施延长产品销售寿命，争取减少衰退带来的损失，同时寻找新的产品替代，现金问题决定着企业能否存续，因此预算方法的选择应以现金预算为主导。

6.5.7　技术手段与预算方法选择

如果技术手段高强，如采用了 MRP、IRP、CIMS 等先进的财务管理系统，预算的准确性较高，则企业可选择标准预算、弹性预算、滚动预算、作业预算等方法。如果企业的技术手段不够高强，则企业可选择传统的常规预算、较易操作的目标预算等。

6.5.8　环境类型和预算方法选择

企业的环境类型可分为简单稳定、简单变动、复杂稳定和复杂变动四种。如果企业处在简单稳定的环境中，则预算编制会更确定、更易操作，可以选择固定预算、增量预算和确定预算；若企业处在简单变动的环境中，则要选择弹性预算；若企业处在复杂稳定的环境中，可选择固定预算、常规预算等；若企业处在复杂变动的环境中，则可选择局部预算、目标预算、滚动预算、弹性预算等。

案例：某企业预测增加的资金需要量

采用销售百分比法预测预算期增加的资金需要量的方法和步骤如下。

①分析并研究资产负债表中各个项目与销售额之间的依存关系，确定敏感项目（随销售额变动而变动的项目）和非变动项目。随销售额变动而变动的项目有货币资金、应收账款、应收票据、存货、应付账款、应付票据、应交税费等项目。

②计算基期敏感项目资产与负债占基期销售收入的百分比。

销售敏感资产百分比 = 基期资产敏感项目金额 ÷ 基期销售收入

销售敏感负债百分比 = 基期负债敏感项目金额 ÷ 基期销售收入

③根据预算期销售收入增加量计算由敏感项目引起的资金变动量。

敏感资产引起资金变动量 = 预算期销售收入增加量 × 销售敏感资产百分比

敏感负债引起资金变动量 = 预算期销售收入增加量 × 销售敏感负债百分比

④确定需要增加的资金数额。

资产占用资金增加量 = 敏感资产引起资金变动量 + 非流动资产增加额

负债占用资金增加量 = 敏感负债引起资金变动量

⑤根据有关财务指标的约束确定对外筹资数额。

预算期留存收益增加量 = 预算期销售收入 × 销售净利率 × 收益留存率

预算期对外筹资增加量 = 资产占用资金增加量 − 负债占用资金增加量 − 预算期留存收益增加量

某企业 2020 年销售收入为 20 000 万元，销售净利润率为 12%，净利润的 60% 分配给投资者。2020 年 12 月 31 日的资产负债表（简表）如表 6-2 所示。

表 6-2　资产负债表（简表）

2020 年 12 月 31 日　　　　　　　　　　　　　　　　单位：万元

资产	金额	负债及所有者权益	金额
货币资金	1 000	应付账款	1 000
应收账款	3 000	应付票据	2 000
存货	6 000	长期借款	9 000
固定资产	7 000	实收资本	4 000
无形资产	1 000	留存收益	2 000
资产合计	18 000	负债及所有者权益	18 000

该企业 2021 年计划销售收入比 2020 年增长 30%。为实现这一目标，该企业需新增一台设备，价值为 148 万元。据历年财务数据，该企业流动资产与流动负债随销售额成同比例增减。假定该企业 2021 年的销售净利率和利润分配政策与 2020 年保持一致。

计算 2021 年该企业需增加的营运资金。

2020 年流动资产占销售收入的百分比 =10 000÷20 000×100%=50%

2020 年流动负债占销售收入的百分比 =3 000÷20 000×100%=15%

2021 年增加的销售收入 =20 000×30%=6 000（万元）

2021 年增加的营运资金 = 流动资产占用资金增加量 − 流动负债占用资金增加量 =6 000×50%−6 000×15%=2 100（万元）

预测 2021 年需要对外筹集的资金量。

2021 年新增留存收益 =20 000×（1+30%）×12%×（1−60%）=1 248（万元）

2021 年对外筹集增加量 =148+2 100−1 248=1 000（万元）

第 7 章
精细化成本管控

成本领先战略是企业取得竞争优势的关键战略之一，精细化成本管控是所有企业都必须重视的一个问题。企业无论采取何种措施都代替不了强化成本管理、降低成本这一工作，它是企业成功的重要保证。

企业的成本管控包括成本分配与成本控制两大环节。成本分配解决如何归集、分配产品或服务的成本问题，其核心内容是成本核算；成本控制所面临的问题是如何使企业达到成本最低化，成本控制包括企业所做出的一切降低成本的努力。

7.1 成本管控的基本理念

成本管控，包括生产过程前的管控和生产过程中的管控。生产过程前的管控，主要是在产品的研制和设计过程中，对产品的设计、工艺、工艺装备、材料选用等进行技术经济分析和价值分析，以求用最低的成本使产品达到质量的要求。生产过程中的管控主要是产品生产过程中的成本管控。

产品的生产过程是产品成本形成的主要阶段。做好生产过程中的成本管控，对于按质量且低成本地完成生产计划和作业计划有着重要的作用。

7.1.1 成本管控的十大法则

成本管控的十大法则如图 7-1 所示。

成本一定消耗资源，不存在不消耗资源的成本
成本一定在过程中发生
成本增加，利润减少；成本减少，利润增加
成本是为利润服务的
应该发生的成本是必需的；已经发生的成本不一定是必需的
降低成本，只能降低不是必需的成本
已经发生的成本，是不可降低的
降低成本的控制，必须在成本发生之前
加强成本管控是降低成本的出路
建立和运行有效的成本管控体系是加强成本管控的唯一途径

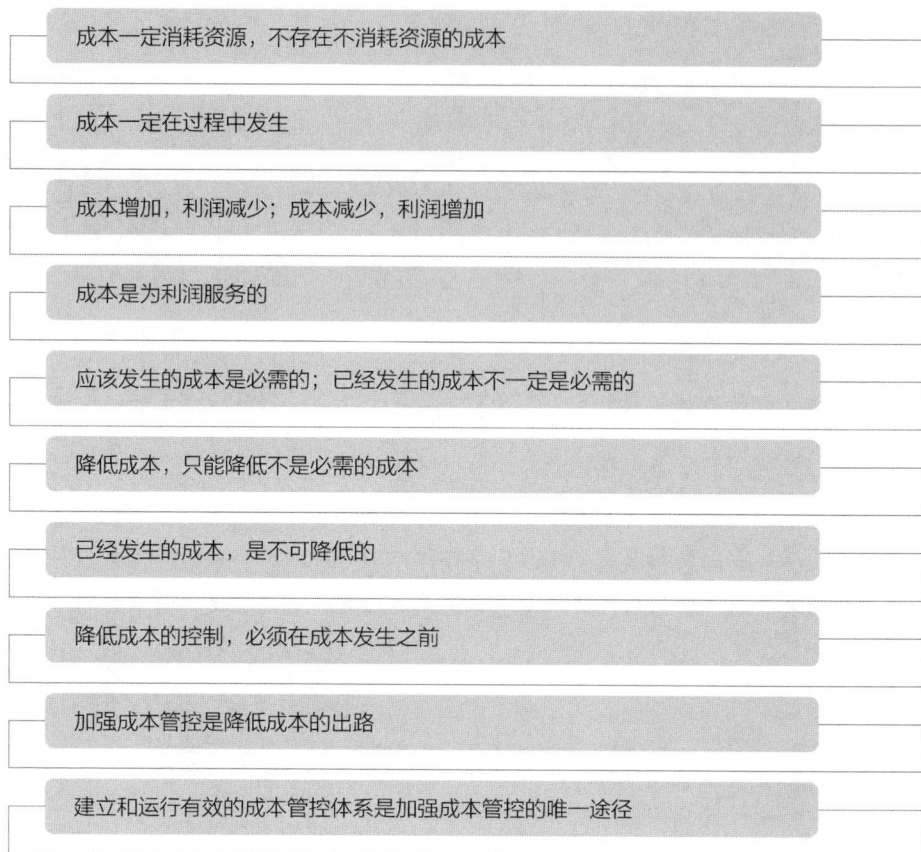

图 7-1　成本管控的十大法则

（1）成本一定消耗资源，不存在不消耗资源的成本

成本是为达到特定目的而发生的价值牺牲，它可用货币单位加以衡量。人们要进行生产经营活动或达到一定的目的，就必须耗费一定的资源（人力、物力或财力），其所费资源的货币表现及其对象化称为成本。

随着商品经济的不断发展，成本概念的内涵和外延都处于不断变化发展之中。但有一点是不变的："天下没有免费的午餐"。企业要想盈利，就必须提供能满足客户需求的产品或服务，没有投入就不会有产出，投入不到位产出就可能不理想。

人们的个人生活消费，对于企业来说，不属于成本，尤其是很多私营企业，企业主将自己家庭的日常消费也计入企业的成本，这是不正确的，个人日常消费并不是企业生产经营的成本，因为它并不会为企业的生产经营创造价值。

（2）成本一定在过程中发生

这里的过程就是企业生产经营的过程，企业的经营者付出货币，购买生产经营所需的各类资源，包括采购资产设备，聘请生产、管理的员工，支付各类生产经营的费用等，组建起生产经营体系，通过这个生产经营体系，各部门协作，顺利完成产品的生产和交付，然后将付出的资源及其回报以货币的形式收回。

这个生产经营体系，被称为企业的价值链，企业的成本就发生在企业价值链的每一个环节。管控成本，本质上就是管控企业的业务、企业的价值链、企业生产经营的过程。

（3）成本增加，利润减少；成本减少，利润增加

利润＝收入－成本，从这个公式可知，企业要想增加利润，一方面要大力拓展收入的来源，即开源，开拓新市场、开发新客户；另一方面要注意节约成本，杜绝浪费。

（4）成本是为利润服务的

对于企业的所有者，投入企业的每一分钱都要求有回报。回报怎么来呢？必须要有客户愿意为企业所有者的付出买单，这样企业所有者才能够有利润。因此，成本是客户愿意支付的部分，客户不愿意支付的是损失或者是浪费。

（5）应该发生的成本是必需的；已经发生的成本不一定是必需的

该花的钱一定要花，不能不舍得花，有些成本是刚性的，如果为了省钱不发生这类成本，就可能影响产品品质或性能。要是因此影响了客户的满意度，乃至拒绝从企业继续购买产品，对于企业是得不偿失的。

已经发生的成本不一定是必需的，这句话有两层意思。

第一，已经产生的成本当中可能有一些是不必要的浪费。比如产品整体的寿命只有 5 年，其中有一个部件的质量却特别好，可以用 10 年，那其实可以采购一个质量稍微差一点的这类部件，够用 5 年就行，从而可以节约成本，同时不影响产品的整体质量。

第二，有些成本从前可能是必要的，但随着经营形势的变化，现在可能不是必要的了。比如当仓库安装了电子监控系统之后，安保部门的保安数量就不需要

从前那么多了。

（6）降低成本，只能降低不是必需的成本

降低必需的成本，就等于降低了产品的价值，所以降低成本的工作目标就是去发现哪些成本是不必要的支出并去掉，去掉这部分支出不会影响企业为客户提供的产品或服务的品质。

（7）已经发生的成本，是不可降低的

企业的管理者要了解一个经济学上的名词——沉没成本。沉没成本是指由于过去的决策已经发生了的，而不能由现在或将来的任何决策改变的成本。

人们在决定是否做一件事情的时候，不仅要看这件事对自己有没有好处，而且也要看过去是不是已经在这件事情上有投入。我们把这些已经发生的不可收回的支出，如时间、金钱、精力等称为沉没成本。大多数经济学家们认为，如果人是理性的，那么就不该在做决策时考虑沉没成本。

例如，你在客流调查不足的情况下，投入了数十万元的租金和装修费开了一家餐馆，几个月后才发现由于餐馆装修风格的问题，这个餐馆的利润连房租都覆盖不了。

这个时候你需要做出决策：是放弃这个项目止损，还是重新装修改变餐馆的风格。不管做哪一个决策，都不应该让已经投入的租金或装修费影响你的决定，因为毫无疑问的是，不管怎么做，已经投入的成本肯定是收不回来了，当下重要的是如何改变现状。

（8）降低成本的控制，必须在成本发生之前

预防和消除火灾的隐患所花费的支出，永远比灾难发生后产生的损失要少得多，收效也要好得多。

如果企业在签订合同时多注意一下条款中隐藏的财务风险，就会避免很多坏账损失，可是很多企业宁愿招聘大量的应收款会计去打电话追讨欠款，也无视合同中的财务风险。

（9）加强成本管控是降低成本的出路

降低成本不是为削减成本而削减成本，而是要建立一套完善的成本管控体系，让企业花出去的每一分钱都经过评估，把好钢都用在刀刃上。

（10）建立和运行有效的成本管控体系是加强成本管控的唯一途径

机会成本指在面临多方案时，因选择某一方案，而放弃的其他方案所能产生的最高价值。机会成本又称择一成本、替代性成本。对商业企业来说，利用一定的时间或资源生产一种商品而失去的利用这些时间或资源生产其他最佳替代品所能获得的收益就是机会成本。

在生活中，有些机会成本可用货币来衡量。例如，农民在获得更多土地时，如果选择养猪就不能选择养鸡，养猪的机会成本就是放弃养鸡的收益。但有些机会成本往往无法用货币衡量，例如，是在图书馆学习还是享受电视剧带来的快乐之间进行选择。

机会成本泛指在做出选择后放弃的其中一个最大的收益。

机会成本通常包括两部分（显性成本和隐性成本）：使用他人资源的机会成本，即付给资源拥有者的货币代价被称作显性成本；因为使用自有资源而放弃能从其他选项中得到的最大回报的代价，被称为隐性成本。

7.1.2　成本管控的六大误区

成本管控的六大误区，如图 7-2 所示。

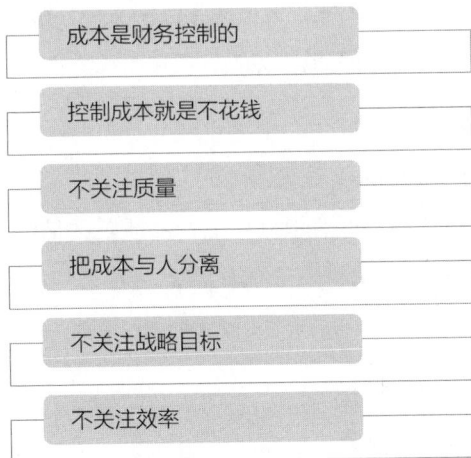

成本是财务控制的

控制成本就是不花钱

不关注质量

把成本与人分离

不关注战略目标

不关注效率

图 7-2　成本管控的六大误区

（1）成本是财务控制的

很多人认为成本属于财务工作的范畴，所谓的成本，就是会计账簿上的一个个数字而已，因此他们认为成本是财务控制的，或者说成本管控是成本会计的事情。这种认识是错误的。

只有使用资源的人才能控制成本。财务部门并不直接参与企业的运营工作，而企业花了大价钱从各处购来的各类资源，都是被采购、物流、生产、销售、市场等生产经营部门花了的。如果这些生产经营部门不控制自己的业务行为，不砍掉那些不必要的支出项目，成本又如何能控制得住呢？

（2）控制成本就是不花钱

好多企业主以为，成本控制就是研究如何不花钱。其实不花钱的方法很简单，不做生意了，自然就不花一分钱了。

控制成本是要合理地花钱。花小钱，省大钱。成本控制是一门花钱的艺术，而不是不花钱的艺术。将每一分钱花得恰到好处，将企业的每一种资源用到最需要它的地方，才是成本管控的关键。有时候，越是花钱越是省钱；有时适当地增加员工工资也能降低整体成本。

某工厂产品废品率过高，造成成本上的损失和浪费比较大，企业管理层给生产线的员工设置了每月 300 元的质量奖，如果员工当月生产的产品的废品率低于企业指定的标准，则会拿到质量奖。

该制度实施几个月后，产品废品率大幅降低。企业虽然每月多支出了数万元的质量奖金，却由此减少了以前每月数十万元的废品损失成本。

（3）不关注质量

质量成本是最大的成本项目之一。

企业靠客户的订单获利，而客户对企业产品质量的信赖是下订单的基础。有些自作聪明的企业通过偷工减料来降低成本，这种行为是不可能使企业长久生存的。

（4）把成本与人分离

控制成本就是约束人的行为。很多企业在建立成本管控体系的过程中，设置了各类成本控制指标，但没有具体的人员来负责监控考核这些指标，成本管控体系被束之高阁，且随意花钱的行为也没有受到约束。

财务部在成本管控中沦落为一个只负责报销事宜的部门，当然也就谈不上有效地管控成本了。

（5）不关注战略目标

成本是为目标服务的，离开目标，任何成本都毫无意义。管理者需要关注战略成本、决策行为，一旦决定，将限定成本改善的基础和空间。由之而产生的战略成本决定了成本结构与成本发展的趋势，决定了企业模式方面的竞争力。

战略成本的影响深远，难以通过成本管控活动来改善。战略成本决定近期成本和远期成本的平衡，对成本性态的取舍起决定性的作用。

（6）不关注效率

任何价值都是在高效率中创造的。

例如，假设某产品经营利润率仅为 5%，占用经营资金 10 000 元，每完成一次交易可以挣 10 000×5%=500（元），如果周转得快，一年周转 5 次，就可以挣 5 次钱，全年的经营利润为 500×5=2 500（元）。

7.1.3　成本管控的八大核心问题

成本管控的核心问题是什么？成本管控的八大核心问题，如图 7-3 所示。

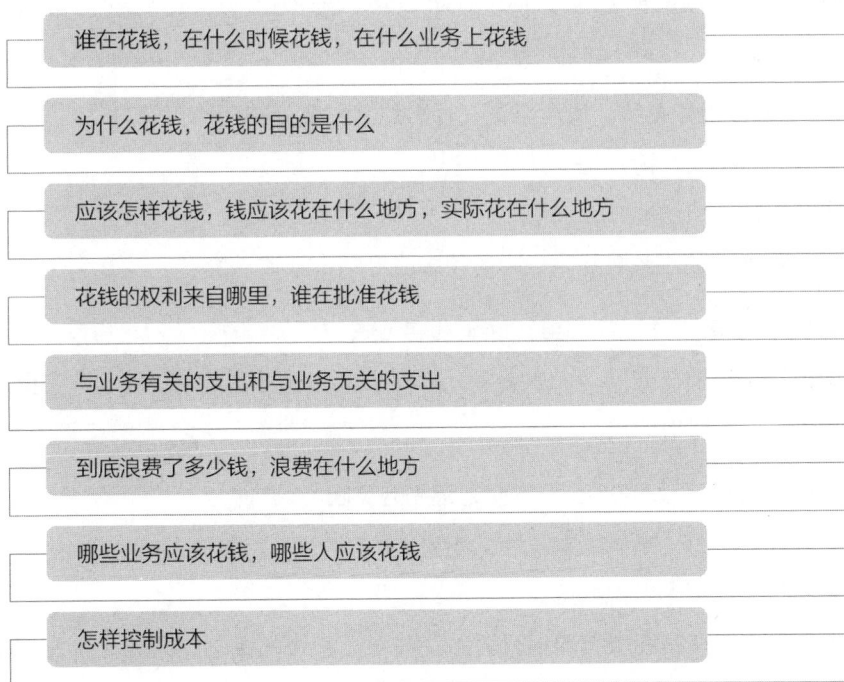

谁在花钱，在什么时候花钱，在什么业务上花钱

为什么花钱，花钱的目的是什么

应该怎样花钱，钱应该花在什么地方，实际花在什么地方

花钱的权利来自哪里，谁在批准花钱

与业务有关的支出和与业务无关的支出

到底浪费了多少钱，浪费在什么地方

哪些业务应该花钱，哪些人应该花钱

怎样控制成本

图 7-3　成本管控的八大核心问题

（1）谁在花钱，在什么时候花钱，在什么业务上花钱

谁在花钱？花钱的主体一定要落实到人，谁申请资金，谁就要对资金的使用情况负责。不能出现争资源的时候，大家一哄而上；钱花超了，追究责任的时候，大家一哄而散的情况。

在什么时候花钱？资金是有时间价值的。下半年才开工的项目，年初就把所需人员招聘到位，除了浪费还是浪费。项目刚上马，就把全部生产线配置到位，而不是分批采购，按照企业的预计产能分步投入，闲置固定资产，除了损失还是损失。

在什么业务上花钱？分清楚核心业务、主营业务和其他业务，不要均匀用力。

（2）为什么花钱，花钱的目的是什么

企业不是慈善机构，企业花钱是为了挣更多的钱，所以企业只有在其花出的钱能使其经营的产品或服务增值（所谓的增值，是指客户认可的，而不是企业自己认为的）时才能获得符合预期的回报。

所以企业不但要关注花钱的多少，还要关注钱的用途和企业想要达到的目的究竟有没有关系、有多大的关系。

（3）应该怎样花钱，钱应该花在什么地方，实际花在什么地方

应该怎样花钱？请做工作计划。

钱应该花在什么地方，应该花多少？请做成本预算。

钱实际花在了什么地方，实际花了多少？请做成本核算。

（4）花钱的权利来自哪里，谁在批准花钱

花钱的权利来自哪里？企业董事会等授予企业管理层一定权限。谁在批准花钱？管理层审批权力的层层分解。

（5）与业务有关的支出和与业务无关的支出

与业务有关的支出：成本。

与业务无关的支出：浪费。

企业在砍掉那些不赚钱的项目时往往需要下很大的决心。同样，企业在砍掉那些与业务无关的支出时也往往犹豫不决。

（6）到底浪费了多少钱，浪费在什么地方

有些浪费看得到，有些浪费则不容易被发现。

成本冰山理论是指人们读财务报表时，只注意到企业公布的财务统计数据中的成本费用，而这只能反映企业的一部分成本，有相当数量的成本费用是不可见的。

企业成本正如浮在水面上的冰山，人们所能看见的成本费用只是冰山的一角，而人们看不到的企业内部产生的成本费用则是沉在水面下的大部分冰山。

（7）哪些业务应该花钱，哪些人应该花钱

哪些业务应该花钱，哪些人应该花钱？这个问题好像很容易回答，当然是能赚钱的业务应该花钱。但是，当企业的业务规模做得越来越大，产品种类越来越多的时候，企业能凭直觉说出哪个业务最赚钱吗？

例如，外界往往认为越贵的产品利润越高，但是蒙牛通过对投入产出比进行分析测算发现，有些价格非常便宜的产品，如零售价 5 角的冰淇淋的利润可能比零售价 2 元的产品还高。

原因很多，比如低价产品销售量大，其单位原材料的采购成本、单品运输成本等都会随之降低。

（8）怎样控制成本

成本管控不能仅靠人治，还要靠法治，企业要建立整体科学合理的成本管控体系，并且以一系列规章制度来保证其落实。

7.2　成本管控的工作原理

企业生产经营过程，也是成本、费用发生的过程。成本计算，就是对实际发生各种费用的信息进行处理。一家企业发生的费用种类繁多，制造某个对象的过程又是由各个部门、各项生产要素密切配合的复杂过程。所以，记录、汇集和分

配企业发生的各种生产费用，是一项复杂的工作。但是，不管是哪一类型的企业，也不论计算什么成本，成本计算的基本原理、一般原则和基本程序是相同的。

7.2.1 成本管控系统的内容

成本管控系统包括成本规划、成本计算、成本控制和业绩评价四项内容，如图 7-4 所示。

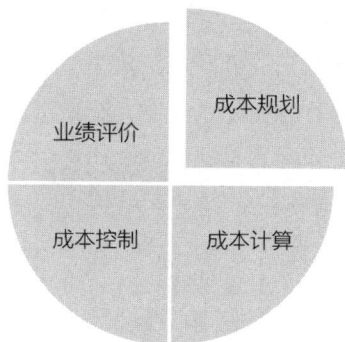

图 7-4　成本管控系统的内容

这四项内容在不同企业的成本管控系统中表现为不同形式。

（1）成本规划

成本规划是对成本管控战略的制定，也是对成本管控做出的规划，是对成本管控工作在总体上的把握，为具体的成本管控提供战略思路和总体要求。

成本规划是根据企业的竞争战略和所处的经济环境制定的，内容主要包括确定成本管控的重点、规划控制成本的战略与方法、提出成本计算的精度要求和确定业绩评价的目的和标准。

（2）成本计算

成本计算是成本管控系统的信息基础，分为财务成本和管理成本的计算。财务成本是为对外财务报告目的而计算的，计算原则是固定的，计算出的成本是历史成本。

管理成本是根据企业经营管理的需要而计算的，没有固定的计算原则，计算的成本可以是历史成本，也可以是现在或未来的成本。

（3）成本控制

成本控制是利用成本计算提供的信息，采取经济、技术组织等手段实现降低成本或优化成本目的的一系列行为。

成本控制是成本管控系统的核心部分。现代经济环境中，成本控制是全方位的控制，也是全体员工参与的控制，包括事前、事中和事后的成本控制。

（4）业绩评价

业绩评价是对成本控制效果的评估，目的在于改善原有的成本控制活动和激励、约束员工和团体的有关成本的行为。业绩评价的关键是评价指标的选择和评价结果与约束激励机制的衔接。

评价指标可以是财务指标，也可以是非财务指标。而且评价结果与约束激励机制是否衔接也关系到成本管控的效果。利用经济手段进行约束激励，要求解决好评价结果的量化及其与奖惩挂钩的问题，尤其是非财务指标的量化。

7.2.2　成本的结构

成本包括费用和成本，如图 7-5 所示。

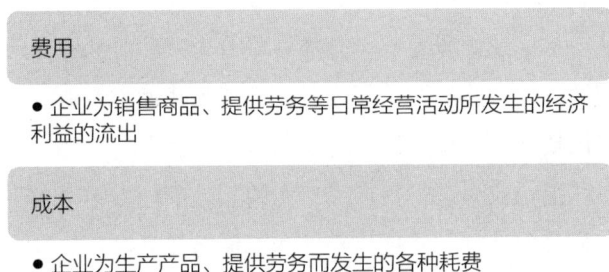

费用

● 企业为销售商品、提供劳务等日常经营活动所发生的经济利益的流出

成本

● 企业为生产产品、提供劳务而发生的各种耗费

图 7-5　成本的结构

费用并不是成本，费用和成本是两个独立的概念，两者之间既有联系也有区别。成本是按一定对象所归集的费用，是对象化了的费用。也就是说，生产成本是相对于一定的产品所发生的费用，是按照产品品种等成本计算对象对当期发生的费用进行归集而形成的。

两者之间也是有区别的。费用是资产的耗费，它与一定的会计期间相联系，而与生产哪一种产品无关；成本与一定种类和数量的产品或商品相联系，而不论发生在哪一个会计期间。

（1）费用的特征及分类

费用具有以下两个基本特征。

第一，费用最终将会减少企业的资源。这种减少具体表现为企业资金支出，从这个意义上说，费用本质上是企业的一种资产流出，它与资金流入企业所形成的收入相对立。

第二，费用最终会减少企业的所有者权益。通常，企业的资金流入（收入）会增加企业的所有者权益；相反，资金流出会减少企业的所有者权益，即形成企业的费用。但是，在企业生产经营过程中，有的支出是不应归入费用的。

例如，企业以银行存款偿付一项债务，只是一项资产和一项负债的等额减少，对所有者权益没有影响，因此，不构成费用。又如，企业向投资者分配股利或利润，这一行为导致的资金流出虽然减少了企业的所有者权益，但该行为是对利润的分配，其导致的资金流出不是经营活动的结果，也不应作为费用。

为了便于合理地确认和计量费用、正确地计算产品成本，企业应恰当地对费用进行分类。对费用进行分类有不同的分类标准。

第一，按照费用的经济内容（或性质）分类。

费用按经济内容（或性质）进行分类，可分为劳动对象方面的费用、劳动手段方面的费用和活劳动方面的费用三大类，也就是我们常说的料、工、费，在会计上称为生产费用要素，一般由以下九个项目组成。

①外购材料，指企业为进行生产而耗用的从外部购入的原材料及主要材料、半成品、辅助材料、包装物、修理用备件和低值易耗品等。

②外购燃料，指企业为进行生产而耗用的从外部购入的各种燃料，包括固体燃料、液体燃料和气体燃料。

③外购动力，指企业为进行生产而耗用的从外部购入的各种动力，包括热力、电力和蒸汽等。

④工资，指企业所有应计入生产费用的职工工资。

⑤提取的职工福利费，指企业按照工资总额的一定比例计提并计入费用的职工福利费。

⑥折旧费，指企业所控制的固定资产按照使用情况计提的折旧费。

⑦利息支出，指企业计入期间费用等的负债利息净支出，即利息支出减利息收入后的余额。

⑧税金，指计入企业成本费用的各种税金，如印花税、房产税、车船税和城镇土地使用税等。

⑨其他费用，指不属于以上各费用要素的费用。

费用按照经济内容进行分类，可以反映企业在一定时期内发生了哪些生产费用、金额各是多少，以便于分析企业各个时期发生的各种费用占总费用的比重，进而便于分析企业各个时期发生的各种费用支出的水平，有利于考核费用计划的执行情况。

第二，按照费用的经济用途分类。

费用按照经济用途进行分类，首先要将企业发生的费用划分为应计入产品成本、劳务成本的费用和不应计入产品成本、劳务成本的费用两大类。对于应计入产品成本、劳务成本的费用再继续划分为直接费用和间接费用。其中，直接费用包括直接材料费用、直接人工费用和其他直接费用；间接费用指制造费用。对于不应计入产品成本和劳务成本的费用再继续划分为管理费用、财务费用和销售费用。

①直接材料费用，指企业在生产产品和提供劳务过程中所消耗的，直接用于产品生产，构成产品实体的原料及主要材料、外购半成品（外购件）、修理用备件（备品配件）、包装物、有助于产品形成的辅助材料以及其他直接材料费用。

②直接人工费用，指企业在生产产品和提供劳务过程中，直接从事产品生产的工人工资以及按生产工人工资总额和规定的比例计算提取的职工福利费。

③其他直接费用，指企业发生的除直接材料费用和直接人工费用以外的，与生产产品或提供劳务有直接关系的费用。直接费用应当根据实际发生数进行核算，并按照成本计算对象进行归集，直接计入产品的生产成本。

④制造费用，指企业为生产产品和提供劳务而发生的各项间接费用，包括工资和福利费、折旧费、修理费、办公费、水电费、机物料消耗、劳动保护费、修理期间的停工损失等，但不包括企业行政管理部门为组织和管理生产经营活动而发生的管理费用。

⑤期间费用，指企业当期发生的必须从当期收入得到补偿的费用。由于它仅与当期实现的收入相关，必须计入当期损益，所以称为期间费用。期间费用主要

包括行政管理部门为组织和管理生产经营活动而发生的管理费用，为筹集资金而发生的财务费用，为销售商品而发生的销售费用。

费用按经济用途进行分类能够明确地反映出直接用于产品生产的材料费用是多少、工人工资是多少，耗用于组织和管理生产经营活动的各项支出是多少，从而有助于企业了解费用计划、定额、预算等的执行情况，控制成本费用支出，加强成本管控和成本分析。

（2）成本的分类

为了满足成本计算、成本控制和成本规划的需要，寻求进一步降低成本的途径，有必要研究成本的分类。成本分类是对成本管控对象的细化。

成本信息有财务报告和成本管理两种用途，因此成本也可以按照这个标准分为两类。

第一，基于成本计算和确定损益目的的分类。

成本分类的首要目的（或说传统目的）是在对外报告时确定一定期间的损益，基于此目的的成本分类是为了正确地归集和分配费用以及准确地计算成本，主要有以下几种分类。

①按成本的经济用途分为制造成本和非制造成本。制造成本包括直接材料、直接人工、制造费用，非制造成本分为销售费用、管理费用和财务费用。

该种分类的目的是确定产品成本和期间费用，产品成本中已销售部分转为销售成本并在利润表中表现，未销售部分转为存货成本在资产负债表中表现，期间费用在期间内扣除并在利润表中表现。

②按成本与特定产品的关系分为直接成本和间接成本。直接成本是直接计入某产品成本的成本项目，是可追溯成本；间接成本是需要按照某种标准在几种产品之间分配的成本。该种分类的目的是正确归集和分配费用，以便正确计算产品成本。

基于成本计算和确定损益目的的分类，有助于各种成本计算方法的产生及应用，如品种法、分批法、分步法等。

第二，基于成本管控目的的分类。

成本计算的目的不是唯一的，也包括为成本管控而进行计算，此时也要求进行成本分类。

①按成本习性分为变动成本、固定成本和混合成本。该种分类是管理会计短期经营管理的基础，对于成本预测、决策和分析，特别是对于控制成本和寻找降低成本途径具有重要作用。

②按成本决策相关性分为相关成本和无关成本。相关成本是与决策有关的未来成本，如专属成本、机会成本、重置成本等；无关成本则是与决策无关的已发生的成本，如沉没成本、联合成本等。该种分类有利于企业做正确的决策。

③按成本可控性分为可控成本和不可控成本。可控成本是能由责任单位的行为所控制的成本，反之为不可控成本。该种分类对确定责任单位、明确责任单位的责任、评价责任单位的业绩有非常重要的作用。

基于成本管控目的的分类，有助于管理会计中各种成本预测和控制方法的产生与应用。

产品成本项目一般是指计入产品成本的费用按经济用途划分的项目，是对产品成本构成内容所做的分类。设置成本项目可以反映产品成本的构成情况，满足成本管控的目的和要求，有利于了解企业生产费用的经济用途，便于企业分析和考核产品成本计划的执行情况。

为了便于归集生产费用，正确计算产品成本，需要对生产费用进行合理的分类。生产费用按经济用途划分，可将计入产品成本的生产费用分为以下四个成本项目。

①直接材料费用。直接材料费用包括企业生产经营过程中实际消耗的原材料、辅助材料、备品配件、外购半成品、燃料、动力、包装物以及其他直接材料费用。

②直接工资。直接工资包括企业直接从事产品生产人员的工资及福利费。

③其他直接支出。其他直接支出包括直接用于产品生产的其他支出。

④制造费用。制造费用包括企业各个生产单位（分厂、车间）为组织和管理生产所发生的各种费用。一般包括生产单位管理人员工资、职工福利费、生产单位的固定资产折旧费、租入固定资产租赁费、修理费、机物料消耗、取暖费、水电费、办公费、差旅费、运输费、保险费、设计制图费、试验检验费、劳动保护费、季节费、修理期间的停工损失费以及其他制造费用。

各行业、各企业的成本项目不尽相同，将生产费用按经济用途划分为成本项目，便于反映产品成本的构成，有利于考核各项费用定额或计划执行情况，查明费用节约或超支的原因，加强对成本的控制和管理，促使企业更有效地降低成本。

7.2.3 本量利分析

本量利分析是成本－产量（或销售量）－利润依存关系分析的简称，是指在变动成本计算模式的基础上，以会计模型与图文来揭示固定成本、变动成本、销售量、单价、销售额、利润等变量之间的内在规律性联系，为会计预测决策和规划提供必要的财务信息的一种定量分析方法。

本量利分析中常用的是盈亏临界点的销售额分析，盈亏临界点的销售额如图7-6所示。

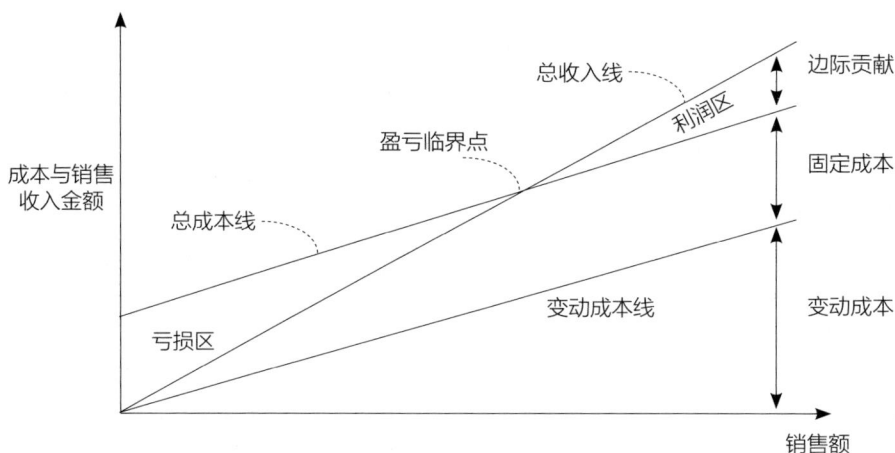

图 7-6　边际贡献式本量利关系

本量利分析着重研究销售数量、价格、成本和利润之间的数量关系，它所提供的原理、方法在管理会计中有着广泛的用途，同时它又是企业进行决策、计划和控制的重要工具。

（1）分析关键

确定盈亏临界点，是进行本量利分析的关键。所谓盈亏临界点，就是指使得总收入与总成本恰好相等时的销售量。此时，企业处于不盈不亏的状态。

盈亏临界点可以采用下列两种方法进行计算。

①按实物单位计算，其公式为：

盈亏临界点的销售量（用实物单位表示）＝固定成本 ÷ 单位产品贡献毛益

其中，单位产品贡献毛益 ＝ 单位产品销售收入 － 单位产品变动成本

②按金额综合计算，其公式为：

盈亏临界点的销售量（用金额表现）＝固定成本 ÷ 贡献毛益率

其中，贡献毛益率 ＝ 贡献毛益 ÷ 销售收入 ×100%

贡献毛益 ＝ 销售收入 － 变动成本

（2）基本关系

在进行本量利分析时，应明确认识下列基本关系。

①在销售总成本已定的情况下，盈亏临界点的高低取决于单位售价的高低。单位售价越高，盈亏临界点越低；单位售价越低，盈亏临界点越高。

②在销售收入已定的情况下，盈亏临界点的高低取决于固定成本和单位变动成本的高低。固定成本越高，或单位变动成本越高，则盈亏临界点越高；反之，盈亏临界点越低。

③在盈亏临界点不变的前提下，销售量越大，企业实现的利润便越多（或亏损越少）；销售量越小，企业实现的利润便越少（或亏损越多）。

④在销售量不变的前提下，盈亏临界点越低，企业能实现的利润便越多（或亏损越少）；盈亏临界点越高，企业能实现的利润便越少（或亏损越多）。

（3）基本公式

本量利分析是以成本性态分析和变动成本法为基础的，其基本公式是变动成本法下计算利润的公式，该公式反映了价格、成本、业务量和利润各因素之间的相互关系。

税前利润 ＝ 销售收入 － 总成本 ＝ 销售单价 × 销售量 －（变动成本 ＋ 固定成本）

＝ 销售单价 × 销售量 － 单位变动成本 × 销售量 － 固定成本

即：$P = px - bx - a = (p - b) \times x - a$

式中：

P——税前利润；

p——销售单价；

b——单位变动成本；

a——固定成本；

x——销售量。

该公式是本量利分析的基本出发点，所有本量利分析都是在该公式基础上进行的。

案例：盈亏临界点

老李经营一家 M 记餐厅，最近他遇到了这样的困惑：每天来吃饭的顾客不少，但一结算餐厅竟然没有盈利。为此，老李希望找到问题所在。

首先来看餐饮行业盈亏临界点是什么。一般来说，餐饮行业是用营业额来作为衡量标准则的，也就是说，营业额达到临界营业额以前，餐厅处于亏损状态，每个月还要贴钱；超过临界营业额，就不用往里面贴钱了，而是开始获得利润了。

餐厅营业额的最低要求就是达到盈亏临界点，该点也叫保本点。

营业额＞盈亏临界点，店面不会亏损；营业额＜盈亏临界点，店面亏损。

M 记餐厅的固定成本，主要有租金、物业管理费、人工成本等。

月租金＋物业管理费 =5 万元

人工成本 =[后厨人员每月工资（5 000 元 / 人 ×8 人）+ 前厅人员每月工资（5 000 元 / 人 ×12 人）]÷10 000=10 万元

固定成本 = 月租金＋物业管理费＋人工成本 =5+10=15（万元）

通过以上的计算，我们可以算出 M 记餐厅每个月要赚 15 万元才能满足开支。按照餐饮行业多数菜品的毛利率为 50% 来计算：

盈亏临界点 = 固定成本 ÷ 毛利率 =15÷50%=30（万元）

也就是说，M 记餐厅每个月至少要获得 30 万元收入，收支才能平衡。

分摊到每一天（按 30 天计算）：

日营业额 = 月营业额 ÷ 天数 =30÷30=1（万元）

M 记餐厅要想达到收支平衡，每天需要有 1 万元的营业额。也就是说，每天有 1 万元的营业额 M 记餐厅才能开始获利。算出盈亏临界点，老李就能分析 M 记餐厅营业以来的情况，如果餐厅长期达不到盈亏临界点，餐厅则需要在各方面进行调整或者及时止损。

不过，在实际经营过程中，盈亏临界点会涉及很多具体的数据，不同阶段的企业选取的参考标准也不一样。所以，企业要注意具体数据的变化，这样计算出来的盈亏临界点才有参考价值。

盈亏临界点对管理很重要，企业要知道自己的目标起点在哪里，不然就是瞎忙，心里没有一点底，都不知道自己完成多少业绩能赚多少、会亏多少，那就没法管理了。

这里要注意一点：盈亏临界点分析只是本量利分析的一部分。显然，盈亏临界点分析并非只着眼于找出一个不盈不亏的临界点，它的作用是帮助企业获得尽可能好的经营成果。

7.3　成本管控的操作

成本管控方法是指企业在生产经营活动中根据成本标准，控制实际生产成本的实施方法。实施成本管控是确保企业实现既定成本目标的重要手段。有效控制成本是降低成本、提高经济效益的重要途径。企业成本管控的质量将直接影响企业的效率和发展。

7.3.1　作业成本法

现代管理学将作业成本法定义为"基于活动的成本管控"。作业成本法是根据事物的经济、技术等方面的主要特征，运用数理统计方法，进行统计、排列和分析，抓住主要矛盾，分清重点与一般，从而有区别地采取管理方式的一种定量管理方法。

（1）成本分配的过程

作业成本法不仅是一种成本计算方法，而且是成本计算与成本管控的有机结合。作业成本法基于资源耗用的因果关系进行成本分配：根据作业活动耗用资源的情况，将资源耗费分配给作业；再依照成本对象消耗作业的情况，把作业成本分配给成本对象。作业成本法分配过程如图 7-7 所示。

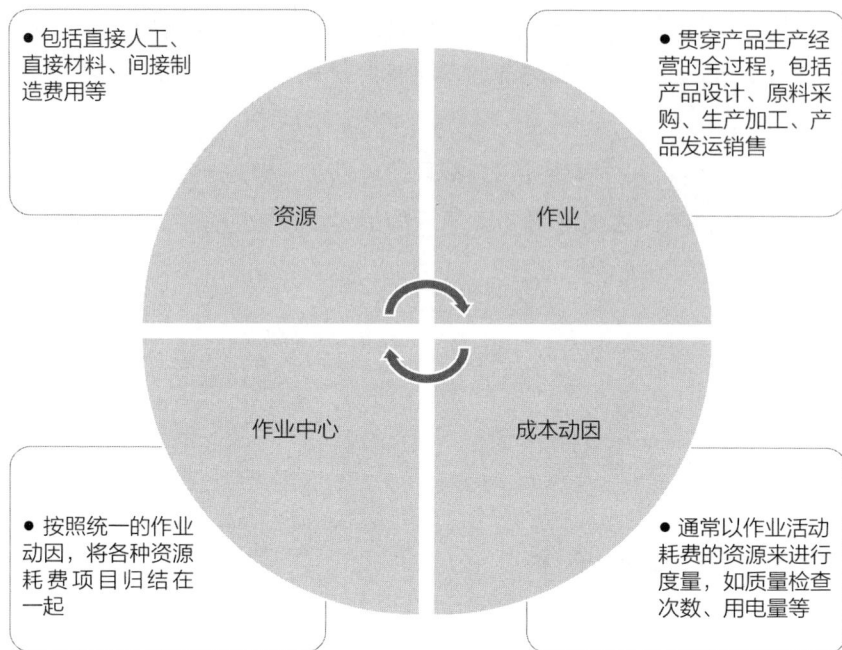

图 7-7　作业成本法分配过程

（2）分析过程

作业成本法的分析过程如下。

①定义业务和成本核算对象（通常是产品，有时也可能是顾客、产品市场等）。这一过程很耗时间。如果两种产品满足的是顾客的同一种需求，那么在定义业务时，选择顾客要比选择单个产品更恰当。

②确定每种业务的成本动因（即确定成本的决定因素，如订单的数量）。

③将成本分配给每一成本核算对象，对各对象的成本和价格进行比较，从而确定其盈利能力的强弱。

（3）作业成本法的操作步骤

作业成本法的操作分为两阶段，共六步骤。第一阶段是将制造费用分配到同质的作业成本库，并计算每一个成本库的分配率；第二阶段是利用作业成本库分配率，把制造费用分摊给产品，计算产品成本。

作业成本法的操作步骤如图 7-8 所示。

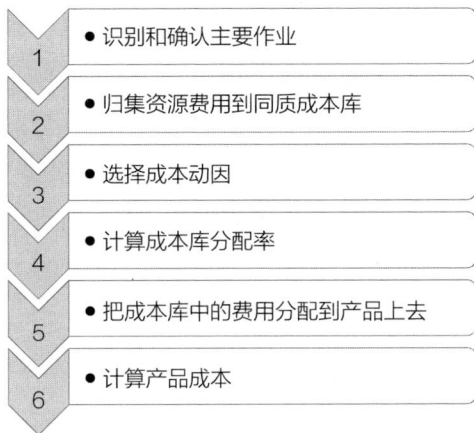

图 7-8　作业成本法的操作步骤

①识别和确认主要作业。

生产一个产品所需的作业是很多的，而且每项作业还可进一步细分。一般而言，每种作业成本包括说明执行这一作业所耗用的资源及生产每个产品所耗用的这一作业活动的成本、衡量作业与产品之间的关系的成本等。因此，识别作业时，只需识别主要的作业，将非主要的作业加以归类。作业筛选往往针对过程设问以寻求改善的可能。在确认作业时，要特别注意具有以下特征的作业：资源昂贵，金额大的作业；产品之间的使用程度差异极大的作业；需求形态与众不同的作业。

②归集资源费用到同质成本库。

资源费用通常可以从企业的总分类账中得到，但总分类账并未体现执行各项作业所消耗资源的成本，因此必须将获得的资源成本分配到作业上去。求得各项作业的作业成本通常有两种方法。

直接费用法：直接衡量作业所消耗的成本，采用这种方法计算的结果虽比较精确，但衡量的成本高。

估计法：根据调查获得每一作业所消耗资源的数量或比例进行分配。采用该方法得到的信息较可靠，衡量的成本不高，经常被采用。

将同质作业成本归集在一起便构成同质成本库，同质成本库是一个可用一个成本动因解释成本变动的若干项作业的集合。这些作业可构成同质作业，其成本即同质作业成本。

③选择成本动因。

从同质成本库中选择一个成本动因作为计算成本库分配率的基准，选择时要考虑成本动因材料是否易于获得；成本动因和消耗资源之间相关程度越高，现有的成本被歪曲的可能性就会越小。

成本动因相关程度的确定可运用经验法和数量法。

经验法是相关的作业经理，依据其经验，对一项作业中可能的动因做出评估，确定权数。

数量法是指用回归分析，比较各成本动因与成本间的相关程度。

④计算成本库分配率。

$$某成本库分配率 = 某成本库制造费用额 \div 成本动因消耗量$$

⑤把成本库中的费用分配到产品上去。

根据计算出的各成本库分配率和产品消耗的成本动因数量，把成本库中的制造费用分配到各产品上。

$$某产品某成本动因成本 = 某成本库分配率 \times 某成本动因数量$$

⑥计算产品成本。

作业成本法的目标是计算出产品的成本。直接成本可单独作为一个作业成本库处理。将产品分摊的制造费用加上产品直接成本，即可得到产品成本。

$$某产品成本 = \Sigma\ 成本动因成本 + 直接成本$$

案例

某农机厂是典型的国有企业，主要采用以销定产、多品种小批量生产模式。传统成本法下制造费用超过人工费用 200%，成本管控不力。为此企业决定实施作业成本法。

根据企业的工艺流程，确定了 32 项作业，以及各作业的作业动因，作业动因主要是人工工时、运输距离、准备次数、零件种类数、订单数、机器小时、客户数等。

通过计算，该企业发现了传统成本法的成本扭曲：最大差异率达到 46.5%。根据作业成本法提供的信息，为加强成本管控，针对每项作业制定目标成本，使得目标成本可以细化到班组，增强了成本管控的有效性。

通过对成本信息的分析，该企业发现生产协调、检测、修理和运输作业不增加顾客价值，这些作业的执行人员虽由一个分厂管理，但是人员分布在各个车间。通过作业分析，该企业发现大量的人力资源冗余。根据分析，可以裁减一半的人员，并减少相关的资源支出；另外，运输作业由各个车间分别提供，但是都存在能力剩余的情况，将运输作业集中管理，可以减少三四台叉车。

此外，正确的成本信息对于销售的决策也有重要的影响。根据作业成本信息以及市场行情，企业修订了部分产品的价格。修订后的产品价格更加真实地反映了产品的成本，具有更强的竞争力。

7.3.2　完全成本法

完全成本法亦称全部成本法、归纳成本法或吸收成本法。完全成本法就是在计算产品成本和存货成本时，把一定期间内在生产过程中所消耗的直接材料、直接人工、变动制造费用和固定制造费用的全部成本都归纳到产品成本和存货成本中去。

在完全成本法下，单位产品成本受产量的直接影响，产量越大，单位产品成本越低，能刺激企业提高产品生产的积极性。但该方法不利于成本管控和企业的短期决策。

采用完全成本法的原因是，虽然固定制造费用只是同企业生产能力的形成有关，不与产品生产直接联系，但它仍是产品最终形成所必不可少的，所以应当成为产品成本的组成部分。

但是采用完全成本法计算出来的单位产品成本不仅不能反映生产部门的真实业绩，反而会掩盖或夸大它们的真实业绩；在产销量不平衡的情况下，采用完全成本法计算确定的当期税前利润，往往不能真实反映企业当期实际发生的费用，从而会促使企业片面追求高产量，进行盲目生产；另外，采用这种方法不便于管理者进行预测分析、参与决策以及编制弹性预算等。

采用完全成本法来给产品定价有利于进行成本管控。

单位销售价格 = 单位产品完全成本 + 单位目标利润额

= 单位产品完全成本 ×（1+ 成本利润率）

例如，甲公司生产某产品 10 000 件，该产品预计单位变动成本包括直接材料 6 元，直接人工 4 元，变动制造费用 3 元；固定成本总额为 40 000 元；预计目标利润为完全成本的 10%。

要求：制定该产品的单位销售价格。

解：

单位完全成本 =6+4+3+40 000÷10 000=17（元）

单位销售价格 =17×（1+10%）=18.7（元）

此方法不但简便易行，而且能使企业目标利润得以实现，并使企业全部成本获得补偿。

7.3.3　作业成本法和完全成本法对比

作业成本法和完全成本法是两种不同的成本计算方法，两种方法的含义、理论依据不同，确定损益的程序也不同，有各自的优劣。

（1）作业成本法及其优劣势

作业成本法是以作业为基础的管理信息系统。它以作业为中心，作业的划分从产品设计开始，到物料供应；从工艺流程的各个环节、总装、质检到发运销售全过程，通过对作业及作业成本的确认计量，最终计算出相对准确的产品成本。

作业成本法经过对所有与产品相关联的作业的跟踪，为消除不增值作业，优化作业链和价值链，增加需求者价值，提供有用信息，增强决策、计划、控制能力，最终达到提升企业竞争力和获利能力、增加企业价值的目的。

在作业成本法下，成本计算程序分为两大阶段。第一阶段是将制造费用分配到同质的作业成本库，并计算每一个成本库的分配率；第二阶段是利用作业成本库分配率，把制造费用分摊给产品，计算产品成本。

作业成本法主要有以下一些优势和特点。

①作业成本法克服了传统成本计算方法导致的成本信息失真问题，能提供相对准确的成本信息。

②传统成本管控的主要是产品；而作业成本法管控的对象不仅包括产品，而且包括作业。企业改进作业链，减少作业耗费，让提高作业的效益成为可能。

③作业成本法是更广泛的完全成本法。作业成本法涉及较多方面的成本，提供的成本信息更有利于企业进行定价等相关决策。

④所有作业成本均是作业的，这有利于企业分析成本产生的动因，进而降低成本。

⑤作业成本法更具有管理意义，因为它是实现成本前馈控制与反馈控制相结合、成本计算与成本管控相结合的全面成本管控系统。

作业成本法也存在一些缺点。

①按作业成本法计算的产品成本存在不符合税法要求的情况。

②作业成本法下成本形态的划分是一种假设的结果，本身不可避免地具有局限性。

③当面临长期决策的时候，作业成本法的作用会随着决策期的延长而削弱。

④在未来人工费用弱化、制造费用占主流时，作业成本法的作用可能存在分析局限性。

（2）完全成本法及其优劣势

完全成本法下的产品成本符合传统的成本概念，而变动成本法下的产品成本不符合传统的成本概念。成本作为一种资源耗费，是企业为获得一定经济效益所付出的代价，成本最终从企业收入中得到补偿。在收入一定的情况下，需要补偿的成本越低，企业的经济效益越高。

完全成本法的优点是使人们更重视生产，有刺激生产的作用，更符合配比原则中的"因果配比"。因为生产产品的成本，无论是直接人工、直接材料还是制造费用，全部都要归集到产品中，并在产品实现销售时从收入中一次扣除。但该方法也存在缺点。

①计算的利润受到存货变动的影响，即当期增加销售以前生产的亏损产品时，不仅不会提高利润，反而会使利润下降，违背企业实现利润的原则。

②固定制造费用的分配存在主观臆断性，过于依赖会计人员职业判断，且工作量较大。

③随着自动化技术的发展，企业对制造费用的核算提出了更高的要求，以便提高产品成本计算的正确性和提高成本管控的有效性。

完全成本法主要用于编制对外的会计报表。

7.4 成本管控的运用

在市场经济条件下，企业要想生存或谋求发展壮大，除了拥有先进的技术和雄厚的资本之外，还要注重管理。成本管控是企业管理活动中永恒的主题，成本管控的直接结果是降低成本、增加利润，从而提高企业管理水平，增强企业核心竞争力。

在现代企业管理当中，成本管控如果不从基础工作做起，其效果和成功可能性将受到影响，那么怎样做好成本管控呢？

7.4.1 成本管控有 3 条并行的线

成本管控的 3 条并行的线如下。

（1）制度建设线

在市场经济中，企业运行的基本保证，一是制度，二是文化。制度建设是根本，文化建设是补充。没有制度建设，就不能固化成本管控运行，就不能保证成本管控质量。

成本管控中重要的制度是定额管理制度、预算管理制度、费用审报制度等。而在实际当中，制度建设有两个问题。

①制度不完善。在制度内容上，制度建设更多地从规范角度出发，看起来像命令。正确的做法应该是制度建设要从运行出发，这样才能使责任人找准位置，便于操作。

②制度执行不力。企业老是强调管理基础差、人员限制等客观原因，一出现利益调整内容，就收缩起来，最终导致制度形同虚设。

（2）定额制定线

定额是企业在一定生产技术水平和组织条件下，人力、物力、财力等各种资源的消耗达到的数量界限，主要有材料定额和工时定额。成本管控主要是制定消耗定额。

工时定额的制定主要依据各地区收入水平、企业工资战略、人力资源状况等因素。在现代企业管理中，人力成本越来越大，工时定额显得特别重要。在工作实践中，根据企业生产经营特点和成本管控需要，还会出现动力定额、费用定额等。

定额管理是成本管控基础工作的核心。建立定额领料制度，控制材料成本、燃料成本，建立人工包干制度，控制工时成本，以及控制制造费用，都要依赖定额制度，没有很好的定额制度，就无法控制生产成本；同时，定额也是成本预测、决策、核算、分析、分配的主要依据，定额管理是成本管控工作的重中之重。

（3）标准化工作线

标准化工作是现代企业财务管理的基本要求，它是企业正常运行的基本保证，它促使企业的生产经营活动和各项管理工作合理化、规范化、高效化，是成本管控成功的基本前提。

在成本管控过程中，有 3 项标准化工作极为重要。

①计量标准化。计量是指用科学方法和手段，对生产经营活动中的量和质的数值进行测定，为生产经营，尤其是成本管控提供准确数据。如果没有统一计量标准，基础数据不准确，那就无法获取准确成本信息，更无从谈控制。

②价格标准化。成本管控过程中企业要制定两个标准价格：一是内部价格，即内部结算价格，它是企业内部各核算单位之间、各核算单位与企业之间模拟市场进行商品交换的价值尺度；二是外部价格，即在企业购销活动中与外部企业产生供应与销售的结算价格。标准价格是成本管控运行的基本保证。

③质量标准化。质量是产品的灵魂，没有质量，再低的成本也是无意义的。成本管控是质量控制下的成本管控，没有质量标准，成本管控就会失去方向，更谈不上成本管控。

7.4.2 成本管控的 3 个层面

企业各项成本是由其管理权限来决定的，成本按管理权限来划分，可分为三个成本决定层次，即企业董事会、进行企业生产经营决策的核心管理团队和生产经营各环节岗位上的员工，因此企业成本管控也分为三个层面来进行，如图 7-9 所示。

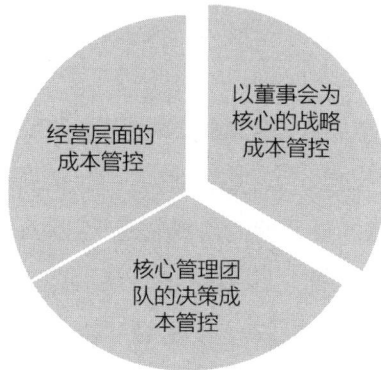

图 7-9 成本管控的三个层面

（1）以董事会为核心的战略成本管控

从公司治理方面来看，公司董事会是公司事实上的战略决策机构，企业的各项大的事务都由其来决策，包括投资方向、规模、地点、时间等。这些投资决策一旦形成，在很大程度上影响企业成本，如投资地点，选在产业集群周边，其采购价格、运输费用、库存量等都可能低于非产业集群区的同类企业；投资规模也可能直接影响采用设备的先进程度，这对产品加工精度、质量、生产效率、材料利用率都可能发挥决定性的作用等。还有很多决定未来产品价值、成本的重大决策是董事会制定的，不是管理团队或一般员工能轻易改变的。投资方向更是如此，每个产业都有每个产业的特点，单个企业也很难在产业链的每个环节中都取得优势地位，在专业化高度发展的今天，企业只有在优势领域才能获得足够利润，投资企业优势环节是企业战略成本管控的最优选择。

因此，以董事会为核心的战略成本管控是企业成本管控的制高点。这一层面的成本管控主要是通过分析企业所拥有的资源优势，包括投入资本数量、技术、专业人才等，从企业将进入产业链的情况，全方位地寻找合适的投资方向和投资地点，以最大限度地发挥企业资源效用。

（2）核心管理团队的决策成本管控

企业投资方向与投资地点等重要决策，由最高决策层——董事会决定，企业投资形成后，则进入生产经营阶段，这一阶段企业还需进行大大小小的各种生产经营决策，并不是所有员工都有机会和有能力参与这些决策，能做这些决策的一定是企业核心管理团队。

如：产品设计走高档、中档，还是中低档路线；产品设计中采用原件走市场标准化道路与企业特色道路、走单一功能还是多功能道路等；生产过程中如何整合制造流程，扩大管理幅度，减少层级，实现扁平化管理；资金管理中使用的信用政策、现金折扣政策、贴息方式、年终返利政策、延长或缩短应付账款期限政策等，还有纳税筹划、用人政策、培训政策、岗位设置政策等。这些往往由企业核心管理团队决定，一旦企业核心管理团队做出决定，产品的成本范围也就确定了，其他人员很难在具体的生产过程中大幅度压缩成本。

企业的核心管理团队的一些决策也和董事会的决策一样，对某些成本起决定作用，但其决定力没有董事会强，因此将其列为企业成本管控的第二个层面。在这个层面核心管理团队主要是根据企业已形成的资源及经董事会批准的年度计划、经营方针等，拟定各项经营策略，极大地调动企业人力资源、财务资源、信息资源的潜力，以发挥各有限资源的作用。

（3）经营层面的成本管控

在大小决策都定下来后，余下的就是企业各层面员工在各自的岗位上如何来具体执行企业制定的各项政策。企业的中层和基层员工是具体掌握物料价值和劳动力价值的转移为成本的操作者，在确保产品品质的前提下，最大限度地增加产品价值，同时通过提高原料利用率、产品合格率、优级品率，扩大单位时间产品产量，压缩各项费用支出等手段，来控制产品成本。

企业经营层面成本管控涉及面广、环节多、控制过程复杂，是企业日常成本管控重点，这些层面工作的关键是寻找各个环节的控制点，重点是制订成本降低计划，运用适当的方法，持之以恒地压缩生产成本与费用。在同类企业里，谁能做到较低的成本，谁就能取得较好的市场竞争地位，从而获得更多的利润，特别是在我国技术、质量、品牌差异小的情况下，成本往往是市场决胜之关键因素。

这一层面的成本管控涵盖产品生产全过程，从产品设计、原料采购、组织生产、产品销售到售后服务各个环节，经营人员可以通过分析企业历史成本，与同行业企业比较，从各方面寻找差距和解决办法，采用责任成本、定额成本、计划成本、费用预算等各种成本管控方法，将企业各项成本费用控制在企业预算范围之内，最好能不断降低。

总之，企业成本管控是全方位的，更是全过程的，对成本的管控大体上可以分为以上三个层面，企业要想获得更好的经济效益，必须全方位地建立各个层面的成本管控体系。

7.4.3 成本管控的原则

成本管控原则是指进行成本管控必须遵循的基本要求，主要有以下原则，如图 7-10 所示。

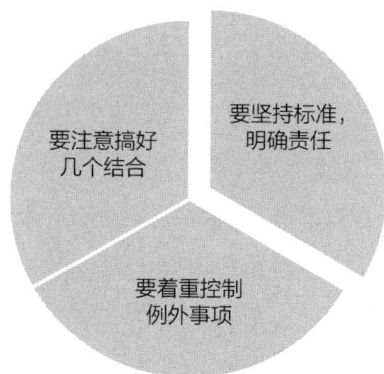

图 7-10 成本管控的原则

（1）要坚持标准，明确责任

标准是成本管控的依据，企业必须严格遵守。为了有效地实施成本管控，要围绕目标成本，逐级落实经济责任，建立目标责任制、质量目标责任制、技术目标责任制、物资供应目标责任制、销售目标责任制、成本目标责任制、财务成果目标责任制等。

（2）要着重控制例外事项

成本管控应对企业生产经营全过程进行控制，但又要有重点地进行。成本管控人员要把注意力集中在那些不正常、不符合常规的关键性差异上，追根求源、查明原因，并及时反馈给有关责任中心。

一般来说，对于那些超过或低于标准 10% 以上的项目，都可以考虑列作例外控制的项目。此外，对企业的长期获利能力有重大影响的项目，也应予以密切关注。

（3）要注意搞好几个结合

要注意搞好以下几个结合。

①要把日常控制和定期控制结合起来。日常控制的特点是具有及时性和针对性，时效性强。定期控制的特点是具有全面性和系统性，综合性强。日常控制是定期控制的基础，定期控制是日常控制的深化。

②要把单项控制和综合控制结合起来。要实现成本目标，必须对每个成本项目进行控制，单项成本目标都实现了，企业总成本目标的实现就有了保证。同时，还要全面研究各种因素对成本水平的影响，实施综合控制。

③要把专业控制和群众控制结合起来。专业控制是各车间、部门的专业人员对成本实施的控制，它能对产品形成过程进行连续、系统、全面的控制；群众控制是广大职工对成本实施的控制，它能对每个具体环节进行及时、具体、有效的控制。把二者结合起来就能形成一个上下结合、纵横交错的成本管控网络。

7.5　八大成本费用管控

全面成本控制是指对企业生产经营所有过程中发生的全部成本、成本形成中的全过程、企业内所有员工参与的成本控制。与传统成本管理观念相比，全面成本控制在深度、广度和指导思想等方面有了很大的改变：实现了相对成本节约；扩大了成本控制的空间范围；增大了成本控制的时间跨度；充分发挥了成本控制的效能。

7.5.1 材料成本管控

你知道材料成本占产品成本的比例有多大吗？应如何改善材料费用呢？

正常情况下，材料费用占产品成本的 60%~80%，而要真正做到控制材料费用，主要可从以下两点入手。

①从材料购进入手：多了解市场，对材料的市场价格有一个比较完整的认识，再货比三家，从供应商的价格、质量、货款支付期、运输等方面入手。好的质量可以降低材料的消耗，从而降低采购成本。

②从产品的生产工艺入手：精简生产过程，杜绝生产过程中的"跑、冒、滴、漏"；改进生产方法，提升工作技能，做到降低材料消耗。

控制材料费用主要就是从采购材料、材料消耗入手，能做好这两点，产品的材料成本就能得到良好的控制。

案例：生产成本管控

某煤炭企业产能不足，经常超负荷运行、带病运行，导致设备缺陷逐年增多，加剧设备老化。生产现场漏煤严重，造成煤炭损失及环境污染，更为严重的是影响设备的可靠性，导致维护成本增加，降低了设备的利用率。这些是生产中比较突出的问题。

该煤炭企业生产成本主要包括人力成本，材料（备品备件）成本，管理成本，外委、外包项目费用，技改项目费用等，这些生产成本随着业务量增加逐年增加。其中材料（备品备件）成本，管理成本，外委、外包项目费用，技改项目费用等去年总计近 2 000 万元。如何把这些成本控制在合理范围呢？

该煤炭企业的成本控制，运用以成本会计为主的各种方法，预定成本限额，按限额开支成本费用，将实际成本和成本限额比较，衡量经营活动的业绩和效果，以提高工作效率，实现超过预期的成本限额。

生产现场成本则是生产过程中消耗物化劳动的转移价值和相当于工资那一部分活劳动所创造价值的货币表现。企业现场物化劳动与活劳动消耗所形成的生产成本，是企业基础层次的成本。从成本的管理角度分析它的特点，对于控制产品与劳务成本的形成过程、改进生产现场的运行机制、挖掘企业生产现场的潜力具有重要意义。

传统的成本管理以企业是否节约为依据，片面地从降低成本乃至力求避免某些费用的发生入手，强调节约和节省。单纯地削减成本，把成本的降低作为唯一目标，这并不是有远见的行为。如果单纯追求削减成本，一般简单的做法是考虑降低原材料的购进价格或档次，或者减少单一产品的物料投入（偷料），或者考虑降低工价。这样做会导致产品质量的下降、销量下降，甚至失去已经拥有的市场。

所以，该煤炭企业需要学习现代企业应有的成本控制战略及方法。企业要想有长期效益，就要从战略的高度来实施成本控制。换句话说，不是单纯削减成本，而是要提高生产力、缩短生产周期、增加产量，既要确保产品质量，又要注重安全、环保和社会责任。

一、全员参与，建立多层责任成本控制体系，增强员工的成本意识。

该煤炭企业的员工，在日常工作中，成本意识不强，存在各种浪费现象。生产成本能否得到控制取决于生产现场的具体操作者。企业要建立以人为中心的现场管理，真正提高员工的主人翁意识，确立以现场为中心、以员工为主体的管理体制。责任成本控制制度是在分权管理条件下为加强成本管理、落实成本责任、进行成本考核，实行责、权、利相结合的一种成本管理方式。实施责任成本控制制度可以增强员工的成本意识，调动员工降低成本的参与意识，充分发挥各层次的责任成本中心具有不同控制能力的优势。

实践证明，责任成本控制可对成本控制发挥重大作用。因此，该煤炭企业可按生产区域的组织结构、生产经营活动的特点、内部业务的流程等划分确定责任成本中心，建立多层次的成本控制责任体系，将各部门、各环节、班组等建成控制成本的责任主体，使成本控制建立在责任控制基础之上。

二、以长远、科学的眼光，合理组织生产。

在以销定产且产能不足的情况下，为满足客户的需求，设备长期超负荷运转而得不到维护保养，或带病运行而不能及时消除缺陷，设备问题越来越多，最后问题扩大不得不停止运行，维修设备，付出更大的代价。因此，该煤炭企业要通过科学的统计，综合考虑短期利益和长期利益，追求效益的最大化，设定一个合理的生产量，在设备运行与维护中取得平衡。

做到生产流程标准化。标准化工作是现代企业管理的基本要求，它是企业正常运行的基本保证，它促使企业的生产经营活动和各项管理工作合理化、规范化、高效化，是成本控制成功的基本前提。

该煤炭企业在成本控制过程中，要非常重视下面三项标准化工作。

（1）计量标准化。计量是指用科学方法和手段，对生产经营活动中的量和质的数值进行测定，为生产经营，尤其是成本控制提供准确数据。如果没有统一计量标准，基础数据不准确，那就无法获取准确成本信息，更无从谈控制。

（2）质量标准化。质量是产品的灵魂，没有质量，再低的成本也是无意义的。成本控制是质量控制下的成本控制。煤炭销售，在数量和热值等方面要符合销售合同约定的数值。

（3）数据标准化。合理安排成本数据的采集过程，做到成本数据按时报送、及时入账，数据便于传输，实现信息共享；规范成本核算方式，明确成本的计算方法；对成本的书面文件按照国家公文格式，统一表头，形成统一的成本计算图表格式，做到成本核算结果准确无误。

三、科学、规范管理设备，加强设备维护保养，提高设备可靠性，延长设备使用寿命。

设备是构成生产力的重要因素，是完成生产任务的物质技术基础。加强设备管理，对于保证正常的生产秩序、促进生产发展、降低产品成本、保证安全生产、提高经济效益等具有十分重要的意义。以往的工作经验表明，花在设备维护保养上的时间和费用，要远小于维修、更换设备所用的时间和费用。

四、加强煤场的科学管理。

根据不同销售季节，确定煤场的合理堆存量。该煤炭企业煤场最高堆存能力约为 30 万吨，煤炭销售量（包括电煤）平均每天约 2.3 万吨。根据不同时段的销量，结合煤炭运输时间，确定合理的订货点，制定出合理的堆存量，减少储存天数，减少堆存费用，减少煤炭因自燃产生的热值损失。

不同煤种合理堆放，尽量减少煤炭中转；在条件许可的情况下，由卸船机直接上（电）煤或出库（市场煤），减少中间环节的成本、损失。

五、加强备品备件管理。

该煤炭企业每年用于生产的物资采购量超过 500 万元。降低采购成本将是降低企业成本的直接和有效的途径。

首先，降低采购价格。对于采购前期费用，要广泛利用网络、电视、报刊等媒介，迅速而有效地发布和查询市场信息，既可减少前期费用，又可以充分掌握市场信息；对于采购价格，该煤炭企业要通过招标采购，利用不同供应者之间的竞争，选取较低价格；对于大宗物资，实行多途径采购，即将采购对象分解成多家，进行货比三家或直接进行招投标采购；对于零星采购，则进行货比三家后定点采购，这样就可以直接降低采购价格；对于原材料质量，可按其质量特性划分为 A、B、C 类进行分类管理，对 A 类原材料进货质量进行严格控制，对 B 类原材料进行一般控制，并以适当的合约形式采用替代品，对偶尔需要的 C 类原材料不单独采购，而以 B、A 类物资替代，或以与 C 类原材料具有同样功能的其他材料替代。

其次，降低库存量，减少资金占用。为确保生产，备品备件是必不可少的。该煤炭企业可从替代性、采购的便捷性、物资的重要性方面，减少一些物资的库存。

最后，加强仓库管理，建立相关的管理制度，规范物资的审批和领用，加强对废旧物资的回收管理。

六、加强外委、技改等项目的管理。

每年该煤炭企业在这方面的费用达几百万元。该煤炭企业可从必要性、可行性、重要性、科学性方面对这些项目进行评估，严格审核招投标单位，同时，尽可能多地邀竞标单位，通过多家比价，降低项目费用。

现代企业成本管控不仅仅是会计部门和生产部门的事情，而是扩展到整个企业甚至整条产业链。要对成本进行有效的控制，要求企业各个部门必须密切协调、上下互动、全员参与。同时，现代企业必须负起相应的社会责任，企业的经营活动必须建立在安全、健康、环保的基础上。

7.5.2　采购成本管控

要做好采购管理，首先要从采购的作用和任务来说，只有了解这些才能知道从哪些方面改进。

（1）建立严格的采购制度

建立严格、完善的采购制度，不仅能规范企业的采购活动、提高效率、杜绝部门之间相互推诿，还能预防采购人员的不良行为。采购制度应规定物料采购的申请、授权人的批准权限、物料采购的流程、相关部门（特别是财务部门）的责任和关系、各种材料采购的规定和方式、报价和价格审批等。

比如，企业可在采购制度中规定采购的物品要向供应商询价、列表比价、议价，然后选择供应商，并把所选的供应商及其报价填在请购单上；还可规定超过一定金额的采购须附上三个以上的书面报价等，以供财务部门或内部审计部门稽核。

（2）建立供应商档案和准入制度

对企业的正式供应商要建立档案，供应商档案除有编号、详细联系方式和地址外，还应有付款条款、交货条款、交货期限、品质评级、银行账号等。每一份供应商档案应经严格的审核才能归档。

企业的采购必须在已归档的供应商中进行，供应商档案应定期或不定期地更新，并由专人管理。同时要建立供应商准入制度。重点材料的供应商必须经质检、物料、财务等部门联合考核，如有可能要到供应商生产地实地考核。企业要制定严格的考核程序和指标，要对考核的问题逐一评分，只有达到或超过评分标准者才能成为归档供应商。

（3）建立价格档案和价格评价体系

企业采购部门要对所有采购材料建立价格档案，对每一批采购材料的报价，应首先与归档的材料价格进行比较，分析价格差异的原因。如无特殊原因，原则上采购价格不能超过档案中的价格水平，否则要做出详细的说明。

对于重点材料的价格，要建立价格评价体系，由企业有关部门组成价格评价组，定期收集有关的供应价格信息，分析、评价现有的价格水平，并对价格档案进行评价和更新，这种评价视情况可一季度或半年进行一次。

（4）建立材料的标准采购价格

对采购人员根据工作业绩进行奖惩。财务部对重点监控的材料应根据市场的变化和产品标准成本定期制定标准采购价格，促使采购人员积极寻找货源，货比三家，不断降低采购价格。企业有关部门亦可将标准采购价格与价格评价体系结合起来使用，并提出奖惩措施，对完成降低企业采购成本任务的采购人员进行奖励，对没有完成降低采购成本任务的采购人员，分析原因，确定对其的惩罚措施。

（5）通过付款条款的选择降低采购成本

如果企业资金充裕，或者银行利率较低，可采用现金交易或货到付款的方式，这样往往能带来较大的价格折扣。此外，对于进口材料、外汇币种的选择和汇率走势也是要格外注意的。

（6）把握采购的时机

价格会经常随着季节、市场供求情况而变动，因此，采购人员应注意价格变动的规律，把握好采购时机。

（7）以竞争招标的方式牵制供应商

对于大宗物料采购，一个有效的方法是实行竞争招标，这一方法往往能使企业通过供应商的相互比价，得到较低的采购价格。此外，对同一种材料，应多找几个供应商，通过对不同供应商的选择和比较使其互相牵制，从而使企业在谈判中处于有利的地位。

（8）向制造商直接采购或结成同盟联合订购

向制造商直接采购，可以减少中间环节，降低采购成本，同时制造商的技术服务、售后服务会更好。另外，有条件的几家同类企业可结成同盟联合订购，以解决单家企业订购数量少而得不到更多优惠的问题。

（9）选择信誉佳的供应商并与其签订长期合同

与诚实、讲信誉的供应商合作不仅能保证供货的质量、及时的交货期，还可得到价格方面的优惠，特别是与其签订长期的合同，往往能得到更多的优惠。

（10）充分进行采购市场的调查和信息收集

一家企业的采购管理要达到一定水平，应充分注意对采购市场的调查和对信息的收集、整理，只有这样，才能充分了解市场的状况和价格的走势，使自己处于有利地位。

如有条件，企业应尽量请第三方的采购信息咨询企业对所需的所有料件的市场信息进行评估调查，定期形成调研报告。这种方式可以使企业的成本得到有效降低，还可以使企业在监管审核方面的能力得到进一步提升从而提升企业的竞争力。

7.5.3　物流成本管控

物流成本管控是对物流相关费用进行的计划、协调与控制。进行物流成本管控，必须掌握好以下方法。

（1）比较分析

①横向比较。把企业的供应物流、生产物流、销售物流、退货物流和废弃物流（有时包括流通加工和配送）等各部分物流费分别计算出来，然后进行横向比较，看哪部分发生的物流费用最多。假如是供应物流费用最高或者异常高，则查明原因，堵住漏洞，改进管理方法，以降低物流成本。

②纵向比较。把企业历年的各项物流费用与当年的物流费用加以比较，如果当年物流费用增加了，分析为什么增加、在哪个地方增加了、增加的原因是什么。假若增加的是无效物流费用，则立即改正。

③计划与实际比较。把企业当年实际开支的物流费用与本年度物流预算进行比较，如果超支了，分析超支的原因、在什么地方超支。这样便能掌握企业物流管理中的问题和薄弱环节。

（2）综合评价

比如采用集装箱运输，一是可以简化包装，节约包装费；二是可以防雨、防晒，保证运输途中物品质量；三是可以防盗、防火。但是，如果由于包装简化而降低了包装强度，在保管时则不能往高堆码，造成浪费库房空间，弱化仓库保管能力。

简化包装，可能还影响货物的装卸搬运效率等。那么，利用集装箱运输是好还是坏呢？这就要用物流成本计算来进行综合评价。分别算出各环节物流活动的费用，经过全面分析后得出结论，这就是物流成本管理，即通过对物流成本的综合效益研究分析，发现问题，解决问题，从而加强物流管理。

（3）排除法

在物流成本管理中有一种方法叫活动标准管理，其做法就是把与物流相关的活动划分为两类：一类是有附加价值的活动，如出入库、包装、装卸等与货主直接相关的活动；另一类是无附加价值的活动，如开会、改变工序、维修机械设备等与货主没有直接关系的活动。

其实，在商品流通过程中，如果能采用直达送货方式，则不必设立仓库或配送中心，实现零库存，这等于避免了物流中的无附加价值活动。如果将上述无附加价值的活动加以排除或尽量减少，就能节约物流费用，达到物流管理的目的。

（4）责任划分

在生产企业里，物流的责任究竟在哪个部门，是在物流部门还是在销售部门？客观地讲，物流本身的责任在物流部门，但责任的源头却是在销售部门或生产部门。

以销售物流为例，一般情况下，由销售部门制订销售物流计划，包括订货后几天之内送货、接受订货的最小批量是多少等。

假若一家企业过于强调销售的重要性，则可能决定当天订货、次日送达。这样的话订货批量大时，物流部门的送货成本小；订货批量小时，送货成本就大，甚至过分频繁、过少数量送货造成的物流费用，大大超过了扩大销售产生的价值，这种浪费和损失，应由销售部门负责。分清责任有利于企业控制物流总成本，防止销售部门随意改变配送计划，减少无意义、不产生任何附加价值的物流活动。

7.5.4　销售费用管控

销售费用管控：控制销售费用，实际上是控制每个销售人员的销售活动费用。成本是重点考察对象，是控制销售费用的关键之处。成本大体上分为以下四类。

第一类是必要的税款等。

第二类是总部和销售分公司提成的部分。

第三类是销售分公司自留的资金。

第四类是销售人员每个月花费的其他销售费用，包括报账费用、市场建设费用、广告宣传费用等。

7.5.5　管理费用管控

对于管理费用，财务上没有具体的列支标准，所谓的标准，是税法上的相关标准。

税法规定的有扣除标准的费用项目如下。

①福利费：超过工资总额 14% 的，不可以税前扣除。

②职工教育经费：超过工资总额 8% 的，不可以税前扣除。

③工会经费：超过工资总额 2% 的，不可以税前扣除。

④业务招待费：超过企业发生的与生产经营活动有关的业务招待费支出标准的，不可以税前扣除 [按照发生额的 60% 扣除，但最高不得超过当年销售（营业）收入的 5‰]。

⑤企业发生的符合条件的广告费和业务宣传费支出，除国务院财政、税务主管部门另有规定外，超过当年销售（营业）收入 15% 的部分，不可以税前扣除；超过部分，准予在以后纳税年度结转扣除。

⑥企业发生的不合理的工资薪金支出，不可以税前扣除。

⑦企业为投资者或者职工支付的补充养老保险费、补充医疗保险费，超过国务院财政、税务主管部门规定的范围和标准的，不可以税前扣除。

⑧企业为投资者或者职工支付的商业保险费，不可以税前扣除。

⑨非金融企业向非金融企业借款的利息支出，超过按照金融企业同期同类贷款利率计算的数额的部分，不可以税前扣除。

⑩企业依照法律、行政法规有关规定提取的用于环境保护、生态恢复等方面的专项资金，准予扣除。上述专项资金提取后改变用途的，不可以税前扣除。

⑪企业之间支付的管理费、企业内营业机构之间支付的租金和特许权使用费，以及非银行企业内营业机构之间支付的利息，不可以税前扣除。

⑫企业发生的公益性捐赠支出，超过年度利润总额 12% 的部分，不可以税前扣除。

⑬企业所得税法所称赞助支出，是指企业发生的与生产经营活动无关的各种非广告性质支出，不可以税前扣除。

7.5.6　财务费用管控

财务费用主要包括利息支出、资金筹集手续费、利息收入、汇兑损益及其他费用等。

降低财务费用的主要途径如下。

①降低资金占用成本。

②做好资金运用计划，用足商业信用。

③加强资金存贷管理。

④利用多渠道融资。

⑤利用商业汇票，灵活安排资金。

⑥利用短期融资证券方式降低贷款利率。

⑦加速回收货款，合理推迟付款。

⑧控制银行手续费支出。

⑨分析资产占用与财务费用的关系，减少因资产占用而产生的费用开支。

7.5.7　制造费用管控

为什么要控制制造费用？制造费用成本控制的关键点是什么？

（1）电耗的控制

电耗的控制，即生产效率的提高。

①将生产效率作为一个关键性指标列入绩效考核。

②辅助设施的使用管理：消除设备空转、做好照明管理等。

③技术措施：增加电容器组，提高功率（现白天电容补偿不够）；环模、压辊、锤片进行经济分析，预测其寿命与电耗的关系。

（2）燃料费的控制

煤质的要求：测算出性价比，定供货商，以煤质论价。

双重考虑：吨煤耗量、吨煤耗费用。

（3）设备管理标准化

进行设备维护保养管理规程培训，实现全员设备管理。

进行有效的设备维修：设备计划维修；设备维修验收责任化、标准化；强化重点设备维护、维修、改造。

（4）提高总体的协同效率，结合成本控制，强化物流管理

损耗率的有效控制：物流链节的强化；减少质量事故、降低回机量、落地料、杂料自理制度化；做好技术改进措施；重点抓好制粒机和粉碎机的除尘管理。

辅助环节的成本控制意识：如原料卸货方式、库存方式，流通使用过程中减少搬运次数。

建立信息平台，市场部门与生产部门及时沟通，使生产计划下达合理化。

7.5.8 人力资源费用管控

为什么要控制人工成本？为什么人工成本被管理层认为是不可控制的成本？

我国企业管理者与员工长期的"人本观念"，造成人工成本呈现失控状态，最终导致企业利润与人工成本的失衡，这成了企业的顽疾。

其实，成本控制是一门花钱的艺术，而不是节约的艺术。关键是如何将每一分钱花得恰到好处，将企业的每一种资源用到最需要它的地方。

如何控制好企业人工成本呢？

（1）提高对加强人工成本管理的认识

人工成本管理仍然是企业管理中的一个薄弱环节。提高对加强人工成本管理的认识，首先是从战略上，认识到它是关系企业在多方位市场竞争中生死存亡的重要战略因素；其次是从分配的角度，认识到它是正确处理企业、职工二者利益关系的重要经济杠杆，它是调节劳动者这个利益主体的经济行为，从而调节劳动力资源的配置，形成企业的激励和动力机制的经济因素；最后是从管理上，认识到它是关系人才资源开发，关系企业经济效益的提高，关系对活劳动消耗进行监督、投放的重要工作。

（2）精减人员、合理定岗定编，控制劳动力的投入

精减人员、合理定岗定编是加强用人管理的基础，也是节约活劳动、降低人工成本的基础工作。若企业冗员太多，必然造成人工成本投入不合理和人工成本的无效益增长，反而导致职工收入水平难以提高。

（3）加强人工成本的比率控制

目前我国多数企业在人工成本比率控制方面存在着在低水平的基础上收入过分向个人倾斜的问题。例如，有的企业劳动分配率、人事费用率和人工成本占总成本的比例都高于行业平均水平，主要是因为企业所创造的增加值绝大部分用在了人工费用，而用于扩大再生产的寥寥无几，明显存在收入过分向该企业职工倾斜的问题。

（4）加强人工成本的弹性控制

加强弹性控制，保持人均人工成本增长低于人均增加值及人均销售收入的增长幅度，使人工成本与产出效益保持合理比例，这是人工成本控制的核心问题，

也是人工成本控制的关键的预警线。

人工成本是一种消耗要素，这种消耗的必要性必然是它为企业带来产出的大小，从企业资本经营的角度考察，人工成本决策的首要依据是经济效益的高低，人工成本支出的阈限值必然是收益大于成本。

（5）发挥工资激励作用，规范人工成本结构

在人工成本结构中，工资是最有激励作用的因素，也是构成人工成本的主要部分。可见，控制工资总额水平以及合理拉开各类人员工资档次，充分体现了按劳分配、效率优先的原则，是当前人工成本控制的关键环节。

7.6　提高效益的存货管理

库存量直接影响到流动资金和正常生产。库存量太大，占用了资金，增加了经营风险；库存量太小，又可能影响生产、交货。所以，做好库存管理、提高经济效益是企业的经营者、财务总监必须具备的资产管理技能。

库存越多，库房里的呆滞品越多，意味着企业产品积压，产品在市场上不适销对路，意味着企业生存面临困难。因此从某种程度上说，库存决定着企业的生存或消亡。

企业库存管理制度的建立，如图 7-11 所示。

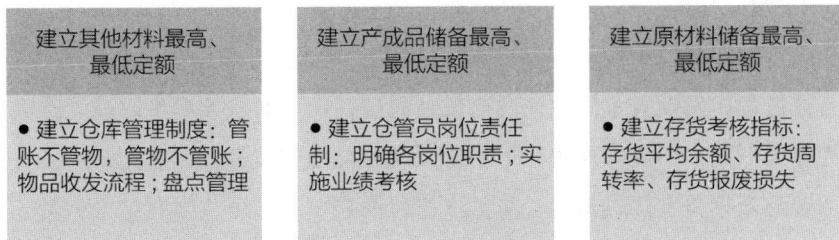

建立其他材料最高、最低定额	建立产成品储备最高、最低定额	建立原材料储备最高、最低定额
●建立仓库管理制度：管账不管物，管物不管账；物品收发流程；盘点管理	●建立仓管员岗位责任制：明确各岗位职责；实施业绩考核	●建立存货考核指标：存货平均余额、存货周转率、存货报废损失

图 7-11　企业库存管理制度的建立

7.6.1 如何建立仓库管理制度

仓库管理制度通常是指对仓库各方面的流程操作、作业要求、细节、6S 管理、奖惩规定、其他管理要求等进行明确的规定，给出工作的方向和目标、工作的方法和措施；广义上讲，是由一系列其他流程文件和管理规定形成的制度，例如仓库安全作业指导书、仓库日常作业管理流程、仓库单据及账务处理流程、仓库盘点管理流程等。

（1）管账不管物，管物不管账

建立仓库管理制度，首先要明确管账不管物，管物不管账。也就是说，物品出入库管理工作和账物管理工作必须由两人共同负责，管物的人不管账，管账的人不管物，不能因工作量小而由一个人兼任。

（2）物品收发流程

物品收发流程，要注意入库、出库、保管三方面的工作。

入库就是按照送货单上的数目将材料清点清楚，发现异常，必须向上级主管汇报，得到指示意见后遵照执行，经质检人员检验合格后，办理入库手续，开具入库单，登记进销存账或录入 ERP 系统。

出库要分不同情况：生产部门领料，要根据 BOM（物料清单）表（或生产计划部门审核通过的领料单据）照单发料，然后登记进销存账或录入 ERP 系统；发货要按照财务开出的送货单或经其审核的出库单发货，并登记进销存账或录入 ERP 系统。把每月进销存账整理好，交给财务做账及成本核算。

保管就是合理安排仓库库容，给每种物料贴上明确的标签，做到先进先出，采取合理的保护措施，防止物资因各种原因受到损坏。

（3）盘点管理

盘点管理的具体工作如下：盘点人员根据"盘点内部安排"文件进行相关作业；盘点过程中发现异常问题应及时反馈处理；盘点时需要尽量保证盘点数量的准确性和公正性，不弄虚作假，不粗心大意，发现不按盘点作业流程作业等需要根据情况追查相关责任；初盘、复盘责任人均需要签名确认以对结果负责。

7.6.2　如何建立仓管员岗位责任制

为了有效管理库存物资和按需供应工作，指导和规范仓管员的责任和权利，必须明确仓管员各岗位的职责、实施业绩考核。

（1）明确各岗位职责

仓库管理员负责物料的收料、报检、入库、发料、退料、储存、防护工作。

仓库协调员负责物料装卸、搬运、包装等工作。

采购部和仓管部共同负责废弃物品处理工作。

仓管部负责对物料的检验和不良品处置方式的确定。

（2）实施业绩考核

绩效考核是对仓管员工作进行鉴定的重要程序。那么，如何对仓管员实施业绩考核呢？

部门定期根据"绩效考核表"对员工的表现和业绩进行评估，以便肯定员工的工作成果，鼓励员工继续为企业做出更大的贡献。

检查工作表现是否符合岗位的要求。

衡量是否能按所制定的工作要求完成工作；通过一定方式与员工沟通，以鼓励员工与管理人员之间就工作的要求和工作成绩进行讨论和交流，以提高工作效率。

创造互相理解的气氛，以鼓励员工团结一心地工作，以实现企业的经营宗旨及经营目标。对未达到工作表现要求的员工，企业将视该员工不能正常工作，并对其提供进一步的培训或调整岗位。

7.6.3　如何建立存货考核指标

存货考核指标主要有三个，如图 7-12 所示。

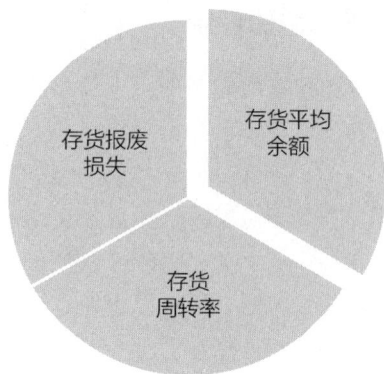

图 7-12   存货考核指标

①存货平均余额，指的是剩余存货的平均余额，存货平均余额 =（存货期初余额 + 存货期末余额）÷ 2。存货平均余额是计算许多指标时经常用到的指标之一。

②存货周转的速度代表了企业利益的测定值，被称为存货周转率，这也是存货考核的重要指标。

公式如下：

$$存货周转天数 = 时间段天数 \times 1/2 \times （期初库存数量 + 期末库存数量）÷ 时间段销售量$$

$$存货周转率 = 360 ÷ 存货周转天数$$

存货周转率是在某一时间段内库存货物周转的次数，是反映存货周转快慢程度的指标。周转率越高表明销售情况越好。在物料保质期及资金允许的条件下，可以适当增加其库存控制目标天数，以保证合理的库存。反之，则可以适当减少其库存控制目标天数。

③存货报废损失，是指有关商品、产成品、半成品、在产品以及各类材料、燃料、包装物、低值易耗品等发生的盘亏、变质、毁损、报废、淘汰、被盗等造成的净损失。

7.6.4   存货管理和核算中的虚假形式

存货属于流动资产的范畴，在企业流动资金中占有很大比重，其流动性弱、种类杂、数量多、收发频繁，在管理和核算上存在一定难度，容易产生薄弱环节。那么在存货管理和核算中常见的虚假形式有哪些呢?

(1)违规分摊,成本不实

一些企业在核算购入材料的采购成本时,将能够直接计入各种材料的采购成本不直接计入,或将应按一定比例分摊计入各种材料的采购成本不按规定进行合理的分摊,如在"材料采购"账户中,只核算购入材料的买价,将应计入购入材料采购成本的运杂费、运输途中的合理损耗、入库前的整理挑选费用等采购费用全部记入"管理费用"账户;购入材料发生的运杂费,不按材料的重量或买价等分摊计入各种材料的采购成本,而全部计入某主要材料的采购成本,以增加主要材料的采购成本,减少其他材料的采购成本。

某企业从木材厂拉入圆木 50 吨、其他木料 50 吨,运杂费共计 30 000 元,全部由圆木负担,这样购入圆木的采购成本多计 15 000 元,其他木料的采购成本则少计15 000 元,从而造成材料的采购成本核算不实。

(2)随意变更存货的计价方法

根据会计制度规定,企业可以根据自身的需要选用制度所规定的存货计价方法,但选用的方法一经确定,年度内不能随意变更,如确实需要变更,必须在会计报表中说明变更原因及其对财务状况的影响。但在实际工作中,许多企业都存在随意变更计价方法的问题,造成会计指标前后各期口径不一致,人为调节生产或销售成本、调节当期利润。

如 M 企业某年选用先进先出法计算发出存货的成本,但由于受多种因素的影响,该商品购进价格上升时,改用后进先出法计算发出成本,购进价格下降时再用先进先出法,该企业在同一会计年度内交替使用先进先出法和后进先出法,人为地调节利润。

(3)材料盘盈、盘亏,不做转账处理

企业由于材料品种多、规格型号复杂、收发频繁,在计量和计算上难免发生差错,在仓储保管中可能发生自然损耗、损毁和被盗等问题。因此,企业应在年终时对各种材料进行实地盘点,并将实存数量与账面数量核对,对于材料盘盈、盘亏应查明原因,按照规定进行转账处理。但在实际工作中,许多企业却利用不正确的处理盘盈或盘亏的手法,以调节利润。

如有的企业经济效益较好,但企业领导人出于多种原因压低利润,只列报和处理材料盘亏，而对材料盘盈隐匿不报和不做转账处理；相反，效益不好的企业，为了账面利润看起来更多，就采取了只对材料盘盈做转账处理，而对材料盘亏留待下年度处理的做法；还有的企业随意做账务处理，将盘盈材料记入"营业外收入"或"其他业务收入"账户，或将盘盈、盘亏与物资储备中发生的非常损失或溢出金额相互冲销，不转出其相应的进项税额。

（4）不报毁损，虚盈实亏

企业在清查财产过程中发现毁损材料，应按照规定程序报批转销其毁损价值，但企业为了掩盖亏损，对年终财产清查中已经查明的毁损材料，不列表呈报，使其损失价值仍潜藏在材料成本中。

如某家专门生产毛线的企业，在年终进行财产清查时，发现许多库存毛线发生霉烂、虫蛀，损失价值达 60 万元。企业在预计全年收支情况后，发现如要列报毁损，企业就会由盈利转为亏损。

该企业职工工资实行"工效挂钩"方式，如果企业亏损，职工就不能晋升，并影响到年终奖金的发放。权衡之后，企业领导授意财会部门，将应报毁损的材料全部从财产清查表中去掉，实物仍留存在仓库不做处理，年终将账面数额结转至下年度。这样做一方面导致企业在当年形成虚盈实亏，另一方面为以后年度埋下了潜亏因素。

（5）私设"小金库"

企业为了给职工搞额外收入，或进行一些非法支出，私设"小金库"，将账内的一定比例的物资材料移到账外，将其置于企业生产经营的体外，作为随时可供自己调用的物资，主要有以下几种手法。

①购进存货时即作为生产费用或作为待摊费用，未使用便计入成本费用。

②领用的材料不用或少用，却全额计入成本费用，采用不做退料或假退料、退库不记账等方式，形成大量账外物资，将其报出，存入"小金库"。

③回收的边、角、废料不入账。

④盘盈、接受捐赠的物资不做账。

⑤自制材料不入账。

⑥外发加工退回的材料不入账。

例如，某企业车间和管理部门领料，实物以领代耗，不用或少用领取的材料物资，但在账务处理中却依据领料单将领取的材料物资全部计入成本费用。由此而形成的大量账外材料物资，既不做退库处理，也不做盘盈入账，而是将其卖出，将获取的价款存入"小金库"，以便给职工购买生活用品或者以发放奖金的名义直接发放现金。

（6）监守自盗，虚报损失

保管人员利用职务之便，或勾结车间人员、涂改账目、盗窃财物，或者虚报和夸大损失，将报损材料转移或贪污私分；冒领或用假领料单和发料单，盗窃物资，转移出售，将所窃物资成本计入正常领用物资成本。

例如，某企业车间领料员、成本核算员与仓库保管员，共谋贪污盗窃电器材料。由领料员填写领料单，不经车间领导审批，直接到仓库领料；仓库保管员不按发料要求进行审核即签字发料，随后合伙将实物偷运出厂。成本核算员在账务处理时，只依据领料单做借记"生产成本""制造费用"科目，贷记"内部往来"科目的账务处理，而忽略材料入库和出库的核算程序。

（7）以物易物

根据税法和企业会计准则的规定，企业之间以生产资料串换生活资料，以生产资料对换其他生产资料等，都应视同销售，做购进和销售账务处理，并计算相关税金，但有些企业在这种非货币性交易中，不结算、不走账，摆脱银行、工商行政管理部门等部门的监督，偷逃流转税、虚减销售收入、隐瞒利润。

例如，某企业为汽车生产厂家，将自己生产的汽车与一机床厂生产的机床进行易货贸易，该企业财务人员不做相关账务处理，两企业通过协商使两种商品之间不存在差价问题。

现金流就是生命，也是市场大潮中企业的命脉。纵观国内大多数企业，资金闲置现象非常普遍，特别是一些上市公司新募集的资金，大多数不是用在投资上，而是放在银行储蓄，虽然这样做也有利息收入，但是收入甚微。企业现金是一项资产，可以为企业带来额外的收益，如何将企业闲置资金有效利用，为企业创造最大收益，是我国企业要考虑的问题。

8.1　资金体系如何规划

管理不好，策略不好导致企业缺钱，财务总监通常只能建议。如果企业发展过快导致企业缺钱，作为财务总监，要知道缺钱的原因，需要事先和企业主沟通可能出现的各种资金情况，做好资金体系规划。

8.1.1　企业常见的资金管理问题

在我国国民经济的发展过程中，中小企业发挥着非常重要的作用。

然而，面对激烈的市场竞争，中小企业自身在资金管理方面正面临着严峻的考验。资金如同人体的血液，是企业生产经营的基本条件，加强资金管理、提高资金使用效率，是企业进行重大决策和持续发展的有力保障。

中小企业在资金管理中经常会遇到各种各样的问题，如表 8-1 所示。

表 8-1　中小企业常见的资金管理问题

序号	常见的资金管理问题	释义
1	货已卖出，资金没有收回来	没有建立资金管理系统，缺乏应收账款管理、信用管理制度
2	搞不清账上有多少资金，只知道大概	"糊涂账"需要理顺，建立正规账
3	熟人、家人管资金，成为建立资金系统的瓶颈	资金安全不应该靠信任管理，应该靠系统建立制度管理、流程管理
4	资金使用随意，埋下税收风险	资金使用无计划，企业主个人资金和企业的资金混在一起，造成税收风险
5	资金管理的手段落后，不成体系	企业进行融资，金融机构都会要求企业提供相应的资金使用资料，由于大多数中小企业管理手段落后，往往不能提供需要的相关资料，导致银行和其他金融机构无法放贷
6	资金链断裂	资金链断裂，往往导致企业倒闭

资金管理主要是指在国家相关法律法规的引导下，按照资金运行的相关规定，对企业的资金情况进行科学的管理，主要是为了让企业的不同资金之间的关系更加清晰和合理。

在对资金进行管理的过程中，主要应对资金流、资金运转、资金调度以及资金的结算情况等进行科学全面的管理和应用；管理的主要内容包括筹资管理、投资管理、资本运行，以及现金流管理四个方面。企业资金管理的主要目标是企业利润的最大化和企业价值的最大化。

8.1.2　资金链断裂易导致企业破产

在国内市场，导致企业破产的常见原因是"三角债"。企业间互相欠债，比较弱势的企业缺乏政策扶持，往往更容易破产。

诚然企业可以通过多种形式来获得现金流，从企业净利润，到银行贷款、短期融资、过桥贷款、股权质押、民间借贷、延长还款期、接受并购等，企业可采取非常多的手段获得现金流。然而，资金链是说断就断的，这极容易导致企业破产清算。

下面我们来看一个案例——资金管理不善导致资金链断裂。

某纸箱厂年营收 50 亿元，2013 年在多家银行的支持下，一口气收购了 4 家纸箱厂和 1 家造纸厂，想扩大经营。

但是没想到 2014 年银行贷款政策突变，收紧贷款，不支持造纸及下游纸包装产业，只收不放，这造成企业短期内资金链断裂，欠下巨额债务，给企业经营造成突如其来的打击。

8.1.3 资金链断裂的八大原因

如何保证资金链不断裂，可以说是每家企业经营的一大难题。企业倒闭的原因，最多见的不是销量不好，也不是亏损，而是资金周转方面的问题。资金链一断，企业没有新的资金注入，所面临的也只有倒闭了。

资金链断裂的八大原因，如图 8-1 所示。

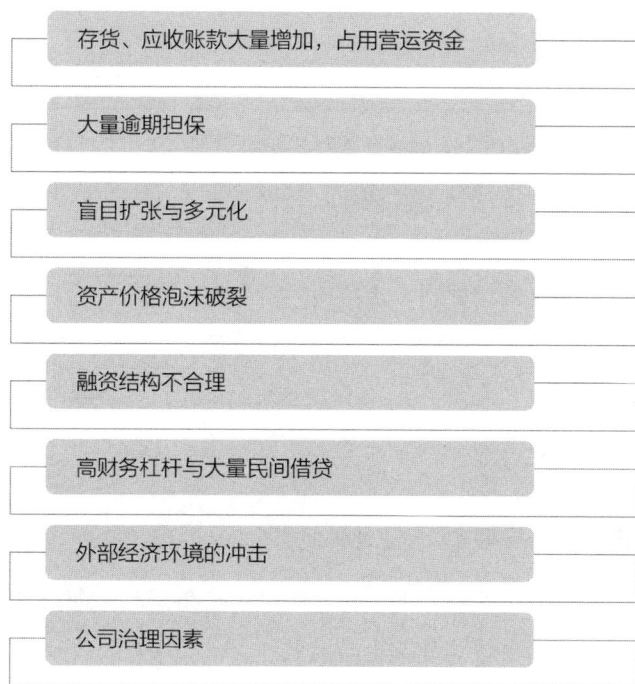

图 8-1　资金链断裂的八大原因

（1）存货、应收账款大量增加，占用营运资金

存货、应收账款大量增加容易造成企业资金紧张甚至导致资金链断裂，这种效应往往会波及上游原料供应商的资金链，导致上游企业的应收账款很难收回。

（2）大量逾期担保

一旦受信人无法履行其债务责任，担保人就会被迫承担支付责任。企业间形成的担保链就如同多米诺骨牌，一家正常经营的企业会因承担过多的担保责任导致其资金链断裂。

（3）盲目扩张与多元化

不少企业在经济景气时盲目扩张，向陌生的产业领域扩张，这些增量投资以及新产业的投资回报往往与预期现金流相距甚远，这就给企业资金链带来了巨大的风险。

（4）资产价格泡沫破裂

如果企业持有大量的泡沫性资产，则资产价格泡沫破裂将使得资产负债表中的资产价值严重缩水，企业财务状况迅速恶化。资产变现能力的弱化与水平的下降使企业到期债务不能清偿的风险也会显著增加。

（5）融资结构不合理

严重的短贷长投会给企业的资金链带来沉重的压力。短贷长投一旦与盲目扩张或多元化结合在一起，则会引起财务风险倍增效应，一旦外部环境突变，银根紧缩，极易引起企业资金链断裂。

（6）高财务杠杆与大量民间借贷

高财务杠杆意味着存在大量尚未偿付的债务，它自然是企业资金链断裂的直接原因。在财务危机时期，企业进行大量民间借贷无异于饮鸩止渴。

（7）外部经济环境的冲击

金融危机等严峻的外部经济环境往往会对企业的资金产生相当负面的影响，包括使企业的收入急剧减少、银根紧缩、供应商催要货款等。

（8）企业治理因素

如果企业治理制度不完善，企业经营者可能会对企业实施掏空行为，使企业的资源消耗殆尽；企业治理不完善还使得决策过程缺乏制衡，企业决策错误的概率就会增大，从而导致企业破产。

8.1.4 如何管理资金

业务规模大的一些企业，每天进进出出的资金上亿元，甚至几十亿元、上百亿元，这导致企业总负责人根本没有精力去逐个过问每个账户的资金情况。那么，这些优秀的企业是怎么管控资金的呢？是靠什么保证它的资金使用如此高效和安全呢？

优秀的企业都是靠系统管理资金，企业所有岗位的人员都必须遵守资金系统制度和流程，在管理资金上能实现有计划地使用资金、资金更安全、流动更高效。

资金管理系统的内容，如图 8-2 所示。

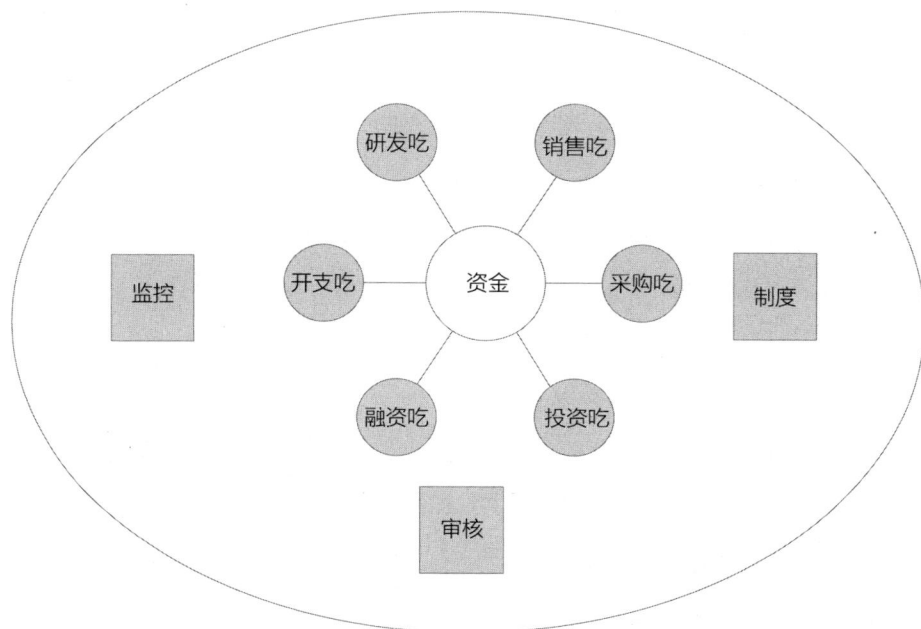

图 8-2　资金管理系统

优秀的企业无论是采用集中管理、内部银行，还是现金池方式管理资金，都建立了资金管理系统，其特点主要如表 8-2 所示。

表 8-2　资金管理系统的特点

序号	特点	释义
1	按计划花钱	企业所有开支都必须严格遵守先有资金计划再花钱的原则，严格执行企业资金预算计划，从业务员开始就做好资金计划
2	用制度管钱	将财务对资金的管控渗透到各个业务部门，建立严格的信用管理制度和资金支付制度，杜绝舞弊行为
3	审核监督	通过授权的方式将企业付款和用款的责任和部门负责人紧密联系起来，清晰划分财务工作岗位的权限，通过不兼容岗位的设置，让管资金和管账的人分开
4	内控稽查	设置专职的内控岗位，定期审查资金使用的正当性和用款的合理性，定期审核交易金额和会计记录是否一致，盘点现金，核对银行存款，及时发现钱账之间的错误

资金体系的主要作用，如表 8-3 所示。

表 8-3　资金体系的主要作用

序号	资金体系的作用	释义
1	资金安全	资金体系为企业资金安上了安全门，资金进出都要经过严格的检查
2	周转有序	资金计划使得资金周转快而不乱，结合企业经营特点制订资金计划，是保证资金有序周转的前提
3	周转率高	按照计划周转，最大限度地减少资金沉淀，预先控制
4	收支有计划	资金进出都按计划进行和与预算管理相结合是资金收支计划落实的前提
5	防止资金沉淀	资金支出、占用及时发现弊端，防止资金沉淀
6	及时融资	资金体系能够及时显示企业资金需求，企业需要融资时，依据资金体系做出融资分析，从而缩短融资决策时间，提高融资成功率
7	降低资金成本	资金体系由于具有协调功能，可以提高周转率，使企业合理融资、合理设置账期，从而节约资金成本

总之，管好、用好资金，寻求合理的资金结构，做好资金的安排和使用以获取高回报，促使资金快速流动以实现最大收益等都是企业在资金管理方面要做的至关重要的工作。

8.1.5 企业如何做到不缺资金

在资金日益紧张的形势下，企业如何做到不缺资金呢？

（1）不过度投资

投资分两类，一类是对外投资，比如成立分、子公司；另一类是对内投资，比如购买固定资产、存货等。无论是哪种投资，都需要企业有强大的资金链。

例如，某商业零售企业在管理上引入先进的管理商场的模式，商场服务堪称一流，在商场设置钢琴台，邀请歌手，以营造销售氛围，在营销手段上采用直升机做广告，在央视做广告，企业仅开业一年就有 5 000 多万元的营业额。

后来该企业在全国各地开连锁商场，导致企业负债率极高。因为企业投资过度，银行紧缩银根，再加上供应商结款期缩短，导致资金链断裂，企业破产。

（2）不过度负债

过度负债本身不是问题，它不会直接导致企业资金链断裂，问题是企业过度投资、或在运营过程中因为其他原因大量借贷，频繁使用财务杠杆。财务杠杆使用多了就会使企业陷入"先还旧债，再贷出新债"的恶性循环。

（3）不过度运营

财务管理有一个著名的原则——稳健性原则，该原则说的就是适度。企业可以适当加快发展速度，但是不要一下子加太快。很多企业资金链断裂主要原因之一就是过度运营、过度扩大规模。

（4）不过度赊销

过度赊销指的是在企业现金不充足的情况下，放宽信用条件，通过赊销扩大收入，从而导致应收账款大于应付账款，出现资金缺口。

提供应收账款的本质就是通过给客户提供无息贷款来提升企业市场份额的一种行为。

（5）不过度压货

有些企业没有控制好原材料和产成品，导致仓库堆积大量存货，从而占用了企业现金。财务思维认为，堆积存货就是将打捆的钞票放在仓库里，使资金闲置。

（6）预防经营不善

有些企业在经营中会出现亏损，亏损本身不会导致资金链断裂，但是亏损时间久了，企业的现金流就会受影响。如果企业一直亏损，那么企业的资金缺口就会越来越大，所以经营不善也是企业缺钱的一个主要原因。

（7）保持资金通道畅通

企业在缺钱的时候融资，还是在不缺钱的时候融资呢？

企业出现资金链断裂，再去考虑找银行或其他金融机构融资是否来得及？如果企业从来没有与金融机构发生过借贷关系，企业的信用从何而来？没有向金融机构借过钱的企业是否是有信用的企业？

企业界曾经流传这么一句话："银行一般是晴天送伞，嫌贫爱富。"所以，企业应在资金正常时，不断地借款还款，再借款再还款，通过这种方式打通资金通道，塑造企业的信用，这可以保证资金在企业需要时迅速到位。

当然企业缺钱还有其他原因，如通货膨胀、环保问题、行业原因、政策原因、突发事件。

案例：××石油公司资金集中管理

××石油公司如何实现资金集中管理？

第一阶段实行差额集中，把利润折旧之后摊销，加上资本经营和经营支出所需要的资金之后抵销的差额，由总部来集中，为资金实行集中管理有一个过渡。

第二阶段实行"收支两条线"，就是所有的收入上交总部，所有的支出，包括生产支出和资本支出都由总部来计划拨付。

同时，为了配套实行资金集中管理，对票据集中实行了全额管理，因为如果票据不能集中，资金的集中就出现了缺口。将票据集中纳入总部，实现了平衡，同时由总部统一控制。

下属企业资金支出管理，每天透支支付都是零余额资金管理。

通过银行卡来回笼资金，每天银行向加油站提供有关的数据。在信息管理中，实现了信息集成共享，实时动态管理与银行进行对接。

公司内部通过财务公司，所有公司之间的结算，通过封闭结算来进行。所谓的封闭结算，是指只要是内部的结算，收到票据之后无条件支付。这解决了公司以前花大量的时间在对账上的问题，而且使债务得到了有效控制，公司取得了很好的效益。

8.1.6　连锁餐饮企业资金归集管理

连锁企业对资金的管理根据企业的性质与规模不同，面临的问题也不尽相同。对于大型连锁餐饮企业，尤其是在国内二、三级城市分布较广的企业来说，资金归集是一大难题。

连锁餐饮企业具有规模小、数量多、分布广等特点，银行开户情况复杂，资金回笼速度慢，成本高且风险较大。另外，总部对门店的资金划拨、付款控制、人员薪资发放等也存在问题，造成财务部门很难以"收支两条线"的方式实施整体的资金监控。与供应商的资金结算，以及企业的预算控制等也是连锁餐饮企业面临的难题。

案例：连锁餐饮企业资金归集方案设计

某集团企业旗下的快餐加盟品牌是国内著名的西式快餐加盟品牌，是我国本土较大的集产品开发、生产、销售为一体的西式快餐企业，此快餐品牌目前在全国开设了约 2 300 家连锁餐厅，以直营店和加盟店两种模式迅速扩张，拥有员工 25 000 人。

（1）原归集方式。

此经营企业对其直营店和加盟店做统一管理，要求各地门店每日必须上交当日的营业款，各门店店长必须在 13:00 前去银行将营业款存入省企业财务指定的银行账户，各省企业财务根据各门店收银机信息核对收款情况。

（2）问题梳理。

第一，各地的门店店长必须在规定时间内，将营业款存入省企业财务指定的银行账户内，存在如下问题。

①同城同行：不产生费用，但门店店长需携带现金至省企业指定的银行，存在一定的风险。

②同城跨行、异地存款：存在高额跨行手续费。

第二，省企业财务通过查看在各门店的收银机上的收款信息，来确认各门店当日的营业款，财务人员必须耗费大量时间和精力核对网银上的汇款明细与收银机营业额信息是否匹配，在核对账务方面耗费了大量的人力、对账时间。

第三，省企业财务需每天不定时地查看网银，根据网银上的明细，与各门店交流核实，以了解各门店的资金回笼情况，对未能在网银上查询到存款明细的门店，只能通过电话交流的方式与门店店长确认，以保证每个门店的资金当日能够回笼。

第四，总部对遍布全国的门店归集情况缺乏有效的管控监督，无法及时了解各省企业的资金回笼情况、无法有效地调拨资金，导致资金利用率不高，且存在营业款被挪用、占用的情况。

第五，此餐饮连锁企业近 2 300 家门店（含加盟店和直营店），总部根据省企业资金情况做资金调拨；此餐饮连锁企业单笔归集资金在 3 000~8 000 元。

（3）解决方案。

利用批量代扣服务解决此连锁餐饮企业各省企业电子化的资金归集问题。

①各门店店长根据门店所在地银行情况，选择提供方支持的银行开户，并绑定银行卡来扣款。

②省企业根据收银机后台系统，了解各门店当日营业额，在规定时间内发起扣款指令，提供方当日返回扣款结果。

③省企业财务根据提供方返回的扣款结果核对账务。

④餐饮连锁企业总部通过提供方的报表系统实时掌握各门店资金归集情况。

该企业使用新的资金归集解决方案后成本节约 40% 以上，资金利用效率提高 2 倍以上。

8.2　资金的预测体系

中小企业很难预先意识到企业可能会出现的资金短缺问题，不能提前判断可能出现的时间点，不能预测资金短缺的规模，无法提前做好融资规划和安排，最终结果是出现资金短缺。如果再遇上行业紧缩、宏观紧缩政策，企业就到处借高利贷或进行民间拆借，一步一步走向资金链断裂。

8.2.1 资金的动态预测

资金预测是运用回归分析和销售百分比等技术方法对销售额、资金量等进行计量和分析，对企业未来一定期间的资金需要量及其变动趋势做出估计和判断。

资金预测的主要内容包括资金需要总量预测、资金追加需要量预测和资金变动趋势预测等。资金预测是在全面分析过去一定期间的资金来源和资金占用情况、经营资金总额同销售收入总额相互关系的基础上进行的，是企业资金（财务）管理的重要内容。搞好资金预测，对于加强资金管理、提高资金利用效率、保证企业生产经营活动很重要。

案例："川味小面馆"盲目扩张，资金链断裂

2014 年，老李用互联网思维打造的第一家"川味小面馆"开张。刚开始时"川味小面馆"很风光，吸引了一些知名的专业投资机构关注。但资本方认为，一家门店并不能说明这个品牌的规模影响力。老李为了进一步吸引投资机构，开始急速扩张。

到 2015 年底共约 16 家门店相继开业，营业额已累计达到 2 500 万元。最高峰时，老李拥有 33 家门店，直营店、加盟店平分秋色，好不热闹。由于急速扩张，数据虽然好看了，但是一直在亏损运营。

为了让消费者体验更好的服务，门店服务人员比多数面馆多一倍。同时在选址上，门店都在核心商圈、核心地段，其中有家 90 平方米左右的店面，房租每月高达 6 万元。但老李在产品价格上没有留足利润空间。

这个时候投资机构回归理性，老李在多家店面的管理上、在资金的连续性上都遭遇生存危机。2016 年初，老李迫切需要一笔钱渡过难关。

曾经给予老李希望的专业投资机构认为他的脚步只局限于附近地市，其经营模式并没有在全国得到验证。老李反思自己的商业逻辑，认识到自己缺的不是一笔钱，而是一笔"活"钱。所以老李拒绝了个人投资者的加盟需求，开始大刀阔斧地启动关店计划。老李关掉了 8 家门店，并进一步减少门店数量。

而为时已晚，前期经营的遗留问题爆发，资金链断裂。

老李资金管控体系薄弱，凭感觉扩张，未做资金动态预测，对于扩张所需的资金系统、人力系统、供应链系统未做全面评估，之所以出现资金链断裂，究其原因还是财务体系不健全。企业经营中，资金链、供应链、经营理念、资金体系建立缺一不可。

8.2.2　企业如何加快资金周转速度

企业运营资金周转，是从购买原材料到加工制造成品再到销售，实现资金回笼的整个过程。运营资金是指企业生产经营管理活动中投入的资金。

企业从购买原材料付款到货物卖出去并收到货款，这个运营周期的长短，决定了企业资金周转的快慢。运营周期越短，资金周转越快；运营周期越长，周转越慢。

资金运营周期如图 8-3 所示。

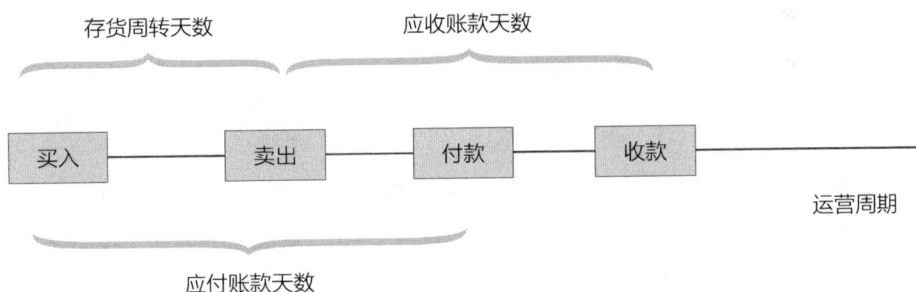

图 8-3　资金运营周期

企业从购货到收款的时间就是运营周期。从购货到付款叫作应付账款周转期；从购货到销售叫作存货周转期；从销售到收款，叫作应收账款周转期。

计算各周转期的方法，如表 8-4 所示。

表 8-4　计算各周转期的方法

序号	周转期	计算示例
1	应付账款周转期	自购买材料 30 天后给供应商付款，应付账款周转期为 30 天
2	应收账款周转期	自货物售出到收回货款为 30 天，应收账款周转期为 30 天
3	存货周转期	自购买材料到售出产品为 60 天，存货周转期为 60 天
4	运营周期	存货周转期 60 天 + 应收账款周转期 30 天 – 应付账款周转期 30 天，等于 30 天

例如，A 企业运营周期为 60 天，一年按 360 天计算相当于资金一年周转 6 次。假如 A 企业一年营业额为 1.2 亿元，每次周转需要 2 000 万元（12 000 万元 ÷6 次）营运资金。

在企业管理水平不变的情况下，企业营运资金与销售收入成正比。

（1）资金缺口的形成

如果 A 企业明年想要做到 2.4 亿元的营业额，相当于每次周转需要 4 000 万元（24 000 万元 ÷6 次）的资金，比今年账面上有的 2 000 万元，还多出了 2 000 万元，这多出的 2 000 万元就叫作资金缺口。

也就是说，企业要想从 1.2 亿元的营业额做到 2.4 亿元的营业额，存在一个 2 000 万元的资金缺口，如果这 2 000 万元的资金融资到位，企业就有 4 000 万元的运营资金，就可以做到 2.4 亿元的营业额。

如果企业融不到 2 000 万元的资金，填补不了这个资金缺口，管理效率没有提高，周转次数也没有增加，还非要做到 2.4 亿元的营业额，那么这家企业将会因自己的盲目扩张而倒闭或者破产。

（2）增加周转次数，满足资金缺口

还有一种方式是把周转次数从 6 次增加到 12 次，那么周转天数就是 30 天（360 天 ÷12 次）。

要把运营周期缩短至 30 天，那么应收账款周转的天数、存货周转的天数、应付账款周转的天数，这三个指标就要相应地变化，企业财务总监要想办法解决。

提高资金周转率，可重点改善以下三个指标：缩短应收账款周期（最好零应收款）；缩短存货周期（最好零库存）；延长应付账款周期（在不影响信用的前提下，最好是负数）。

为了提高周转速度，对于应付账款，也不能抱着能赖就赖，能不给就不给的想法，在给客户做信用管理的同时，企业也要给自己做好信用管理，换句话说，财务人员应该建立和维护企业的信用。

一家有信用的企业，就是一家有气质的企业。每次都能够准时准点地给供应商打款，坚持半年，就会在供应商那里获得良好的信誉，供应商也可能允许企业赊欠。良好的信誉建立后，供应商就会愿意延长企业的赊欠时间，毕竟没有哪家企业愿意把守信用的客户让给自己的竞争对手。财务人员通过对应付账款的维护，树立了企业的信用，让企业获得了更长的赊欠时间，减少了资金占用，也为企业创造了财富。

（3）股权融资（上市）、债权融资（借款）

如果企业想要用 1 000 万元资金，做到 2.4 亿元的营业额，或者用 2 000 万元做到 4.8 亿元的营业额，则需要进一步加快周转速度，就需要进行股权融资、债权融资，因为企业的营运资金周转率不会无限制地提高。

案例：零库存的运用

A 公司主营家电零售、批发，采用供应商管理库存的方法，也叫零库存方式，在这种方式下，企业所有的存货都不是企业自己的，而是供应商的。这家企业运用零库存方式，不但没有仓储成本，还会收供应商的货架费、进店费等。

顾客去这家企业买东西的时候，从来不赊账，所以对于这家企业来说，应收账款的周转天数为零。企业给厂家结算的时间往往是在购买之后的第 90 天。这样算下来，这家企业买一台 5 000 元的电视，不必立即付出资金，这 5 000 元可以在自己的口袋里装 90 天。

如果一年要做 1 200 亿元的营业额，按照 90 天的周转天数计算，一年内可以周转 4 次。再用 1200÷4 等于 300（亿元），但这 300 亿元不是负的而是正的，这意味着这家企业在运转的过程中，不但不需要运转资金，口袋里反而多了 300 亿元。

对于 A 公司来说，开的店越多，占用别人的资金就越多，占用的资金越多，就可以用部分资金开更多的店，从而进入一个良性循环。

对于这样的企业来说，产品是否赚钱并不重要，企业在意的是在运转过程中产生大量现金，所以现金大于利润，现金为王。企业在运转的过程中，应该把资金越做越充足，而有的企业正好相反，资金越做越紧张。

8.2.3　资金动态收支预测表

企业经营到底需要多少资金？这个问题实际上是一个资金需求量预测的问题。为了便于实际操作，我们根据资金需求不同、预测方式不同，将资金流预测分为静态现金流预测和动态现金流预测。

静态现金流预测就是按照某一个时间点去预测企业需要的现金流。例如，从宏观角度预测明年需要多少营销回款、采购资金需要多少等。动态现金流预测是根据设定的明年业务目标，按每季度、每个月，甚至每周去预测现金流。

资产负债表本身就是企业的静态资金表，资产负债表项目与静态资金流向的关系如表 8-5 所示。

表 8-5   资产负债表项目与静态资金流向的关系

资产项目		负债及所有者权益	
资产	该部分就是投资，也就是钱花到哪里去了	负债	该部分就是融资，也就是钱从哪里来
		所有者权益	

从宏观静态角度看待现金的收支总平衡，如图 8-4 所示。

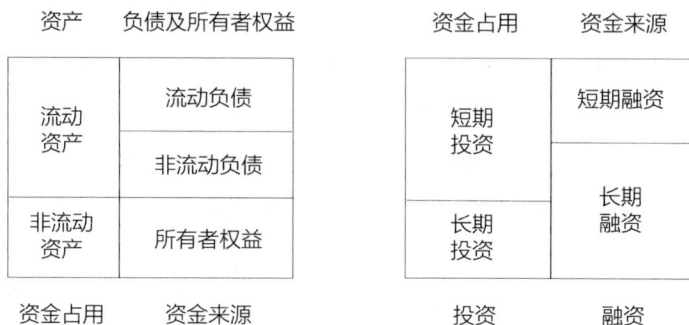

图 8-4   从宏观静态角度看待现金的收支总平衡

（1）工具：流动资金占用额预测

如何根据企业生产经营的特点，科学合理地预测企业流动资金占用额，并以此确定不同时期流动资金贷款的合理需求额，以提高资金使用效率，是民营企业资金管理的一个重要问题。

在向金融机构贷款时，金融机构也需要根据企业的贷款申请，审核企业流动资金贷款要求是否合理，判断贷款风险大小，从而为流动资金贷款决策提供依据。

关键的三个公式：

$$营运资金 = 应收账款 + 存货 - 应付账款$$
$$流动资金 = 企业的现金池 + 营运资金$$
$$资金需求 = 现金池 + 营运资金 + 固定资金$$

其中，流动资金是企业经营过程中不可或缺的血液，流动资金占用是资金枯竭、企业无法运营的关键，很多企业资金链断裂就是因为用流动资金进行固定资产投资、扩张投资。

（2）简便实用的资金占用预测法

测定年度流动资金贷款合理需求额分以下两个步骤。

第一步：测算流动资金周转速度。

流动资金周转速度 = 基期年销售收入 ÷ 基期流动资金平均占用额

基期流动资金平均占用额按 18% 左右的比例进行压缩，更能考核企业的管理水平。

第二步：测算流动资金合理占用额。

计划年度流动资金合理占用额 = 计划年销售收入 ÷ 基期流动资金周转速度

根据以上测算结果计算计划年度流动资产贷款合理需求量。

①先计算基期流动资产短期贷款比率。

基期流动资产短期贷款比率 = 基期短期借款平均占用额 ÷ 基期流动资产平均占用额

②计算计划年度流动资金贷款合理需求量。

计划年度流动资金贷款合理需求量 = 计划年度流动资金合理占用额 × 基期流动资产短期贷款比率

③计算计划年度短期借款增减变动。

计划年度短期借款增减变动额 = 计划年度流动资金贷款合理需求量 − 上年末短期借款余额

若该数 >0，表示需要增加相应数额的贷款。

若该数 =0，表示不需要增加贷款。

若该数 <0，表示需要归还相应数额的贷款。

上述公式中：

计划年销售收入可从企业预算中取得；

基期年销售收入可从企业基期年度的利润表中取得；

基期流动资金平均占用额 = 基期流动资产平均占用额 =（基期初流动资产合计 ± 基期末流动资产合计）÷2

有关数据可从企业基期年度的资产负债表中取得。

④计算基期短期借款平均占用额。

基期短期借款平均占用额 =（基期初短期借款余额 + 基期末短期借款余额）÷2

有关数据可从企业基期年度的资产负债表中取得。

（3）企业如何用好流动资金测算工具

第一，企业在测算时，不仅要多测量几年的"基期流动资金周转速度""平均资金占用额"等，以真实反映本企业指标的发展变化趋势和历史先进水平，还要了解国内同行业先进水平，这样便于企业知己知彼，明确目标，通过加强管理，算出合理的需求量。

第二，金融机构可以据此合理测定企业流动资金贷款规模，判断贷款是否合理及风险大小。如果通过测算，上述"计划年度短期借款增减变动额"的结果为正数，金融机构会考虑向企业提供必要的流动资金贷款；反之，若结果为负数，金融机构有可能拒绝企业不合理的贷款要求而且要收回相应数额的贷款。

第三，关于企业是否挪用流动资金贷款，金融机构一般会依据以下逻辑进行判断。

企业短期借款全部余额≤存货＋金融机构允许的应收账款＋预付账款＋货币资金＋合理的待摊费用

如符合上述逻辑，一般来说则表明企业流动资金占用比较合理，没有挪用流动资金贷款，反之，则说明企业挪用了流动资金贷款。资金的具体去向，可以通过分析企业现金流量表，或分析资产负债表流动资产其他项目，如短期投资、不合理的待摊费用，非流动资产项目，如长期投资、固定资产、无形资产等项目找到。此外，为防止企业多头开户、多头贷款，金融机构会根据企业贷款主办银行制度进行防范。

8.3 资金的安全体系

资金是企业的血液，资金安全了，企业发展就有了保证。

8.3.1 资金内控设计六原则

资金属于企业的高风险资产，因此，企业应当建立完善的资金内控管理流程，构建企业完整的内控体系、内控流程。

资金内控包括库存现金、银行存款、现金流入、现金流出四个方面。资金内控设计六原则如表 8-6 所示。

表 8-6　资金内控设计六原则

资金内控设计原则	释义
不相容岗位相分离	会计、出纳、仓管等岗位由一个人担任可能会导致错误、舞弊行为发生。管钱的人不能管账。银行存款日记账、现金日记账由出纳登记，专人复核。所有岗位都要建立互相制衡机制
"收支两条线"	一家企业对自己的资金收入和资金支出，分别采用互不干涉、互不影响的单独的处理流程和处理路径，这就是"收支两条线"的管理模式。进钱可以有多条路，出钱只有一条路
印鉴分开保管	财务部行政章、财务专用章、公司法人章、发票专用章分开保管，建立用章审批登记制度。每一用章事项进行登记，注明使用对象、事项、经手人、金额、日期及其他事项
现金监盘	每日盘点现金，不定期抽查现金是防范舞弊的重要手段
银行存款余额调节表由会计编制	会计通过编制银行存款余额调节表对每一笔业务进行核对，保证企业银行存款日记账和银行流水一致，及时发现错误
资金内部稽核	建立稽核岗位，对资金收支进行稽核。严禁未经授权的部门、人员办理货币资金业务

案例：通过财务组织结构调整加强资金集中管理

调整前组织结构，如图 8-5 所示。

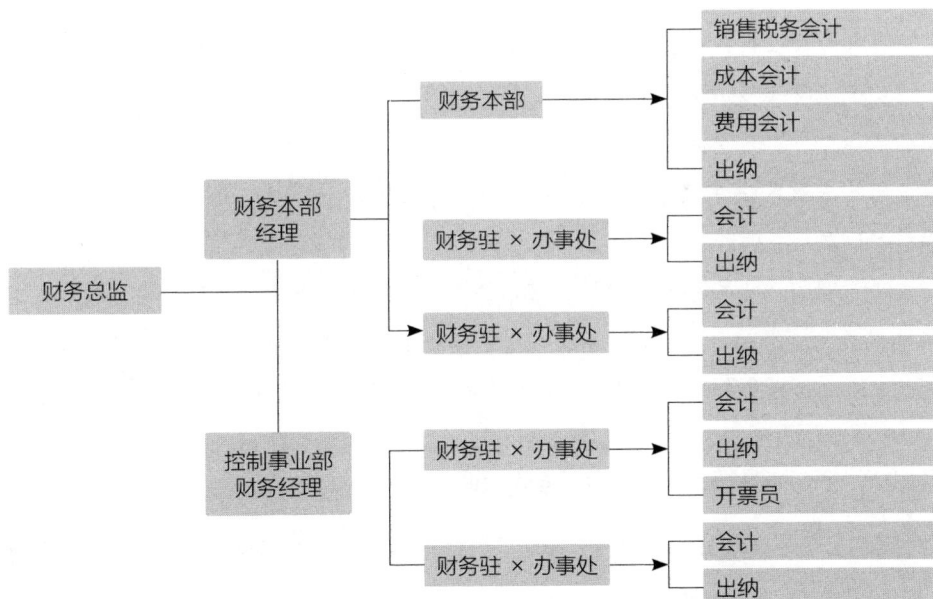

图 8-5　调整前组织结构

调整后组织结构，如图 8-6 所示。

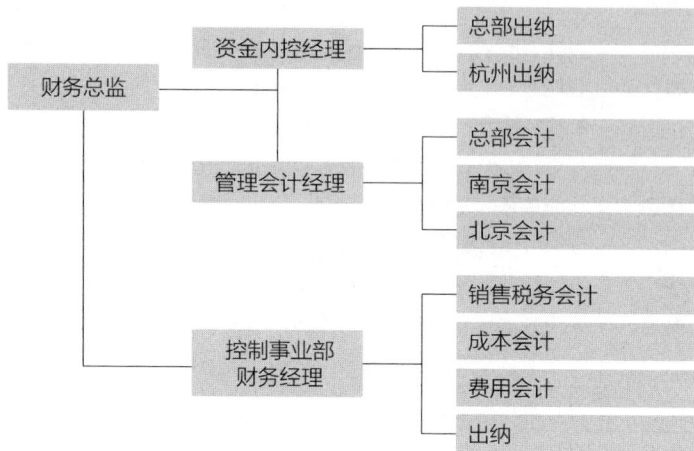

图 8-6　调整后组织结构

调整前组织结构是分散型财务管理组织，集团总部设置了两个经理，没有资金内控经理岗位，两个财务经理名称不同，但各自管理的事情比较接近，无人专职管控资金安全、调度，难以实现资金集中管理，资金集中管控难度较大。

调整后。

①增设资金内控经理，加强资金管理，加强资金安全内部控制。

②财务本部改为管理会计部，新招聘一名会计业务能力强的财务经理，加强会计报表、财务预算分析的能力。

③撤销财务驻 × 办事处出纳岗位，总部设置两个出纳岗，杭州设置一个出纳岗位，实现减员目的。

④通过将资金归并到总部统一管理的方式，提高资金余额利用效率，实现一定的经济效益。创造的经济效益中，一定比例用于财务部，一部分用于弥补财务经理岗位薪资高于撤销的两个出纳岗位薪资的差额，一部分用于财务团队的奖励。

8.3.2　个人银行结算账户分类管理

2016 年 11 月 25 日，央行下发特急文件《中国人民银行关于落实个人银行账户分类管理制度的通知》。

什么是 I 类、II 类、III 类账户？

同一个自然人在同一家银行只能有一个 I 类账户，第二张卡会变为 II 类账户，剩下的卡全部变为 III 类账户。

I 类账户是一个全国的账户，存取没有限制，II 类账户日交易额不能超过 1 万元，年累计交易额不能超过 20 万元，III 类账户余额达到 1 000 元的时候，超过的部分银行会自动划到 I 类账户。

各银行结算账户的特点，如表 8-7 所示。

表 8-7　各银行结算账户的特点

账户特点	I 类账户	II 类账户	III 类账户
主要功能	全功能	储蓄存款及投资理财； 限额缴费和消费； 限额向非绑定账户转出资金	限额消费和缴费； 限额向非绑定账户 转出资金
账户余额	无限制	无限制	账户余额 ≤ 1 000 元
使用限额	无限制	日累计限额合计 1 万元； 年累计限额合计 20 万元	日累计限额合计 5 000 元； 年累计限额合计 10 万元
账户形式	借记卡及储蓄 存折	电子账户； 也可以配发银行卡实体卡片	电子账户
备注：I 类账户是全功能账户，常见的借记卡就属于 I 类账户；II 类、III 类账户则是虚拟的电子账户，是在已有的 I 类账户基础上增设的两类功能逐级递减、资金风险也逐级递减的账户			

8.3.3　公转私重点监管

国家通过一系列政策对银行账户加强了管理，必须提醒的是：公对私、私对公的转账形式直接成为税务稽查的重点。不管是企业账户，还是个人账户，一旦被检测到资金流向异常，将被清查。

原则上，一般企业账户是不可以转账到个人账户的。银行对此设有规定：企业通过网上银行可以支付给个人，但是需提供相关资料，否则银行有权拒绝处理。假如企业经常进行公对私转账，会面临哪些风险呢？

8.3.4　公转私的三大风险

公对私转账的三大风险，如表 8-8 所示。

表 8-8　公对私转账的三大风险

公对私转账风险	释义
挪用公款	企业账户的资金往来一般是有据可查的，而若是转到私人账户，就难以区分款项是公用的还是私用的。法律规定，企业的资金必须要受到监管，不可挪作私用，一旦发现有挪用公款的行为，严重的会被定罪入刑
偷税漏税	财务做账一定要有原始凭证，而很多通过个人账户转出去的款项账面不透明，没有依法的纳税凭证，很有可能不会提供增值税发票，这就有偷税漏税的嫌疑了，一旦被查，企业将会面临巨额罚款
洗钱嫌疑	一旦个人账户大额收款次数过多，就会被银行列为重点监控对象，排查是否存在洗钱的可能。注意会被列入重点监控的不仅仅是交易金额大的对象，还有一年内收款次数多的对象，并不是所有大额交易都会被监控

8.3.5　银行代发工资

国家有关部门强调收入分配秩序的规范，规范现金管理，推行非现金结算，全面推行银行代发工资模式，堵塞非正规收入渠道，以遏制以权力、行政垄断等非市场因素获取收入的行为，取缔非法收入。

第 9 章
风险管理体系

风险管理体系指的是组织管理体系中与管理风险有关的要素集合。有效的风险管理体系和计划通常包括风险本身的管理与非风险本身的管理，有时候，非风险本身的管理甚至要重于风险本身的管理。

从这个角度来说，管理是艺术。然而很少有企业充分探讨信用风险管理的关键原则，多数企业在战略层面没有进行过深入的思考，在策略层面没有积极应对，往往是头痛医头，脚痛医脚，很少系统思考做事情的方式和方法，始终没有形成有效的方法论和管理体系。

9.1 风险与风险管理概述

西方古典经济学派认为，风险是经营活动的副产品，经营者的收入是其在经营活动中承担风险的报酬。在现代市场经济中，随着全球贸易以及电子信息技术的发展，人们意识到风险能够导致变革和产生机会，对风险的看法有质的不同。

9.1.1 风险的概念

我国将企业风险定义为"未来的不确定性对企业实现其经营目标的影响"，并以能否为企业带来盈利等机会为标志，将风险分为纯粹风险（只能带来损失）和机会风险（可带来损失或盈利）。

理解这个定义需要把握以下几个方面。

①企业风险与企业战略相关。由于企业风险是影响企业实现战略目标的各种因素和事项，企业经营中战略目标不同，企业面临的风险也就不同。

②风险是一系列可能发生的结果，不能简单理解为最有可能的结果。由于风险的可能结果不是单一的，而是一系列的，所以理解和评估风险时，"范围"这个概念对应了众多的不确定性。

③风险既具有客观性，又具有主观性。风险是事件本身的不确定性，但在一定具体情况下，可以由人的主观判断来决定选择不同的风险。

④风险总与机遇并存。大多数人只关注风险不利面，如风险带来的竞争失败、经营中断、法律诉讼、商业欺诈、无益开支、资产损失、决策失误等，因而害怕风险。但风险本身并不一定是坏事，必须学会平衡风险和机遇。有风险才有机会，风险是机会存在的基础。为此，可以把负面的风险称为威胁，而把正面的风险称为机会。

9.1.2　企业面对的风险种类

企业面对的主要风险分为两大类：外部风险和内部风险。外部风险主要包括政治风险、法律风险、社会文化风险、技术风险、市场风险等；内部风险主要包括战略风险、经营风险、财务风险等。

9.1.3　全面风险管理的概念

全面风险管理，指企业围绕总体经营目标，通过在企业管理的各个环节和经营过程中执行风险管理的基本流程，培育良好的风险管理文化，建立健全全面风险管理体系，包括风险管理策略、风险理财措施、风险管理的组织职能体系、风险管理信息系统和内部控制系统，从而为实现风险管理的总体目标提供合理保证的过程和方法。

这一定义体现了企业全面风险管理有以下几个主要特征。

①战略性。尽管风险管理渗透了企业各项活动，存在于企业管理者对企业的日常管理当中，但它主要被运用于企业战略管理层面。站在战略层面整合和管理企业层面风险是全面风险管理的价值所在。

②全员化。企业全面风险管理是一个由企业治理层、管理层和所有员工参与，旨在把风险控制在一定范围以内，增加企业价值的过程。企业全面风险管理本身并不是一个结果，而是实现结果的一种方式。在这个过程中，只有将风险意识转化为全体员工的共同认识和自觉行动，才能确保风险管理目标的实现。

③专业性。要求风险管理的专业人才对企业实施专业化管理。

④二重性。企业全面风险管理的商业使命在于：a.损失最小化管理；b.不确定性管理；c.绩效最优化管理。当风险损失不能避免时，尽量减少损失；风险损失可能发生或可能不发生时，设法降低风险发生的可能性；风险预示着机会时，化风险为增加企业价值的机会。全面风险管理既要管理纯粹风险，也要管理机会风险。

⑤系统性。全面风险管理必须拥有一套系统的、规范的方法，建立健全全面风险管理体系，包括风险管理策略、风险理财措施、风险管理的组织职能体系、风险管理信息系统和内部控制系统，从而为实现风险管理的总体目标提供合理保证。

风险管理理念从传统风险管理转变为全面风险管理，风险管理的概念、目标、内容以及企业风险管理文化都发生了根本性变化。风险管理新旧理念之间的差异，如表9-1所示。

表 9-1　风险管理的新旧理念对比

对比项目	传统风险管理	全面风险管理
涉及面	主要由财务会计主管和内部审计等部门负责；就单个风险个体实施风险管理，主要是对可保风险和财务风险实施管理	在高层的参与下，每个成员都承担与自己行为相关的风险管理责任；从总体上集中考虑和管理风险（包括纯粹风险和机会风险）
连续性	只有管理层认为必要时才进行	是企业系统的、有重点的、持续的行为
态度	被动地将风险管理作为成本中心	主动积极地将风险管理作为价值中心
目标	与企业战略联系不紧，目的是转移或避免风险	紧密联系企业战略，目的是寻求风险利用措施
方法	事后反应式的风险管理方法，即先检查和预防经营风险，然后采取应对措施	事前风险防范，事中风险预警和及时处理，事后风险报告、评估、备案及采取其他相应措施

续表

对比项目	传统风险管理	全面风险管理
注意点	专注于纯粹和灾害性风险	焦点在所有利益相关者的共同利益最大化上

9.2 风险管理基本流程

风险管理基本流程包括以下几步。

9.2.1 收集风险管理初始信息

风险管理基本流程的第一步是要广泛地、持续不断地收集与本企业风险和风险管理相关的内外部初始信息，包括历史数据和未来预测等。应把收集初始信息的职责分工落实到各有关职能部门和业务单位。

收集初始信息要根据所分析的风险类型具体展开。

①分析战略风险，企业应广泛收集国内外企业战略风险失控导致企业蒙受损失的案例，并至少收集与本企业相关的以下重要信息：

a.国内外宏观经济政策以及经济运行情况、企业所在产业的状况、国家产业政策；

b.科技进步、技术创新的有关内容；

c.市场对本企业产品或服务的需求；

d.与企业战略合作伙伴的关系，未来寻求战略合作伙伴的可能性；

e.本企业主要客户、供应商及竞争对手的有关情况；

f.与主要竞争对手相比，本企业实力与差距；

g.本企业发展战略和规划、投融资计划、年度经营目标、经营战略的依据；

h.本企业对外投融资流程中曾发生或易发生错误的业务流程或环节。

②分析财务风险，企业应广泛收集国内外企业财务风险失控导致危机的案例，并至少收集本企业的以下重要信息：

a. 负债、或有负债、负债率、偿债能力；

b. 现金流、应收账款及其占销售收入的比重、资金周转率；

c. 产品存货及其占销售成本的比重、应付账款及其占购货额的比重；

d. 制造成本、管理费用、财务费用、销售费用；

e. 盈利能力；

f. 成本核算、资金结算和现金管理业务中曾发生或易发生错误的业务流程或环节；

g. 与本企业相关的产业会计政策、会计估算，与国际会计制度的差异与调节（如退休金、递延税项等）等信息。

③分析市场风险，企业应广泛收集国内外企业忽视市场风险、缺乏应对措施导致企业蒙受损失的案例，并至少收集与本企业相关的以下重要信息：

a. 产品或服务的价格及供需变化；

b. 能源、原材料、配件等物资供应的充足性、稳定性和价格变化；

c. 主要客户、主要供应商的信用情况；

d. 税收政策和利率、汇率、股票价格指数的变化；

e. 潜在竞争者、竞争者及其主要产品、替代品情况。

④分析运营风险，企业应至少收集与本企业、本行业相关的以下信息：

a. 产品结构、新产品研发；

b. 新市场开发，市场营销策略，包括产品或服务定价与销售渠道、市场营销环境等；

c. 企业组织效能、管理现状、企业文化，高、中层管理人员和重要业务流程中专业人员的知识结构、专业经验；

d. 期货等衍生产品业务中曾发生或易发生失误的流程和环节；

e. 质量、安全、环保、信息安全等管理中曾发生或易发生失误的业务流程或环节；

f. 因企业内、外部人员的道德风险致使企业遭受损失或业务控制系统失灵；

g. 给企业造成损失的自然灾害以及除上述有关情形之外的其他纯粹风险；

h. 对现有业务流程和信息系统操作运行情况的监管、运行评价及持续改进能力；

i.企业风险管理的现状和能力。

⑤分析法律风险，企业应广泛收集国内外企业忽视法律风险、缺乏应对措施导致企业蒙受损失的案例，并至少收集与本企业相关的以下信息：

a.国内外与本企业相关的政治、法律环境；

b.影响企业的新法律法规和政策；

c.员工的道德操守；

d.本企业签订的重大协议和有关贸易合同；

e.本企业发生重大法律纠纷案件的情况；

f.企业和竞争对手的知识产权情况。

企业还要对收集的初始信息进行必要的筛选、提炼、分类、组合、对比，以便进行风险评估。

9.2.2　进行风险评估

完成了风险管理初始信息收集之后，企业要对收集的风险管理初始信息和企业各项业务管理及其重要业务流程进行风险评估。

风险评估包括风险识别、风险分析、风险评价三个步骤。

风险识别是指查找企业各业务单元、各项重要经营活动及其重要业务流程中有无风险、有哪些风险。风险分析是对识别出的风险及其特征进行明确定义，分析和描述风险发生可能性的高低、风险发生的条件。风险评价是评价风险对企业实现目标的影响程度、风险的价值等。

9.2.3　制定风险管理策略

风险管理基本流程的第三步是制定风险管理策略。风险管理策略，是指企业根据自身条件和外部环境，围绕企业发展战略，确定风险偏好、风险承受度、风险管理有效性标准，选择风险承担、风险规避、风险转移、风险转换、风险对冲、风险补偿、风险控制等适合的风险管理工具的总体策略，并确定风险管理所需人力和财力资源的配置原则。

企业在制定风险管理策略时，要根据风险的不同类型选择适宜的风险管理策略。

例如，一般认为对战略、财务、运营、政治、法律风险等，可采取风险承担、风险规避、风险转换、风险控制等方法；对能够通过保险、期货、对冲等金融手段进行理财的风险，可以采用风险转移、风险对冲、风险补偿等方法。

制定风险管理策略的一个关键环节是企业应根据不同业务特点统一确定风险偏好和风险承受度，即企业愿意承担哪些风险，明确风险的最低限度和最高限度，并据此确定风险的预警线及对策。

确定风险偏好和风险承受度，要正确认识和把握风险与收益的平衡，避免两种错误倾向：一是忽视风险，片面追求收益而不讲条件、范围，认为风险越大、收益越高；二是单纯为规避风险而放弃发展机遇。

在制定风险管理策略时，还应根据风险与收益相平衡的原则以及各风险在风险坐标图上的位置，进一步确定风险管理的优先顺序，明确风险管理成本的资金预算和控制风险的组织体系、人力资源、应对措施等总体安排。

对于已经制定和实施的风险管理策略，企业应定期总结和分析已制定的风险管理策略的有效性和合理性，结合实际不断修订和完善。其中，应重点检查依据风险偏好、风险承受度和风险预警线实施的结果是否有效，并提出定性或定量的有效性标准。

9.2.4　提出和实施风险管理解决方案

按照风险管理的基本流程，制定风险管理策略后的工作是制定和实施风险管理解决方案，也就是执行前一阶段制定的风险管理策略，进一步落实风险管理工作。在这一阶段，企业应根据风险管理策略，针对各类风险或每一项重大风险制定风险管理解决方案。

方案一般应包括风险解决的具体目标，所需的组织领导，所涉及的管理及业务流程，所需的条件、手段等资源，风险事件发生前、中、后所采取的具体应对措施以及风险管理工具（如关键风险指标管理、损失事件管理等）。

（1）风险管理解决方案的两种类型

风险管理解决方案可以分为外部和内部解决方案。

外部解决方案一般指外包。企业经营活动外包是利用产业链进行专业分工、提高运营效率的必要措施。企业许多风险管理工作可以外包，如企业通过投资银行、信用评级公司、保险公司、律师事务所、会计师事务所、风险管理咨询公司等专业机构，将有关方面的工作外包，可以降低企业的风险、提高效率。外包可以使企业规避一些风险，但同时可能带来一些风险，企业应当加以控制。

企业制定外包方案时，应注重成本与收益的平衡、外包工作的质量、对自身商业秘密的保护以及防止自身对外包产生依赖性等，并制定相应的预防和控制措施。

内部解决方案在具体实施中，一般是对以下几种手段的综合应用：风险管理策略的应用；组织职能；内部控制（简称内控），包括政策、制度、程序；信息系统，包括报告体系、风险理财措施。

在内部解决方案中，企业制定内控方案时，应满足合规要求，坚持经营战略与风险策略一致、风险控制与运营效率及效果相平衡的原则，针对重大风险所涉及的管理及业务流程，制定涵盖各个环节的全流程控制措施；对其他风险所涉及的业务流程，要把关键环节作为控制点，采取相应的控制措施。

内部控制是通过有关企业流程设计和实施的一系列政策、制度、程序和措施，控制影响流程目标的各种风险的过程。内部控制是全面风险管理的重要组成部分，是全面风险管理的基础设施和必要举措。一般来说，内部控制系统针对的风险是可控的纯粹风险，其控制对象是企业中的个人，其控制目的是规范员工的行为，其控制范围是企业的业务和管理流程。

企业制定的内控措施，至少应包括以下内容。

①建立内控岗位授权制度。对内控所涉及的各岗位明确规定授权的对象、条件、范围和额度等，任何组织和个人不得超越授权做出风险性决定。

②建立内控报告制度。明确规定报告人与接受报告人，报告的时间、内容、频率、传递路线，负责处理报告的部门和人员等。

③建立内控批准制度。对内控所涉及的重要事项，明确规定批准的程序、条件、范围、额度、必备文件以及有权批准的部门和人员及其相应的责任。

④建立内控责任制度。按照权利、义务和责任相统一的原则，明确规定各有关部门和业务单位、岗位、人员应负的责任和奖惩制度。

⑤建立内控审计检查制度。结合内控的有关要求、方法、标准与流程，明确规定审计检查的对象、内容、方式和负责审计检查的部门等。

⑥建立内控考核评价制度。具备条件的企业应把各业务单位风险管理执行情况与绩效薪酬挂钩。

⑦建立重大风险预警制度。对重大风险进行持续不断的监测，及时发布预警信息，制定应急预案，并根据情况变化调整控制措施。

⑧建立健全以总法律顾问制度为核心的企业法律顾问制度。大力加强企业法律风险防范机制建设，形成由企业决策层主导、企业总法律顾问牵头、企业法律顾问提供业务保障、全体员工共同参与的法律风险责任体系，完善企业重大法律纠纷案件的备案管理制度。

⑨建立重要岗位权力制衡制度，明确规定不相容职责的分离，主要包括授权批准、业务经办、会计记录、财产保管和稽核检查等职责。对内控所涉及的重要岗位可设置一岗双人、双职、双责，相互制约；明确重要岗位的上级部门或人员对其应采取的监督措施和应负的监督责任；将重要岗位作为内部审计的重点等。

企业应当按照各有关部门和业务单位的职责分工，认真组织实施风险管理解决方案，确保各项措施落实到位。

（2）关键风险指标管理

关键风险指标管理是对引起风险事件的关键成因指标进行管理的方法。关键风险指标管理可以管理单项风险的多个关键成因，也可以管理影响企业主要目标的主要风险。

例如，假设企业现在关心的主要目标是年度盈利指标，那么，影响年度盈利指标的风险因素有许多，包括年度销售额、原材料价格、制造成本、销售成本、投资收入、利息、应收账款等。

关键风险指标管理一般分为以下六步。

①分析风险成因，从中找出关键成因。

例如，经过数据分析，认定影响盈利的主要风险是信用风险，具有代表性的风险事件是客户还款不及时，导致应收账款大量增加。

②将关键成因量化，确定其度量，分析确定导致风险事件发生（或极有可能发生）的成因的具体数值。

接上例，将应收账款进一步量化，得到月度坏账损失额、每日未回收的应收账款和客户结构变化率三个量化指标，并得出预警值。

③以该具体数值为基础，以发出风险信息为目的，加上或减去一定数值后形成新的数值，该数值即关键风险指标。

④建立风险预警系统，即当关键成因数值达到关键风险指标时，发出风险预警信息。

⑤制定出现风险预警信息时应采取的风险控制措施。

⑥跟踪监测关键成因的变化，一旦出现预警，就实施风险控制措施。

关键风险指标如何分解？企业目标的实现要靠企业的各个职能部门和业务单位的共同努力，同样，企业的关键风险指标也要分解到企业的各个职能部门和业务单位。

但是，对于关键风险指标的分解，要注意职能部门和业务单位之间的协调，关键是从企业整体出发和把风险控制在一定范围内。对一个具体单位而言，不可采用"最大化"的说法。

比如，信用管理部门负责信用风险的管理，如果其强调最小化信用风险，紧缩信用，则会给负责提高市场占有率和销量的市场和销售部门造成伤害，从而影响企业整体目标的实现。

对于关键风险指标的分解，要兼顾各职能部门和业务单位的诉求。一个可行的方法是在企业的总体领导和整体战略的指导下进行部门和业务单位间的协调。

（3）落实风险管理解决方案

①高度重视，企业要认识到风险管理是企业不可放松的工作，是企业价值创造的根本源泉。

②风险管理是企业全员的分内工作，没有风险的岗位是不创造价值的岗位，没有理由存在。

③落实到组织，明确分工和责任，进行全员风险管理。

④为确保工作的效果、方案落实到位，要对风险管理解决方案的实施进行持续监控与改进，并与绩效考核联系起来。

9.2.5　风险管理监督与改进

风险管理基本流程的最后一个步骤是风险管理监督与改进。企业应以重大风险、重大事件、重大决策、重要管理及业务流程为重点，对风险管理初始信息、风险评估、风险管理策略、关键控制活动及风险管理解决方案的实施情况进行监督，采用压力测试、返回测试、穿行测试以及风险控制自我评估等方法对风险管理的有效性进行检验，根据变化情况和存在的缺陷及时加以改进。

企业应建立贯穿整个风险管理基本流程，连接上下级、各部门和业务单位的风险管理信息沟通渠道，确保信息沟通的及时、准确、完整，为风险管理监督与改进奠定基础。

企业各有关部门和业务单位应定期对风险管理工作进行自查和检验，及时发现缺陷并改进。其检查、检验报告应及时报送企业风险管理职能部门。

企业风险管理职能部门应定期对各部门和业务单位风险管理工作实施情况和有效性进行检查和检验，要根据在制定风险策略时提出的有效性标准对风险管理策略进行评估，对跨部门和业务单位的风险管理解决方案进行评价，提出调整或改进建议，出具评价和建议报告，及时报送企业总经理或其委托分管风险管理工作的高级管理人员。

企业内部审计部门应每年至少对包括风险管理职能部门在内的各有关部门和业务单位能否按照有关规定开展风险管理工作及其工作效果进行一次监督评价，监督评价报告应直接报送董事会或董事会下设的风险管理委员会和审计委员会。此项工作也可结合年度审计、任期审计或专项审计工作一并开展。

企业可聘请有资质、信誉好、风险管理专业能力强的中介机构对企业全面风险管理工作进行评价，出具风险管理评估和建议专项报告。报告一般应包括以下几方面的实施情况、存在的缺陷和改进建议：

①风险管理基本流程与风险管理策略；

②企业重大风险、重大事件和重要管理及业务流程的风险管理及内部控制系统的建设；

③风险管理组织体系与信息系统；

④全面风险管理总体目标。

9.3　风险管理体系的内容

风险管理体系指的是组织管理体系中与管理风险有关的要素集合，包括风险管理策略、风险管理组织职能体系、内部控制系统、风险理财措施、风险管理信息系统。

9.3.1　风险管理策略

风险管理策略，指企业根据自身条件和外部环境，围绕企业发展战略，确定风险偏好、风险承受度、风险管理有效性标准，选择风险承担、风险规避、风险转移、风险转换、风险对冲、风险补偿、风险控制等适合的风险管理工具的总体策略，并确定风险管理所需人力和财力资源的配置原则。

风险管理策略的总体定位有以下几个：

①风险管理策略是根据企业经营战略制定的全面风险管理的总体策略；

②风险管理策略在整个风险管理体系中起着统领全局的作用；

③风险管理策略在企业战略管理的过程中起着承上启下的作用，制定与企业战略保持一致的风险管理策略，有利于降低企业战略发生错误的可能性。

9.3.2　风险管理组织职能体系

企业风险管理组织体系，主要包括规范的公司法人治理结构，风险管理职能部门、内部审计部门和法律事务部门以及其他有关职能部门、业务单位的组织领导机构及其职责。

9.3.3　内部控制系统

内部控制系统，指围绕风险管理策略目标，针对企业战略、规划、产品研发、投融资、市场运营、财务、内部审计、法律事务、人力资源、采购、加工制造、销售、物流、质量、安全生产、环境保护等各项业务管理及其重要业务流程，通过执行风险管理基本流程，制定并执行的规章制度、程序和措施。

9.3.4　风险理财措施

风险管理体系中的一个重要部分是风险理财措施。

风险理财是用金融手段管理风险。风险理财措施有以下几个：

①企业为了转移自然灾害可能造成的损失而购买保险；

②企业在对外贸易中产生了大量的外币远期支付或应收账款，为了对冲可能出现的汇率变化造成的损失，企业使用了外币套期保值，以降低汇率波动的风险；

③企业为了应对原材料价格的波动风险，在金属市场上运用期货进行套期保值；

④企业为了应对可能的突发事件造成的资本需求，与银行签订应急资本合同。

9.3.5　风险管理信息系统

企业的管理信息系统在风险管理中发挥着至关重要的作用。

企业应将信息技术应用于风险管理的各项工作，建立涵盖风险管理基本流程和内部控制系统各环节的风险管理信息系统，包括信息的采集、存储、加工、分析、测试、传递、报告、披露等。

企业应采取措施确保向风险管理信息系统输入的业务数据和风险量化值的一致性、准确性、及时性、可用性和完整性。对输入信息系统的数据，未经批准，不得更改。

风险管理信息系统应能够进行对各种风险的计量和定量分析、定量测试，能够实时反映风险矩阵和排序频谱、重大风险和重要业务流程的监控状态，能够对超过风险预警上限的重大风险实施信息报警，能够满足风险管理内部信息报告制度和企业对外信息披露管理制度的要求。

风险管理信息系统应实现信息在各职能部门、业务单位之间的集成与共享，既能满足单项业务风险管理的要求，也能满足企业整体和跨职能部门、业务单位风险管理的综合要求。

企业应确保风险管理信息系统稳定运行，并根据实际需要不断进行改进、完善或更新。

已建立或基本建立风险管理信息系统的企业，应补充、调整、更新已有的管理流程和管理程序，建立完善的风险管理信息系统；尚未建立风险管理信息系统的企业，应将风险管理与企业各项管理业务流程、管理软件统一规划、统一设计、统一实施，使其同步运行。

9.4 企业经营风险及防范措施

企业经营风险是指对企业经营目标的实现可能造成负面影响的事项发生的可能性。企业在经营过程中，会碰到各种各样的风险，所以需要进行风险管理。风险管理的基本程序是风险识别、风险评估和风险控制。

作为财务总监，在经营的过程中，首先必须要识别风险，并通过分析这些风险，制定有效的策略来处理这些风险，从而提升企业的盈利能力和实现企业的目标。

9.4.1 市场风险

市场风险是指基础资产市场价格的不利变动或者急剧波动而导致衍生工具价格或者价值变动的风险。基础资产的市场价格变动包括市场利率、汇率、股票、债券行情的变动。

财务总监需要注意以下四种类型的市场风险，如表 9-2 所示。

表 9-2　市场风险分类

市场风险	内容
利率风险	市场利率变动的不确定性给企业造成损失的可能性。大部分金融工具的价格都受利率影响，利率变动，价格跟着变动
汇率风险	经济实体以外币定值或衡量的资产与负债、收入与支出，以及未来的经营活动可望产生现金流的本币价值因汇率的变动而产生损失的可能性。汇率波动取决于外汇市场的供求状况
股票价格风险	股票价格发生不利变动而给企业带来损失的风险。股票价格大幅向下波动，会给持有者带来经济损失
商品价格风险	商品价格发生不利变动而给企业造成经济损失的风险。这里的商品，主要是指可以在场内自由交易的商品期货和现货，以商品期货的形式为主。商品价格波动取决于国家的经济形势、商品市场的供求状况和投机行为等

财务总监应对市场风险可以采取的防范措施：清晰定位产品或服务；清晰定位市场；制定合理的价格政策。

9.4.2　担保风险

担保风险是指信用担保机构在担保业务运作过程中，由于各种不确定性因素（主观的和客观的）的影响而遭受损失的可能性。

财务总监需要注意以下七种类型的担保风险，如表 9-3 所示。

表 9-3　担保风险分类

分类标准	类别	概念
按引发风险因素的层次性分类	系统性风险	宏观经济政策变动等因素引发的风险
	非系统性风险	由担保机构决策失误、操作不当等微观因素引起的风险
按风险暴露程度分类	隐性担保风险	尚未暴露、处于潜伏期的风险。 担保业务操作中规章制度不严或违规操作，即使暂未出现问题，但潜在风险较大，随时可能出现问题甚至是大问题
	显性担保风险	已出现预警信号，风险征兆较明显的风险。 如已经发生代偿的担保

分类标准	类别	概念
按风险的可控程度分类	完全不可控风险	完全无法预测的因素变动，且对这些因素变动事先无法有效防范所引起的风险。 如环境风险等
	部分可控风险	事先通过采取措施，在一定程度上可以控制的风险。 如信用风险等
	基本可控风险	通过制定和实施科学严密的操作规程、管理措施、内控制度与监管措施后可以基本控制的风险。 如操作风险等

担保风险体现在财务上：如果被担保方无力偿还债务，担保企业就面临着真实的负债了。

财务总监应对担保风险，可采取的防范措施：树立担保风险意识；加强企业印鉴管理；加强内部治理结构控制；加强内部流程交叉控制。

9.4.3　法律风险

企业法律风险是指基于法律规定或合同约定，由于企业外部法律环境发生变化或法律主体的作为及不作为，而对企业产生负面法律责任或后果的可能性。

企业法律风险三要素如下：

第一，风险存在的前提条件是法律对其有相关的规定或者合同对其有相关的约定；

第二，引发风险的直接原因包括企业外部法律环境发生变化，即企业自身或其他当事人（法律主体）做出了某种行为或没做出某种行为（作为或不作为）；

第三，风险发生后会给企业带来负面的法律责任或后果。

一个风险只要同时具备了这三个要素，就可以被认定为企业法律风险。

财务总监防范法律风险的措施：树立合法经营意识；做好法律征询，明确违法与违规、合法与非法的界限；建立风险"防火墙"。

9.4.4　政策风险

政策风险是指有关政策发生重大变化或是有重要的举措、法规出台，引起证券市场的波动，从而给企业带来的风险。

在市场经济条件下，各企业为了争夺市场资源，都希望获得活动自由，因而可能会触犯国家政策，而国家政策又对企业的行为具有强制约束力。

另外，国家在不同时期可以根据宏观环境的变化而改变政策，这必然会影响到企业的经济利益。因此，国家与企业之间由于政策的存在和调整，在经济利益上会产生矛盾，从而导致企业产生政策风险。

财务总监应对政策风险，可以采用的防范措施：使企业高管层树立正确的政策意识；指定专人跟踪、收集有关政策法规；建立专门的政策征询渠道；建立重大决策过程中的政策征询程序。

9.4.5　资金链断裂风险

企业运营过程中，经营不善、连续亏损会使企业资金紧张，同时也会让银行、股东们对企业失去信心，企业借不到钱，进一步加深了资金紧张程度。

企业拿大部分资产去抵押贷款，上新项目，但新项目没有达到预期收益，而贷款还款时间又到了，若这个时候企业又借不到钱，则容易发生资金链断裂。如果无力还款，银行就会拍卖抵押资产，企业也面临倒闭。

财务总监需要关注企业资金链断裂风险，如表 9-4 所示。

表 9-4　企业资金链断裂风险的有关内容

资金链断裂风险	内容
资金链断裂的原因	市场需求突然萎缩，导致销售收入下降； 原材料、费用的大幅度上升导致企业亏损增加； 银行抽贷； 存货积压，占用大量资金； 给第三方担保造成的突然"失血"； 固定投资占用了大量流动资金，导致不能偿付到期债务； 债务集中到期，导致债务链突然中断； 股票、期货投资失误，造成重大损失； 销售款不能及时收回，现金流逐渐枯竭
资金链断裂的表现	拖欠银行利息，到期无法归还贷款； 拖欠员工工资、欠交各项税费； 拖欠上游企业货款； 产能利用率低，生产经营陷入停顿或处于停产、半停产状态； 合并机构和裁员； 债务纠纷

续表

资金链断裂风险	内容
资金链断裂的危害	企业内外部矛盾和管理问题显现； 严重影响各合作伙伴的信心； 企业的商业信用丧失，运营成本和运营风险倍增； 企业的融资难度提高； 企业的资产和账户被查封； 影响上下游企业的生存； 影响其他与企业有资金关联的企业生存； 企业主经受不住反差和压力

财务总监在应对资金链断裂风险时，可以采取以下防范措施：严格控制融资规模和融资成本；建立资金到期的预警机制；加强资产管理和投资管理；严格控制现金流出；加强销售回款的管理；建立储备资金制度。

9.4.6　应收款超常风险

应收款是指企业在正常的经营过程中因销售商品、产品、提供劳务等业务，应向购买单位收取的款项。

财务总监可以从原因和表现方面关注应收款超常风险，如表 9-5 所示。

表 9-5　应收款超常风险的有关内容

应收款超常风险	内容
应收款超常的原因	企业高层对应收款超常风险及其危害不够重视； 对客户信用缺乏充分的调查与评估； 供货合同不规范； 合同审批流程不严密； 对与客户的关系维护不够； 没有严格按合同条款执行； 逾期账款催收与管理不到位； 没有及时采取法律手段
应收款超常的表现	销售回款完不成计划； 存货越来越多，流动资金缺口越来越大，流动负债不断增加； 欠款企业破产导致欠款成为死账，永久无法收回； 欠款企业久拖不还，导致超过诉讼时效

财务总监应对应收款超常风险的防范措施如下：加强销售过程控制和账款余额控制；完善合同签订及有关账款确认手续；加强对账龄的分析和管理；建立应

收账款催收责任制。

9.4.7　核心管理层不稳定风险

关于核心管理层不稳定的风险，财务总监首先需要关注企业各层次的心态。企业各层次的心态如表 9-6 所示。

表 9-6　企业各层次的心态

企业各层次	心态
底层员工	守住岗位、保证基本生活，关注是否有升职的空间
中层员工	升入高层、收入提高，关注是否有进阶的机会
高层管理	拥有高收入，升入核心管理层，同时关注跳槽的可能性
核心管理	因为已经实现了财务自由，所以更多考虑的是名誉以及伴随企业发展的实现自我价值

从上表可以看出，企业不同层次，需求也不同。企业核心管理层的基本需求已满足，他们更多关注的是自我实现的需要。

所以，财务总监在应对核心管理层不稳定的问题时，需要注意核心管理人群所要求的不是高工资、高年薪，而是把企业提升到一个高度所带来的成就感，以及企业的分红所带来的远超年薪的高回报。

财务总监面对核心管理层不稳定风险，可采取的防范措施有：树立以人为本理念；优化股权结构，对核心人员实行股权激励；在岗位调整过程中引入竞争机制；建立科学的绩效考核机制；营造积极向上的企业文化氛围。

9.4.8　产品质量风险

产品质量风险是指产品设计考虑不周、生产技术水平不够、生产过程把关不严等造成的质量不确定风险。

财务总监需要关注的三类产品质量风险，如表 9-7 所示。

表 9-7　产品质量风险类型

产品质量风险	内容
市场风险	产品质量本身符合相关法规要求，但是产品不再满足社会需要
道德风险	某类产品并不违反任何法律规定、能够满足社会的需要，但该类产品可能导致社会资源的浪费，与社会价值观不符

续表

产品质量风险	内容
法律风险	企业会因产品质量而承担民事、行政、刑事三类法律风险与责任

产品质量风险的防范措施如下：建立产品质量管理责任制；建立产品质量控制系统；优化工艺流程；建立严密的考核制度。

9.4.9　投资不当风险

投资不当风险是指投资主体为实现其投资目的而对未来经营、财务活动可能造成的亏损或破产所承担的风险。

投资不当风险是投资者在投资预测分析时关注的主要内容。投资不当的表现、原因和危害如表 9-8 所示。

表 9-8　投资不当风险的有关内容

投资不当风险	内容
投资不当的表现	投资不熟悉的项目； 投资技术不成熟或技术密集型项目； 投资资金密集型项目； 投资管理密集型项目； 投资关系密集型项目； 投资多因素制约项目
投资不当的原因	没有对投资决策的风险予以重视； 没有对拟投资项目进行充分论证； 没有建立投资内控机制； 没有利用好外脑； 陷入项目引资方的骗局
投资不当的危害	导致资金链断裂； 导致回款风险； 导致违规经营风险； 导致政策风险； 导致担保风险； 导致企业主自身安全风险

投资不当风险的防范措施如下：编制清晰的投资战略和投资计划；严格执行科学的投资管理论证流程；在投资实施阶段，尽可能整合外部资源，选择风险较小的运作方式；加强对投资过程的管理；做好投资的后期管理。

9.5　企业财务危机与风险控制

财务危机又称财务困境，是一个动态、逐步发生的过程，是指企业陷入不能偿还到期债务的困境，最坏的形式是企业破产。为防止财务危机的发生，必须寻找应对财务危机的风险控制方法。

9.5.1　企业五大财务危机

（1）现金流缺失危机

所谓现金，是指企业持有的货币和银行存款。企业任何一个经营战略的实施过程都是一个从现金到资产，再到现金的循环。在这个过程中，如果现金流短缺，那么这个循环就结束了，企业的战略实施过程也就无法完成。

如果企业没有偿付到期债务的现金，那么再好的战略也无法阻止企业破产，不仅战略规划中预期的盈利目标达不到，甚至可能连本金都收不回去。

（2）应收账款危机

面对激烈的市场竞争，企业为了及时占领市场、减少库存，往往将赊销作为一种重要的手段，通过赊销向客户提供信用服务，从而促进产品销售。然而过多的应收账款会使企业面临巨大的应收账款坏账风险和现金周转风险。

例如，四川长虹集团曾经由于代理商郑百文拖欠 40 亿元人民币的应付账款而陷入了巨额亏损的泥潭。企业的货款如果不能按时足额收回，不仅意味着企业附加值的损失，而且表示投入资本的损失。

（3）存货滞销危机

企业的发展战略要靠资金推动，因此融资是企业成长的永恒主题。存货的节省可以减少企业的资金投入，而过多的滞销存货会导致以下危机：一方面会占用大量的资金，引起资金周转危机；另一方面，若存货跌价，则会给企业带来巨大的损失。

（4）固定资产投资危机

在固定资产上进行巨额投资能够培育企业的核心竞争力，促进企业的战略发展，但是也带来了一些问题。

其一，导致推动固定资产正常运行的流动资产不足。固定资产并不是独立发挥作用的，它必须与企业的流动资产相结合，通过对流动资产的改造、加工来创造新价值。

其二，固定资产使用效率低，周转速度慢，不能摊薄固定成本，因而降低了总资产的收益率。

其三，固定资产资金占用成本过高，尤其是我国目前多数企业的融资渠道不够畅通，资金十分稀缺，企业生存和发展面临着巨大的资金缺口，这种资金占用的代价是十分昂贵的。

（5）短期借款危机

短期借款是企业重要的一种资金来源，它筹集速度快、容易获得、成本较低。鉴于这些优点，许多企业往往通过大量的短期筹资代替长期筹资，以提供企业战略实施所需的资金。

但是，大量地利用短期借款会导致企业风险的增加。一般来说，短期筹资的风险要比长期筹资大，原因如下。

第一，如果企业短期借款的比例大，一旦还款期临近，则预示着企业需要大量的现金。短期借款需要在短期内偿还，如果企业资金安排不当，就会陷入财务危机。

第二，只有稳定、持续的现金流才能保证长期投资战略顺利实施，一旦现金流中断，就会导致整个项目经营运作的停止，从而导致战略失败。

9.5.2 企业财务风险控制方法

企业财务风险控制方法有以下几种。

（1）降低法

企业对客观存在的财务风险，应努力采取防范措施以降低财务风险。例如，在生产经营活动中，企业可以通过提高产品质量、改进产品、努力开发新产品及开拓新市场等手段，提升产品的竞争力，降低因产品滞销、市场占有率下降而产生的不能实现预期收益的财务风险。

企业也可以通过付出一定代价的方式来降低产生风险损失的可能性，如建立风险控制系统，配备专门人员对财务风险进行预测、分析、监控，以便及时发现从而降低风险。

（2）回避法

企业在进行决策时，应综合评价各种方案可能产生的财务风险，在保证财务管理目标实现的前提下，选择风险较小的方案，以达到回避财务风险的目的。当然，采用回避法并不是说企业不能进行风险投资。企业为达到影响甚至控制被投资企业的目的，只能采用股权投资的方式，在这种情况下，承担适当的投资风险是必要的。

（3）分散法

分散法也称多元法，即通过企业之间联营、多种经营及对外投资多元化等方式分散财务风险。对于风险较大的投资项目，企业可以与其他企业共同投资，以实现收益共享、风险共担，从而分散投资风险；针对市场需求的不确定性、易变性，企业为分散风险应采用多种经营方式，即同时经营多种产品；在业务结算方面，企业可采用货币组合的方式对风险进行规避。货币组合的方式是指利用不同币种之间汇率的波动趋势不同，通过选择若干种货币构成货币组合，以达到国际贸易中控制外汇风险的目的的方式。

（4）转移法

转移法是企业通过某种手段将部分或全部财务风险转移给他人的方法。转移风险的方式很多，企业应根据不同的风险采用不同的风险转移方式。例如，企业在对外投资时，可以采用联营投资方式，将投资风险部分转移给参与投资的其他企业；采用发行股票方式筹集资金的企业，可以选择包销方式，把发行失败的风险转给承销商。

转移法可归纳为以下七种。

①企业事先向保险公司缴纳保险费，对风险性资产或财务活动购买保险，从而将该资产或活动的风险转移给保险公司。

②如果企业预测到所承包的工程中某项目的风险因素较突出，企业可以通过将该项目转移给分包商的方式转移这部分风险。

③在对外投资时，企业可以采用联营投资方式，将投资风险部分转移给参与投资的其他企业。

④对于企业闲置的资产，可以采用出租或立即售出的处理方式，将资产损失的风险转移给承租方或购买方。

⑤采用发行股票方式筹集资金的企业，可以选择包销方式，将发行失败的风险转移给承销商。

⑥采用举债方式筹集资金时，企业可以和其他单位达成相互担保协议，将部分债务风险转移给担保方。

⑦赊销比较严重的企业，对大宗赊销及时与债务人达成还款协议，以转移坏账带来的财务风险。

（5）预防法

预防法有以下几种。

为降低应收账款的坏账风险，加强对赊销客户的管理，对客户的信用进行调查和对比，对应收账款的账龄进行分析，建立赊销责任制度。

设立财务风险准备金，并预先提留风险补偿资金，实行分期摊销，以此降低风险损失对企业正常生产经营的影响。

与相关企业在风险业务发生前签订保护性契约条款。

采用期权方式进行交易。

案例：江龙控股资金链断裂的原因

江龙控股是一家集研发、生产、加工、销售于一体的大型印染企业，旗下有多家企业。2006 年 5 月，该企业引进"新宏远创基金"，同年 9 月 7 日该企业在新加坡股票交易所上市交易，股票名称为"中国印染"，首发 1.13 亿股，募集资金约 5 亿元人民币。

然而，在 2008 年七八月份江龙控股突然出现了资金链断裂的危机。8 月 23 日，江龙控股召开了供应商会议，企业表示：一方面要节流，降低成本；另一方面企业正在积极寻求国际资金的支持，企业资金流紧张是暂时的，希望得到供应商的支持，以帮助江龙控股渡过难关。

江龙控股出现资金危机后，除了借高利贷维持企业正常的运转外，还展开了一系列的自救行动，以维持企业的运行。另外，政府也积极介入协调，对江龙控股予以政策扶持，以帮助江龙控股走出资金困境。

然而种种努力并未改变江龙控股资金链断裂的命运。由于江龙控股所涉债务状况复杂，原定的企业重组计划陷入了困境，供应商、民间借贷债权人的债务问题仍未达成协议。2008 年 11 月 25 日，当地中级人民法院、人民政府在江龙控股的总部分别召集供应商和民间借贷债权人召开会议，商讨江龙控股的债务问题。这样，江龙控股成为继樱花纺织、飞跃集团、山东银河之后，又一个倒在资金链断裂上的纺织制造业大户。

江龙控股的资金链断裂风险，表面原因是受累于出口形势不景气和美国资本市场断流，根本原因在于企业内部。企业忽略内部管理、缺乏明确合理的财务战略、盲目追求企业的规模扩张、短融长投、高额举债等因素，才是导致企业资金链断裂的根本原因。

那么，企业应如何建立风险控制体系呢？

建立第一道防线：业务单位防线。

企业内部各业务单位需就其战略性风险、信贷风险、市场风场和操作风险等，系统化地进行分析、确认、度量、管理和监控。企业需要把评估风险与内控措施的结果进行记录和存档，对内控措施的有效性不断进行测试和更新。

建立第二道防线：风险管理单位防线。

第二道防线是在业务单位之上建立一个更高层次的风险管理防线，它的组成部分可能包括风险管理部门、信贷审批部门、投资审批部门。

风险管理部门的责任是领导和协调企业内部各单位在管理风险方面的工作，它的职责包括：编制规章制度；对各业务单位的风险进行组合管理；度量风险和评估风险的界限；建立风险信息系统和预警系统，确定关键风险指标；负责风险信息披露，协调员工培训和学习的工作；按风险与回报的分析，为各业务单位分配资本金。

建立第三道防线：内审单位防线。

内审部门是独立于业务单位的部门，监控企业内控和其他企业关心的问题。

战略化财务管理目标是企业价值最大化（使相关者利益最大化）。要实现这一目标，必须树立长远的目标，始终与企业总目标相一致，并与质量、技术等其他管理目标联系起来加以考虑。

10.1　价值管理及其特征

价值管理，是一种基于价值的企业管理方法，是指在企业中广泛地引入管理行为，依据组织的远景，企业设定符合远景与企业文化的若干价值信念，并具体落实到员工的日常工作中的一种管理方法。一般的工作或问题，只要与企业的价值信念一致，员工即不必层层请示，可直接开展工作或解决问题。

10.1.1　企业价值与价值管理

企业价值不同于利润，利润是企业全部资产的市场价值中所创造价值中的一部分；企业价值也不是指企业账面资产的总价值，由于企业商誉的存在，通常企业的实际市场价值远远超过其账面价值。

企业价值是企业预期自由现金流量以其加权平均资本成本为贴现率折现的现值，它与企业的财务决策密切相关，体现了企业资金的时间价值、风险以及可持续发展能力。扩大到管理学领域，企业价值可定义为企业遵循价值规律，通过以价值为核心的管理，使企业所有利益相关者（包括股东、债权人、管理者、普通员工、政府等）均能获得满意回报的能力。显然，企业的价值越高，企业给予其利益相关者回报的能力就越高。企业价值是可以通过其经济定义加以计量的。

价值管理，又称为基于价值的企业管理，是指以价值评估为基础、以价值增长为目的的一种综合管理模式。它是依据企业追逐价值最大化的内生要求而建立的以价值评估为基础，以规划价值目标和管理决策为手段，整合各种价值驱动因素和管理技术，梳理管理和业务过程的新型管理框架。

10.1.2　价值管理的特征

价值管理的特征如下。

（1）以资本市场为依托

价值管理活动的展开几乎都以资本市场为背景，价值管理理论的形成和发展更是离不开发达、完善的资本市场。

另外，在完善的资本市场中，投资者高度分散，为了有效地聚拢投资者的资金，企业管理者不得不进行价值管理。而且，价值管理能够实现的基本条件是在股票市场效率很高的状态下，股票价格能够基本反映企业管理者的管理绩效。

将证券市场的价格机制引入企业价值的生成和管理过程中，是企业管理者的必然选择，因而可以毫无疑问地讲，以资本市场为依托成为价值管理的基本特征。

（2）以股东价值最大化为根本目标

价值管理作为一种新型的企业管理模式，认为企业追求的终极目标就是为股东创造价值，实现股东价值的最大化。以股东价值最大化为根本目标是价值管理的基本特征。

（3）重视现金流量和资本成本

以股东价值最大化为最终目标的价值管理作为一种管理模式，首先必须关注企业未来时期经营活动现金流量的创造，其次必须重视对现金流量的风险进行控制，通过对未来各期的预计现金流量、企业加权平均资本成本进行预测和控制来实现股东价值最大化的目标。因此，重视现金流量、重视资本成本成为价值管理的重要特征。

（4）重视企业的可持续发展能力

可持续发展是指在不危害后代人满足其需要的情况下，满足当代人的需要的发展。重视企业的可持续发展能力是价值管理的又一重要特征。利润管理之所以被现代企业摒弃，关键原因在于利润管理中对利润最大化的追求破坏了企业赖以可持续发展的内部机制，造成了企业的短期行为，从而造成了利润管理企业普遍"短命"的结果。

追求企业的可持续发展是企业价值管理的重要特征，这一特征包含长期性和未来性两方面的含义。可持续发展的价值管理意味着企业在未来可预见的时期内，有望获得足以补偿各项成本的、稳定增长的现金流量，从而使股东实现价值最大化。没有企业的可持续发展，股东价值最大化便无从谈起。

10.2 平衡计分卡

企业财务管理目标对全部理财活动具有根本性影响。确立企业财务管理目标是明确现代理财思想、建立现代理财方法和措施的重点。在现代企业制度下，如何确立企业财务目标，实现企业财务数字化管理呢？

10.2.1 平衡计分卡的内容

管理中有一句名言："你衡量什么，就得到什么。"这里的衡量不仅表示企业内部对员工的业绩考核，还表示对企业整体绩效的评价。

BSC（平衡计分卡）是一个很好的衡量企业整体绩效的工具，它包括构成企业整体业绩的指标和企业内部各个业务单元价值创造的指标。它从财务、客户、内部运营和学习与成长 4 个方面来分解组织战略，这 4 个方面紧密联系，构成了完整的因果关系。

BSC 4 个方面的因果关系，如图 10-1 所示。

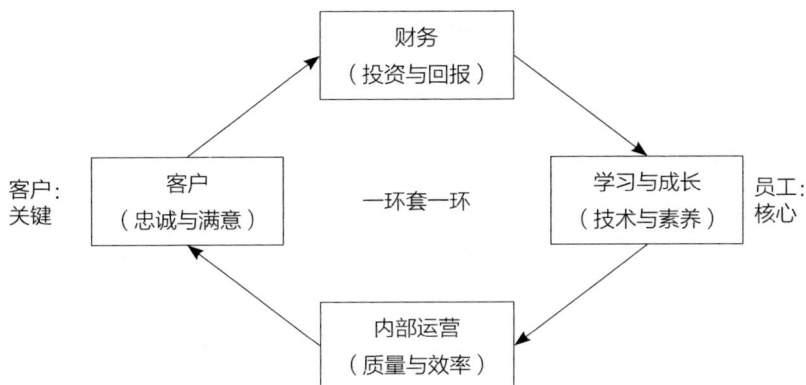

图 10-1　BSC 4 个方面的因果关系

企业最终目标是为股东创造价值，也就是实现一定的财务目标。

通过上图可以看出，投资回报率（也称净资产收益率）可以作为财务方面的一个计量指标。而获得高投资回报率的前提是保持现有客户的忠诚度以及不断增加新客户，这是客户方面的目标。

要做到维持老客户和增加新客户，企业必须要按时、按质交货，以提高客户的满意度。为了达到按时、按质交货的目标，企业可能会要求在经营过程中缩短周转时间和优化内部流程，这是内部运营方面的目标。

优化企业内部运营并缩短周转时间则要通过培训员工并提高他们的技术和素质来实现。要培训员工并提高他们的技术和素质，从财务角度来说又必须投入更多的资金。

以上 4 个方面是一环套一环的，企业战略地图系统地说明了四者的关系。企业战略地图如图 10-2 所示。

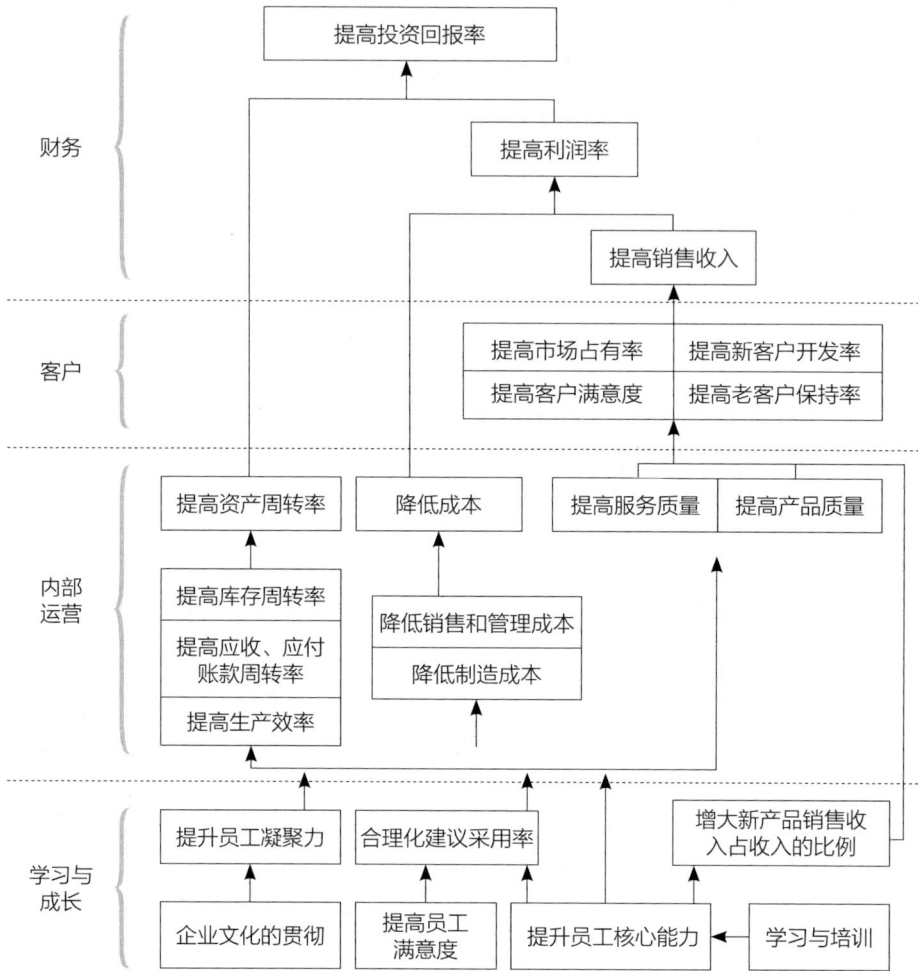

图 10-2　企业战略地图

　　为了实现企业的财务目标，企业就需要客户、财务、内部运营和学习与成长这 4 个因素的支持。而学习与成长目标的实现保证了内部运营目标的完成，内部运营目标的实现又保证了客户目标的完成，从而保证了财务目标的完成。

10.2.2　战略化平衡计分卡

　　平衡计分卡是常见的绩效考核方式之一，从财务、客户、内部运营、学习与成长四个角度，将组织的战略落实为可操作的衡量指标和目标值，是一种新型绩效管理体系。

也就是说，平衡计分卡主要通过图、卡、表来实现战略的规划。

面对大规模、多层次、多地域带来的管控挑战时，如果没有掌握一个简单有效的描述集团战略的工具，就无法将战略在集团内部各成员之间直观地展现。而平衡计分卡成功地解决了这个问题，它的主要功能是通过战略地图来描述、规划集团战略。战略化平衡计分卡如图 10-3 所示。

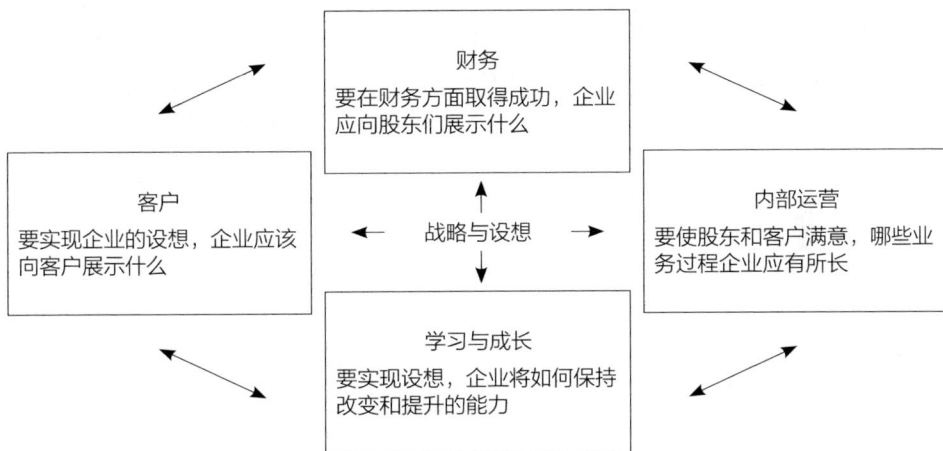

图 10-3　战略化平衡计分卡

战略化平衡计分卡从根本上弥补了只关注财务指标的考核体系的缺陷。仅关注财务指标会使企业过分关注一些短期行为而牺牲一些长期利益，比如员工的培养和开发、客户关系的开拓和维护等。

战略化平衡计分卡的优点在于它从企业的四个方面来建立衡量体系，即财务、客户、内部运营和学习与成长。这四个方面是相互联系、相互影响的，客户、内部运营、学习与成长这三类指标的实现，最终保证了财务指标的实现。

10.2.3　平衡计分卡基本原理和流程

BSC 是一个科学的集企业战略管理控制与战略管理的绩效评估于一体的管理系统，其基本原理和流程简述如下。

①以组织共同愿景与战略为内核，运用综合与平衡的哲学思想，依据组织结构，将企业愿景与战略转化为下属各责任部门（如各事业部）在财务、客户、内部运营、学习与成长四个方面的具体目标（即成功的因素），并设置相应的四张

计分卡。BSC 基本框架如图 10-4 所示。

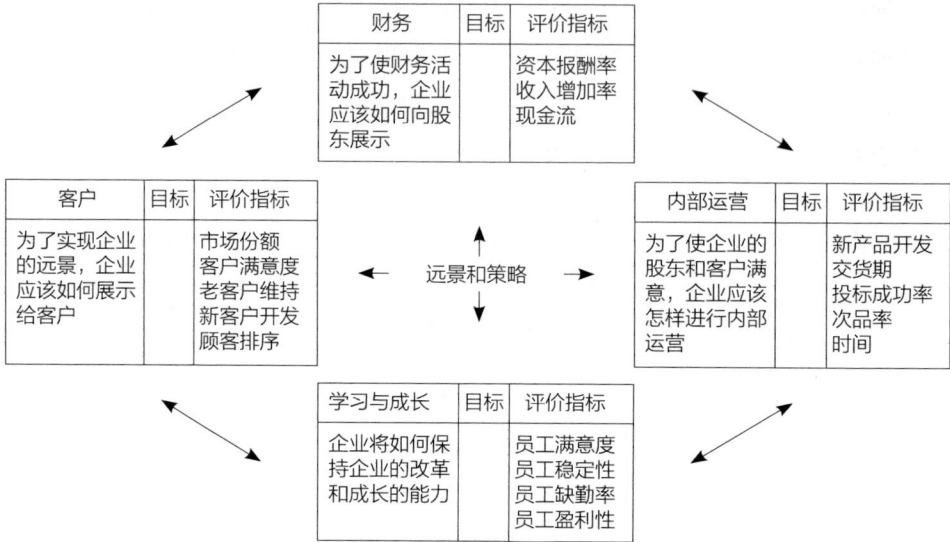

财务	目标	评价指标
为了使财务活动成功，企业应该如何向股东展示		资本报酬率 收入增加率 现金流

客户	目标	评价指标
为了实现企业的远景，企业应该如何展示给客户		市场份额 客户满意度 老客户维持 新客户开发 顾客排序

远景和策略

内部运营	目标	评价指标
为了使企业的股东和客户满意，企业应该怎样进行内部运营		新产品开发 交货期 投标成功率 次品率 时间

学习与成长	目标	评价指标
企业将如何保持企业的改革和成长的能力		员工满意度 员工稳定性 员工缺勤率 员工盈利性

图 10-4　BSC 基本框架

②依据各责任部门分别在财务、客户、内部运营、学习与成长四种计量可具体操作的指标，设置对应的绩效评价指标体系，这些指标不仅与企业战略目标高度相关，而且以先行与滞后两种形式，兼顾和平衡企业长期和短期目标、内部与外部利益，综合反映战略管理绩效的财务与非财务信息。

③由各主管部门与责任部门共同商定各项指标的具体评分规则。一般是将各项指标的预算值与实际值进行比较，对应不同范围的差异率，设定不同的评分值，以综合评分的形式，定期（通常是一个季度）考核各责任部门在财务、客户、内部运营、学习与成长四个方面的目标执行情况，及时反馈，适时调整战略偏差，或修正原定目标和评价指标，确保企业战略得以顺利与正确地实行。

案例：饮料公司 BSC 实施过程

在构造公司的平衡计分卡时，高层管理人员强调保持各方面平衡的重要性。为了达到该目的，可口可乐瑞典饮料公司使用的是一种循序渐进的过程，采取了以下三个步骤。

第一步，阐明与战略计划相关的财务措施，然后以这些措施为基础，设定财务目标并且确定为实现这些目标而应当采取的适当行动。

第二步，在客户和消费者方面重复该过程，在此阶段，注重的问题是"如果打算完成财务目标，必须怎样看待客户"。

第三步，公司明确向客户和消费者转移价值所必需的内部过程，然后公司管理层要问自己：自己是否具备足够的创新精神，自己是否愿意为了公司以一种合适的方式发展和变革？经过上述过程，公司为了确保各个方面达到平衡，并且所有的参数和行动都能向同一个方向变化与开展，公司决定在各方达到完全平衡之前有必要把不同的步骤再重复几次。

将平衡计分卡的概念分解到每个员工的层面很关键。在可口可乐瑞典饮料公司，重要的一点是，只依靠个人能够影响到的计量因素来评估个人业绩。这样做的目的是，通过测量与员工个人的具体职责相关联的一系列指标来考查他的业绩，根据员工在几个指标上的得分而建立奖金制度，从而保障公司控制或者聚焦于各种战略计划上。

10.3　如何提升企业价值

战略化财务管理目标是企业价值最大化，那么如何提升企业价值呢？

对企业价值评估，也叫企业估值，是着眼于上市公司和非上市公司本身，对自身的价值进行评估。一般来说，企业的资产以及盈利能力决定企业的价值。

企业估值是投融资、交易的前提。一家投资机构将一笔资金注入企业，应该占有的权益首先取决于企业的价值。而一家企业值多少钱？企业估值的方法有哪些？

10.3.1　企业估值：影响企业价值的主要因素

企业估值能体现出企业未来整体的价值。进行企业估值一方面是因为企业有投融资、交易需求，估值是企业对等换取股权等权益的重要依据，同时对于资本方，企业估值是将企业内在价值与其当前股价做对比判断，以此确定投资安全边际的方法；另一方面是因为企业估值是企业评估战略规划发展的重要依据。

影响企业价值的主要因素，如图 10-5 所示。

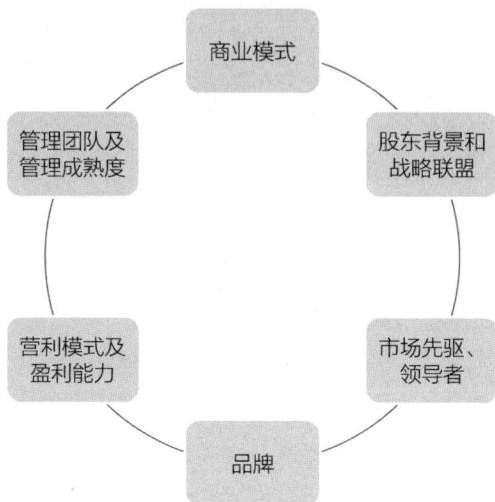

图 10-5　影响企业价值的主要因素

影响企业整体价值的因素很多，包括品牌、营利模式及盈利能力、管理团队及管理成熟度、商业模式、股东背景和战略联盟等因素。首先，在一定条件下，企业所拥有的资产数额越大，企业盈利能力就越强。因此，掌握企业全部资产的数量和质量是进行企业价值评估的关键。其次，企业盈利能力是进行资产评估的一项非常重要的指标。最后，企业的价值除了取决于企业自身的努力外，还受外部环境的影响，企业外部环境包括市场、政策法规等。

10.3.2　投融资管控工具：财税战略矩阵与企业价值管理

财务风险与经营风险的搭配如下：经营风险由特定的经营战略决定，财务风险由资本结构决定，它们共同决定了企业的总风险。财务风险与经营风险的搭配如图 10-6 所示。

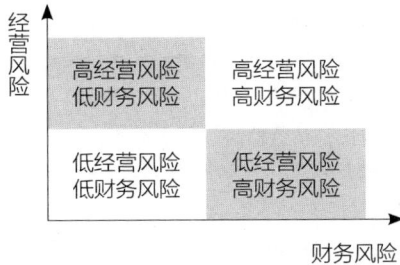

图 10-6　财务风险与经营风险的搭配

由上图可以看出，企业经营风险与财务风险的反向搭配，是可以同时符合股东和债权人的期望的现实搭配；"双高"搭配符合风险投资人的要求，不符合债权人的要求，会因找不到债权人而无法实现；"双低"搭配对债权人来说是一个理想的搭配，但不符合股东的期望，不是现实的搭配。

影响价值创造的主要因素，如表 10-1 所示。

表 10-1　影响价值创造的主要因素

企业的市场增加值	衡量企业价值变动的指标是企业的市场增加值，即特定时点的企业资本的市场价值与占用资本的差额，简称市场增加值。 企业市场增加值 = 企业资本市场价值 − 企业占用资本 计算公式中的"企业资本市场价值"是权益资本和负债资本的市价。 计算公式中的"企业占用资本"是指同一时点估计的企业占用的资本数额，包括权益资本和债务资本，它可以根据财务报表数据经过调整来获得。这种调整主要是修正会计准则对经济收入和经济成本的改变，调整的主要项目包括坏账准备、商誉摊销、研发费用等。 企业的市场价值最大化并不意味着创造价值
权益增加值与债务增加值	企业市场增加值 = 企业资本市场价值 − 企业占用资本 企业市场增加值 =（权益市场价值 + 债务市场价值）−（占用权益资本 + 占用债务资本） =（权益市场价值 − 占用权益资本）+（债务市场价值 − 占用债务资本） = 权益增加值 + 债务增加值 债务增加是由利率变化引起的。 如果利率不变，举借新的债务使占用债务资本和债务市场价值等量增加，债务增加值为零。 如果利率发生变化，由于其为企业不可控因素，所以在考核管理者业绩时不应考虑债务增加值。 因此，增加企业价值就等于增加股东价值

影响企业市场 增加值的因素	影响企业市场增加值的主要因素的分析过程如下。 假设企业也是一项资产，可以产生未来现金流量，未来现金流量永远以固定的增长率增长，其价值可以用永续固定增长率模型估计。 企业价值 = 现金流量 ÷（资本成本 – 增长率） 其中， 现金流量 = 息税前利润 ×（1– 税率）+ 折旧 – 营运资本增加额 – 资本支出 = 税后经营利润 –（营运资本增加额 + 资本支出 – 折旧） = 税后经营利润 – 投资资本增加额 假设企业价值等于企业资本市场价值，投资资本等于企业占用资本。 企业市场增加值 = 企业资本市场价值 – 投资资本…………计算公式 1 企业价值 = 现金流量 ÷（资本成本 – 增长率）…………计算公式 2 现金流量 = 税后经营利润 – 投资资本增加额…………计算公式 3 企业市场增加值 = 现金流量 ÷（资本成本 – 增长率）– 投资资本 企业市场增加值 =[（税后经营利润 – 投资资本增加额）÷（资本成本 – 增长率）]– 投资资本 =（税后经营利润 – 投资资本增加额 – 投资资本 × 资本成本 + 投资资本 × 增长率）÷（资本成本 – 增长率） 由于增长率是固定的，可得出以下公式。 投资资本增加额 ÷ 投资资本 ×100%= 增长率 税后经营利润 ÷ 投资资本 ×100%= 投资资本回报率 企业市场增加值 =[（投资资本回报率 – 资本成本）× 投资资本]÷（资本成本 – 增长率） 结论如下。 根据企业市场增加值的计算公式可知，影响价值创造的因素有 3 个：投资资本回报率、资本成本（指的是加权平均资本成本）、增长率。 这 3 个因素对企业市场增加值的影响是不同的。 经济增加值是分年计量的，而市场增加值是预期各年经济增加值的现值。 经济增加值 = 税后经营利润 – 资本成本 × 投资资本 =（税后经营利润 ÷ 投资资本 – 资本成本）× 投资资本 =（投资资本回报率 – 资本成本）× 投资资本 企业市场增加值 = 经济增加值 ÷（资本成本 – 增长率）

销售增长率、可持续增长率与价值创造	在资产周转率、销售净利率、资本结构、股利支付率不变（目前经营效率和财务政策不变）并且不增发和回购股份的情况下，有以下结论。 （1）销售增长率超过可持续增长率：现金短缺。这种增长状态为高速增长。现金短缺是指在当前的经营效率和财务政策下产生的现金，不足以支持销售增长，企业需要通过提高经营效率、改变财务政策或增发股份来平衡现金流动。 （2）销售增长率低于可持续增长率：现金剩余。这种增长状态为缓慢增长。现金剩余是指在当前的经营效率和财务政策下产生的现金，超过了支持销售增长的需要，剩余的现金需要投资于可以创造价值的项目（包括扩大现有业务的规模或开发新的项目），或者还给股东。 （3）销售增长率等于可持续增长率：现金平衡。这种增长状态为均衡增长。现金平衡是指在当前的经营效率和财务政策下产生的现金与销售增长的需要可以保持平衡。这是一种理论上的状态，现实中不平衡是绝对的。 从财务战略目标角度考虑，必须区分两种现金短缺：一种是创造价值的现金短缺；另一种是减损价值的现金短缺。对于前者，应当设法筹资以支持高增长，创造更多的市场增加值；对于后者，应当提高可持续增长率以减少价值减损。 同样道理，也有两种现金剩余：一种是创造价值的现金剩余，企业应当用这些现金提高股东价值增长率，创造更多的价值；另一种是减损价值的现金剩余，企业应当把资金还给股东，避免更多的价值减损。 综上所述，影响价值创造的因素主要有：①投资资本回报率；②资本成本；③销售增长率；④可持续增长率。它们是影响财税战略选择的主要因素，也是管理者为增加企业价值可以操纵的主要内容

价值创造和增长率矩阵，如图 10-7 所示。

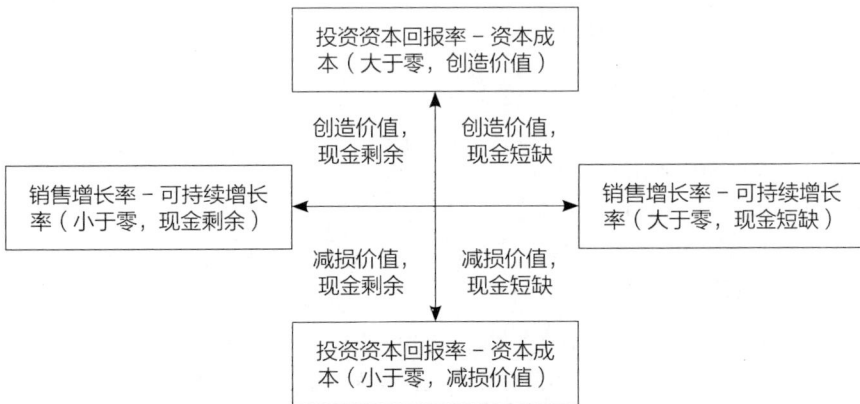

图 10-7 价值创造和增长率矩阵

财税战略的选择，如表 10-2 所示。

表 10-2　财税战略的选择

情况	财税战略
增值型现金短缺（第一象限） 即：投资资本回报率 - 资本成本大于 0； 销售增长率 - 可持续增长率大于 0	（1）如果高速增长是暂时的，则应通过借款来筹集所需资金； （2）如果高速增长是长期的，则资金问题有两种解决途径： ①提高可持续增长率，包括提高经营效率（提高税后经营利润率和经营资产周转率）和改变财务政策（停发股利、增加借款），使之向销售增长率靠拢； ②增加权益资本（增发股份、兼并成熟企业），提供增长所需资金 增值型现金短缺 ├─ 提高可持续增长率 │　├─ 提高经营效率 │　│　├─ 提高税后经营利润率 │　│　│　├─ 降低成本 │　│　│　└─ 提高价格 │　│　└─ 提高经营资产周转率 │　│　　　├─ 减少营运资金 │　│　　　├─ 剥离资产 │　│　　　└─ 改变供货渠道 │　└─ 改变财务政策 │　　　├─ 停发股利 │　　　└─ 增加借款 └─ 增加权益资本 　　├─ 增发股份 　　└─ 兼并成熟企业
增值型现金剩余（第二象限） 即：投资资本回报率 - 资本成本大于 0； 销售增长率 - 可持续增长率小于 0	增值型现金剩余 ├─ 加速增长 │　├─ 内部投资 │　└─ 收购相关业务 └─ 分配现金剩余 　　├─ 增加股利支付 　　└─ 回购股份 首选的战略是利用剩余现金加速增长。 途径包括：①内部投资；②收购相关业务。 如果加速增长之后仍有剩余现金，找不到进一步投资的机会，则应把多余的资金还给股东。 途径包括：①增加股利支付；②回购股份

续表

情况	财税战略
减损型现金剩余（第三象限）即：投资资本回报率 – 资本成本小于 0；销售增长率 – 可持续增长率小于 0	减损型现金剩余 提高投资资本回报率　降低资本成本　出售业务单元 提高税后经营利润率　提高经营资产周转率 首选的战略是提高投资资本回报率，途径有：①提高税后经营利润率；②提高经营资产周转率。 在提高投资资本回报率的同时，如果负债比率不当，可以适度调整，以降低资本成本。 如果企业不能提高投资资本回报率或者降低资本成本，则应该出售业务单元
减损型现金短缺（第四象限）即：投资资本回报率 – 资本成本小于 0；销售增长率 – 可持续增长率大于 0	减损型现金短缺 彻底重组　尽快出售 （1）如果盈利能力低是企业独有的问题，并且觉得有能力扭转价值减损局面，则可以选择彻底重组；否则，应该选择出售。 （2）如果盈利能力低是整个行业的衰退引起的，则应该选择的财税战略是尽快出售，以减少损失

10.3.3　IPO：上市的意义及原因

IPO 是企业发展到一定阶段的重要选择。企业上市融资不仅可以使企业获得稳定的长期资金来源、提升资本实力，而且有助于改善法人治理结构，促进经营的规范化，从而提升企业的综合竞争力。

世界前 500 强企业大部分是上市企业，企业上市的原因如图 10-8 所示。

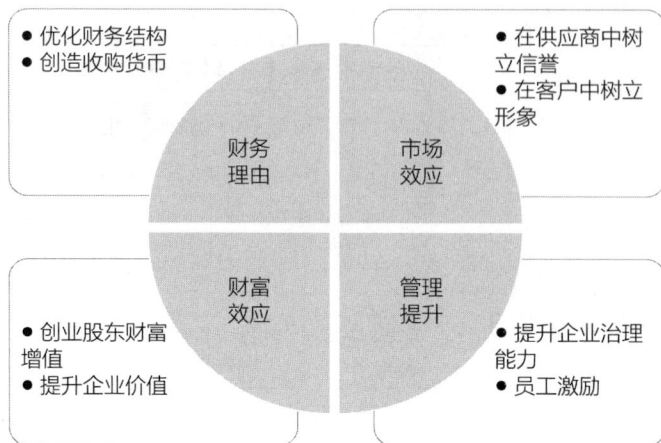

图 10-8　企业上市的原因

10.4　不同管理模式下的财务管理

财务管理模式即企业集团公司的财务管理体制，是指存在于企业集团公司整体管理框架内，为实现企业集团公司总体财务目标而设计的财务管理模式、管理机构及组织分工等要素的有机结合，主要涉及母子公司之间重大财务决策权限的划分，包括融资决策权、投资决策权、资金管理权、资产处置权和收益分配权等。母公司和子公司财务管理权限分配的内容包括会计核算、资金管理、预算管理。

财务管理模式按分集权的程度主要分成三种形式：财务管控型、战略管控型和运营管控型。

10.4.1　财务管控型财务模式

财务管控型财务模式是一种倾向于分权的管控模式，集团总部只负责子公司的财务和资本运营工作，以财务指标对子公司进行管理和考核，追求投资回报、投资业务组合的结构优化和公司价值最大化，通过财务控制、法律和企业并购的方式完成对子公司的管理。这种管控模式下的集团总部一般不干涉子公司的具体经营和管理活动，集团总部一般没有业务管理部门。该模式适用于多种不相关产业的投资运作。

财务管控型的优点：集团总部与子公司的产权清晰，子公司是完全独立的经济实体；集团总部的投资较为灵活，可以根据子公司的发展情况选择是增持还是退出，可有效地降低风险；集团总部专注宏观控制和资本经营，可减少与子公司的经营矛盾。

财务管控型的缺点：集团总部对子公司的控制较弱，信息反馈不及时；集团总部与子公司的目标容易不一致。

10.4.2　战略管控型财务模式

战略管控型财务模式是一种相对集权的管控模式，它的特点是"抓大放小"，集团母公司主要关注整个集团的战略规划、领导班子建设和绩效考核等重要工作，以战略规划进行管理和考核，追求公司组合的协调发展、投资业务的战略优化和协调、战略协同效应的培育，通过财务控制、战略规划与控制和控制人力资源的方式完成对子公司的管理。这种管控模式下的集团母公司要求子公司的重大决策必须与母公司的其他利益相关部门达成一致，集团总部一般没有具体的业务管理部门。该模式适用于相关型或单一产业领域内的发展。

战略管控型的优点：集团总部侧重于战略决策和资源部署，有利于保证集团的整体发展方向；集团总部与子公司的资产关系明晰，集团总部的风险可控；具有明确的战略规划和战略管理，能及时对市场变化做出反应。

战略管控型的缺点：战略决策的正确性取决于子公司信息反馈的及时性和顺畅程度；集团总部未做好战略管理协调会导致与子公司产生矛盾。

10.4.3　运营管控型财务模式

运营管控型财务模式是一种高度集权的管控模式，集团母公司关注子公司的日常经营行为，通过集团职能管理部门对子公司的日常经营运作进行管理，追求各子公司经营行为的统一和优化、公司整体的协调成长、对行业成功因素的集中控制与管理，通过财务控制、战略规划与控制、采购控制、销售控制、人事控制等方式对子公司的日常经营活动进行管理。这种管控模式下的集团母公司是各子公司的经营决策中心和生产指标管理中心，为了确保集团的决策能及时落实并能解决各种问题，总部的职能部门较为完善，职能人员的规模也较为庞大。该模式适用于单一产业领域内的运作。

运营管控型的优点：集团总部能及时获得子公司的经营活动信息，通过集团职能部门对子公司职能部门的控制关系，完成对子公司的管控；集团总部可以有效地调配各子公司的资源，协调各子公司之间的经营活动。

运营管控型的缺点：集团总部与子公司的资产、经营一体化导致产权关系不明晰，管理风险增加；管理部门设置重叠，导致集团总部与子公司的职能部门的职责划分不清晰，管理成本增加；子公司的不断增加会导致集团总部的工作负担逐渐加重，对子公司的有效管理和考核越来越难。

这三种管控模式各有优缺点，在实际的生产经营过程中，集团公司的内部管控都是以一种模式为主导的多种模式综合。例如，现在很多的集团公司都会在主营业务之外开展房地产开发、互联网金融等业务，在实际的管理过程中，集团的主营业务会采用运营管控型财务模式，而房地产开发和互联网金融可能分别采用战略管控和财务管控型财务模式，而企业的管控模式也不是一直不变化的，随着集团业务中心的转移，原本采用战略管控或财务管控型财务模式的子公司也有可能转换为运营管控型财务模式。

第 11 章
投融资管理

投资与融资决策是企业的资金筹集行为与过程。企业根据自身的生产经营状况、财务状况以及企业未来经营发展的需要，通过科学的预测和决策，采取一定方式，通过一定渠道直接或间接地向投资者筹集资金，组织资金供应，以满足企业正常生产和经营发展需要。

11.1　企业融资概述

企业融资是指以企业为主体融通资金，使企业及其内部各环节之间的资金供求由不平衡到平衡的运动过程。当资金短缺时，以最小的代价筹措到适当期限、适当额度的资金；当资金盈余时，以最低的风险、适当的期限进行外部投资，以取得最大的收益，从而实现资金供求的平衡。

11.1.1　企业融资分类

企业融资按照有无金融中介分为两种方式：直接融资和间接融资。

（1）直接融资

直接融资是指不经过任何金融中介机构，而由资金短缺的单位直接与资金盈余的单位协商进行借贷，或通过有价证券及合资等方式进行的资金融通，如企业发行债券或股票、合资经营、企业内部融资等。

直接融资的优点是资金流动比较迅速、成本低、受法律限制少；缺点是对交易双方筹资与投资技能要求高，而且有的要求双方会面才能成交。

（2）间接融资

间接融资是指以金融机构为媒介进行的融资活动，如银行信贷、非银行金融机构信贷、委托贷款、项目融资贷款等。

相对于直接融资，间接融资可以充分利用规模经济，降低成本，分散风险，实现多元化负债。但直接融资又是发展现代化大企业、筹措资金必不可少的手段，故两种融资方式不能偏废。

11.1.2 股权融资

股权融资形成公司的股权资金，股权资金也被称为权益资本，股权融资是公司基本的融资方式。股票是股份有限公司为筹措股权资本而发行的有价证券，是公司签发的证明股东持有公司股份的凭证。

股票作为一种所有权凭证，代表着股东对发行公司净资产拥有所有权。股票只能由股份有限公司发行。股东基本的权利是按投入公司的股份额，依法享有公司收益获取权、公司重大决策参与权和选择公司管理者的权利，并以其所持股份为限对公司承担责任。按股东权利和义务，可将股票分为普通股股票和优先股股票。

普通股股票简称普通股，是公司发行的代表着股东享有平等的权利与义务、不加特别限制的、股利不固定的股票。普通股是十分常见的股票，股份有限公司通常情况下只发行普通股。

优先股股票简称优先股，是公司发行的相对于普通股而言，具有一定优先权的股票。其优先权利主要表现在股利分配优先权和分取剩余财产优先权上。优先股股东在股东大会上无表决权，在参与公司经营管理上受到一定限制，仅对涉及优先股权利的问题有表决权。

（1）股权融资的优点

股权融资的优点，如图 11-1 所示。

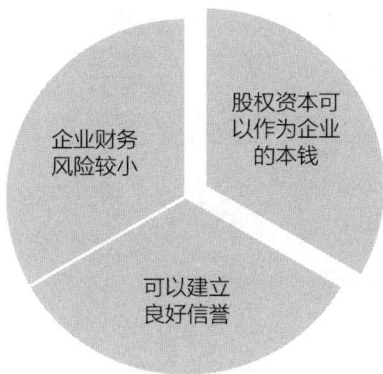

图 11-1　股权融资的优点

①股权资本可以作为企业的本钱。

股权资本没有固定的到期日，无须偿还，是企业的永久性资本。这对于保障企业对资本的最低需求、促进企业长期持续稳定经营具有重要意义。

②可以建立良好信誉。

股权资本作为企业基本的资本，代表了企业的资本实力，是企业与其他单位开展经营业务、进行业务活动的资本基础。同时，股权资本也是企业采用其他方式融资的基础，尤其是可为债权融资（包括银行借款、发行公司债券等）提供信用保障。

③企业财务风险较小。

企业不用在正常运营期内偿还股权资本，不存在还本付息的财务风险。相对于债务融资而言，股权融资限制少，在资本使用上也无特别限制。另外，企业可以根据其经营状况和业绩的好坏，决定向投资者支付多少报酬，资本成本可调节。

（2）股权融资的缺点

股权融资的缺点，如图 11-2 所示。

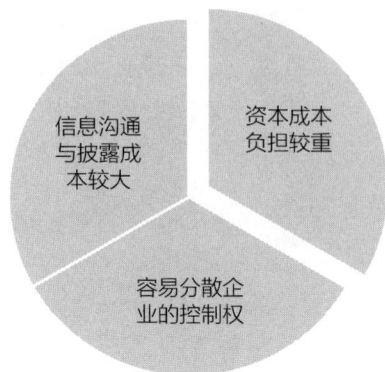

图 11-2 股权融资的缺点

①资本成本负担较重。

尽管采用股权融资时的资本成本可调节，但一般而言，股权融资的资本成本要高于债权融资。这主要是由于股权投资者需承担的风险较高，其要求得到较高的报酬率。企业如果长期不分配和派发利润和股利，将会影响企业的市场价值。从企业成本开支的角度来看，股利、红利从税后利润中支付，而债权融资的资本成本允许税前扣除。此外，发行股票等方面的费用也十分庞大。

②容易分散企业的控制权。

股权融资引进了新的投资者或出售了新的股票，必然会导致企业控制权结构改变，分散了企业的控制权。若拥有控制权的人频繁迭变，则会影响企业管理层的人事变动和决策效率，影响企业的正常经营。

③信息沟通与披露成本较大。

投资者作为企业的所有者，有了解企业经营业务、财务状况、经营成果等的权利。企业需要通过各种渠道和方式加强与投资者的关系管理，保障投资者的权益。特别是上市公司，其股东众多而分散，多数股东只能通过公司的公开信息披露了解公司状况，这就需要公司将更多的精力用于公司的信息披露和投资者关系管理。

11.1.3 债券融资

企业债券又称公司债券，是公司依照法定程序发行的、约定在一定期限内还本付息的有价证券。债券是持有人拥有公司债权的证书，它代表持有人同发债公司之间存在债权债务关系。

在我国，根据《公司法》的规定，股份有限公司、国有独资公司和两个以上的国有公司，或者两个以上的国有投资主体投资设立的有限责任公司，具有发行债券的资格。

按是否能够转换成发债公司的股票，债券分为可转换债券与不可转换债券。

可转换债券，是指债券持有人可以在规定的时间内按规定的价格将债券转换为发债公司的股票的债券。在发行这种债券时，公司对债券转换为股票的价格和比率等都做了详细规定。《公司法》规定，可转换债券的发行主体是股份有限公司中的上市公司。

不可转换债券，是指不能转换为发债公司股票的债券，大多数公司债券属于不可转换债券。

债券融资的特点，如图 11-3 所示。

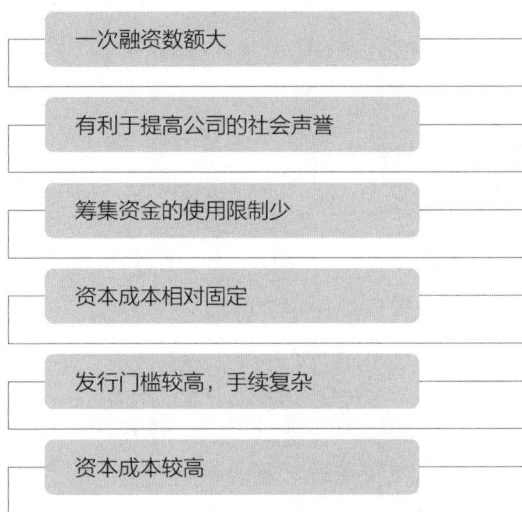

一次融资数额大

有利于提高公司的社会声誉

筹集资金的使用限制少

资本成本相对固定

发行门槛较高，手续复杂

资本成本较高

图 11-3　债券融资的特点

（1）一次融资数额大

利用发行公司债券融资，能够筹集大额的资金，能满足公司大规模融资的需要。这是在银行借款、融资租赁等债权融资方式中，公司选择通过发行公司债券融资的主要原因。

（2）有利于提高公司的社会声誉

我国对公司债券的发行主体有严格的资格规定。发行公司债券，往往是股份有限公司和有实力的有限责任公司所为。通过发行公司债券，公司一方面可筹集大量资金，另一方面也可扩大公司的社会影响。

（3）筹集资金的使用限制少

与银行借款相比，债券融资资金的使用具有相对的灵活性和自主性。特别是通过发行债券所筹集的大额资金，能够用于流动性较差的长期资产上。从资金使用的性质来看，银行借款一般期限短、额度小，所筹集的资金主要用于增加适量存货、增加小型设备等；债券融资期限较长、额度较大，所筹集的资金多用于公司扩大规模、增加大型固定资产和基本建设投资等。

（4）资本成本相对固定

尽管发行公司债券的应付利息比银行借款高，但公司债券的期限长、利率相对固定。在预计市场利率持续上升的环境下，进行债券融资能够相对稳定资本成本。

（5）发行门槛较高，手续复杂

发行公司债券，实际上是公司面向社会筹资，债权人是社会公众，因此国家为了保护债权人利益，维护社会经济秩序，对发债公司做了严格的限制。发债公司从申报、审批、承销到取得资金，需要经过众多环节和花费较长时间。

（6）资本成本较高

相对于银行借款，债券融资的利息负担重、融资费用高，而且不能像银行借款一样进行债务展期，因此在到期日，公司将面临巨大的财务压力。

公司发行债券要由董事会制定方案，股东大会做出决议，同时公司需要提出申请，经由国务院证券管理部门批准。

根据我国《公司法》等法律法规的规定，公司申请发行债券由国务院证券管理部门批准。证券管理部门按照国务院确定的公司债券发行规模，审批公司债券的发行。公司申请时应提交公司登记证明、公司章程、公司债券募集办法、资产评估报告和验资报告。

11.1.4　融资租赁

租赁，是指通过签订资产出让合同的方式，使用资产的一方（承租方）通过支付租金，向出让资产的一方（出租方）取得资产使用权的一种交易行为。在这项交易中，承租方得到了所需资产的使用权，完成了筹集资金的行为。租赁分为融资租赁和经营租赁。

夏季来临，某冷饮制造公司的产品销量日渐增加，现有生产能力难以满足市场需求。但公司规模较小，难以采用银行借款及股权、债券融资模式。公司找到一家冷饮生产设备租赁商，提出了两个方案：第一种方案，在夏季来临时租赁冷饮生产线 4 个月，公司支付租金，4 个月后归还设备；第二种方案，公司租赁设备 2 年，2 年内的租金包含设备价款、利息费用等相关费用，到期后设备归公司所有。

其中，第一种方案叫作经营租赁，第二种方案叫作融资租赁。

经营租赁是由租赁公司向承租单位在短期内提供设备，并提供维修、保养、人员培训等的一种服务性业务，又称为服务性租赁。

经营租赁的特点主要是：租赁期较短，短于资产的有效使用期；在合理的限制条件内承租企业可以中途解约；租赁设备的维修、保养由租赁公司负责；租赁期满或合同终止以后，出租资产由租赁公司收回。经营租赁适用于租用更新较快的生产设备。

融资租赁是由租赁公司按承租企业的要求出资购买设备，在较长的合同期内将该设备提供给承租企业使用的融资信用业务，它是以融通资金为主要目的的租赁。

融资租赁的主要特点是：租赁期较长，接近于资产的有效使用期；在租赁期间双方无权取消合同；由承租企业负责设备的维修、保养；租赁期满，承租企业通常采用企业留购办法，即以名义价格（相当于设备残值）买下设备。

（1）融资租赁的基本形式

直接租赁。直接租赁是融资租赁的主要形式，是指承租方提出租赁申请时，出租方按照承租方的要求选购，然后再将相关资产出租给承租方。

售后回租。售后回租是指承租方由于急需资金等各种原因，将自己的资产出售给出租方，然后以租赁的形式从出租方租回该资产的使用权。在这种租赁形式中，除资产所有者的名义改变之外，其余情况均无变化。

杠杆租赁。杠杆租赁是指涉及承租方、出租方和资金出借方三方的融资租赁业务。一般来说，当所涉及的资产价值高时，出租方自己只投入部分资金，通常为资产价值的 20% ~ 40%，其余资金则通过将该资产抵押担保的方式，向第三方（通常为银行）申请贷款解决。然后出租方将购进的设备出租给承租方，用收取的租金偿还贷款。在该形式下，资产的所有权属于出租方。出租方既是债权人也是债务人，如果出租方到期不能偿还借款，资产所有权则转移给资金的出借方。

（2）融资租赁的特点

能迅速获得所需资产。融资租赁集融资与融物于一身，融资租赁使企业在资金短缺的情况下引进设备成为可能。特别是对中小企业、初创企业而言，融资租赁是一条重要的融资途径。有时，大型企业对于大型设备、工具等固定资产，也需要通过融资租赁满足巨额资金的需要，如商业航空公司的飞机，大多是通过融资租赁取得的。

财务风险小。融资租赁与一次性付清的购买相比，能够避免一次性支付的资金压力，而且租金支出是未来的、分期的，企业无须一次筹集大量资金。还款时，企业可以通过项目本身产生的收益来支付租金，融资租赁是一种基于未来的"借鸡生蛋，卖蛋还钱"的融资方式。

限制条件较少。企业运用股票、债券、长期借款等融资方式，都受到相当多的资格条件的限制，如具有一定价值的抵押品、银行贷款的信用标准、发行债券的资格要求等。相比之下，融资租赁的限制条件较少。

资金融通的期限较长。通常为购买设备而贷款的借款期限比该设备的使用寿命要短得多，而融资租赁的期限却可能无限接近设备使用寿命。

资本成本高。融资租赁的租金通常比银行借款或发行债券所负担的利息高得多，租金总额通常要高于设备价值的 30%。尽管与其他融资方式比，融资租赁能够避免到期一次性集中偿还的财务压力，但巨额的固定租金也给企业带来了负担。

11.2　如何进行项目融资决策

融资决策是指在恰当的融资政策指导下，企业为筹资而制定最佳方案的过程。

11.2.1　项目融资流程

项目融资决策，就是项目融资结构的优化决策，或者说，项目融资决策是融通资金的诸结构要素，如构成投资结构、融资模式、资金结构、信用担保结构等诸要素的有效组合。

在项目融资工作开始之前，项目投资人或主办人通常要对拟投资项目进行初步分析，做出投资决策和融资方式决策。一般来说，项目融资适用于投资规模大、周期长、投资收益和现金流量稳定、股权投资人或项目公司信用不足以支持贷款的新建投资项目。

项目融资流程如图 11-4 所示。

```
┌──────────────────────────────────────────┐
│ 投资决策分析阶段：                          │
│ ● 工业部门（技术、市场）分析                │
│ ● 项目可行性研究                            │
│ ● 投资决策                                  │
└──────────────────────────────────────────┘
           │
┌──────────────────────────────────────────┐
│ 融资决策分析阶段：                          │
│ ● 选择项目的融资方式                        │
│   ——决定是否采用项目融资                   │
│ ● 选择项目融资顾问                          │
└──────────────────────────────────────────┘
           │
┌──────────────────────────────────────────┐          ┌──────┐
│ 融资结构分析阶段：                          │          │ 反馈 │
│ ● 评价项目风险因素                          │          └──────┘
│ ● 评价项目的融资结构和资金结构              │
│   ——修正项目融资结构                       │
└──────────────────────────────────────────┘
           │
┌──────────────────────────────────────────┐
│ 融资谈判阶段：                              │
│ ● 选择银行，发出项目融资建议书              │
│ ● 组织银团贷款                              │
│ ● 起草融资法律文件                          │
└──────────────────────────────────────────┘
           │
┌──────────────────────────────────────────┐
│ 融资执行阶段：                              │
│ ● 签署项目融资文件                          │
│ ● 执行项目投资计划                          │
│ ● 银团经理人监督并参与项目决策              │
└──────────────────────────────────────────┘
```

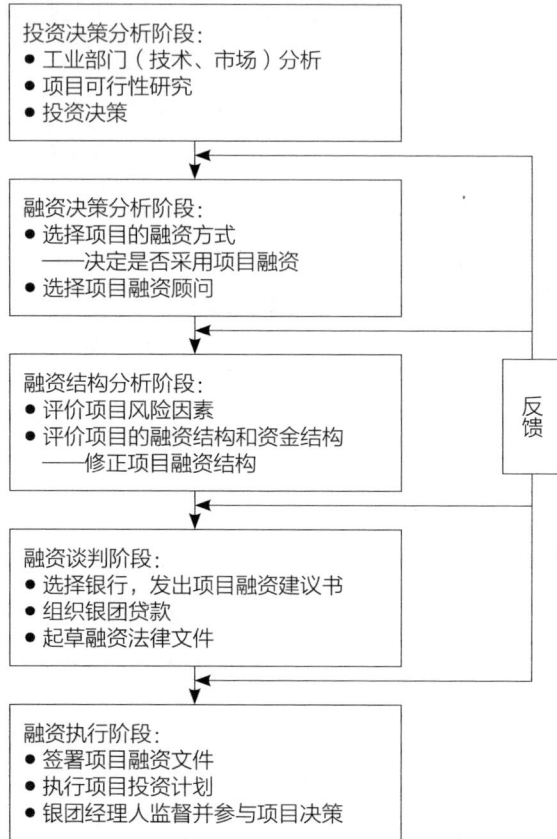

图 11-4　项目融资流程

此外，对于拟投资项目，企业如采用项目融资方式解决资金问题，通常需要取得项目所在地政府部门的政策支持和计划管理部门的批准。应当说，认真分析拟投资项目的特点和条件是正确做出项目融资决策的基础。

11.2.2　项目融资方案

项目投资人或主办人在决定采用项目融资方式后，通常须确定项目投资与项目融资的初步结构或初步方案，并做出项目可行性研究。项目融资顾问需要对拟投资项目进行初步调查和了解，并在此基础上协助项目主办人修改和完善项目融资的初步结构和方案。

案例："世纪星"项目融资决策全过程

方案一：直接融资模式。

投资结构：

由浙商联盟和天鸿地产组成非公司型合资结构。其中浙商联盟直接向国内银行进行融资，负责融资项目款项的40%，天鸿地产向国内银行和欧洲银行分别融资项目资金的60%，两家公司通过合资协议确定合作关系，通过各自自有资金和银行贷款开发项目。天鸿地产在过去开发的许多房地产项目中，其自有资金只达到了总投资的10%，其余资金来自银行贷款。

该项目投入资金中主要是银行贷款（30%～40%）；自有资金中又有30%～40%来自开发商流动贷款；施工企业往往要对项目垫付占总投入30%～40%的资金，这部分资金也多是银行贷款。

此外，至少一半以上的客户资金，即预售回款，这部分资金也多是客户向银行申请的个人住房抵押贷款，同样也是银行贷款。

资金结构："世纪星"项目的资金结构包括项目贷款、股本资金和债券融资。

本方案融资成本 =7 424.84 万元。

方案二：合资项目公司融资模式。

投资结构：

公司型合资结构，由项目发起人天鸿地产和浙商联盟根据股东协议组建一个单一目的的项目公司——荣兴公司。由天鸿地产认购荣兴公司的100%股票，使其成为荣兴公司法律上的拥有者，因为天鸿地产经营业绩良好，可以使荣兴公司的资产、负债和经营损益并入天鸿地产的财务报表之中，同时荣兴公司的税款也可以与天鸿地产的税款合并，统一纳税。然后以荣兴公司作为独立的法人实体，签署与项目建设、生产和市场有关的合同，并安排相应融资，建设经营并拥有项目。

由于该项目公司除了"世纪星"项目之外没有其他资产和业务，也没有任何经营历史，所以项目发起人天鸿地产和浙商联盟为其提供一定的信用担保以承担一定程度的债务责任。

同时，两家公司通过合资协议认购控股公司，即该项目公司发行的可转换债券对控股公司进行股本资金投入（在合资协议中规定可转换债券持有人的权益及转换条件），从而组成真正的投资财团。根据各自参与项目的不同目的，天鸿地产和浙商联盟各自认购债券的比例为60%、40%。

资金结构：股本资金、准股本资金和债务资金。

本方案融资成本 =8 180.9 万元。

方案三：设施使用协议融资模式。

投资结构：

合伙制结构，天鸿地产和浙商联盟以合伙制投资结构的形式兴建"世纪星"项目，与设备供应商签订项目建设机械设备使用协议，天鸿地产和浙商联盟派代表和供应商达成协议，由其提供一个无论使用与否都需付款的设备使用协议。天鸿地产和浙商联盟在能顺利建成项目的前提下定期向设备供应商支付规定数额的设备使用费作为项目融资的信用担保，同时向国内贷款银行进行贷款融资。

根据设备使用协议，由天鸿地产负责建设、经营整个项目系统，并承担对该合伙制项目债务的无限责任；浙商联盟作为有限合伙人，其对该合伙制项目的债务责任被限制在其已经投入和承诺投入合伙制项目中的资本数量。

资金结构：银行贷款和债务资金。

本方案融资成本 =4 827.63 万元。

综上可知，第三种融资方案的融资成本最低，如果仅仅从融资成本角度考虑，应该选择第三种融资方案。

11.3　投资管理基本理论

投资管理狭义上是指一项针对证券及资产的金融服务，广义上还包括实体商业投资、加盟连锁、创新项目投资管理等，从投资者利益出发并达到投资目标。投资者可以是机构，如保险公司、退休基金及公司，也可以是私人投资者。

投资管理包含了几个元素，例如金融分析、资产筛选、股票筛选、计划实现及长远投资监控。投资管理对于企业来说至关重要。

11.3.1　投资的动机和原则

投资动机是指投资主体进行投资的目的。按投资动机的层次，投资动机可分为以下两种。

第一种，投资的直接动机，指通过投资要达到的直接目的。如投资建造一家钢铁联合企业，其直接目的就表现为解决钢铁供应不足和平衡物资缺口，促进经济协调发展，取得良好的经济效益。

第二种，投资的间接动机，指投资的最终目的。它受与社会生产关系相联系的基本经济规律的制约。

投资三原则包括收益性原则、安全性原则和流通性原则，如图 11-5 所示。

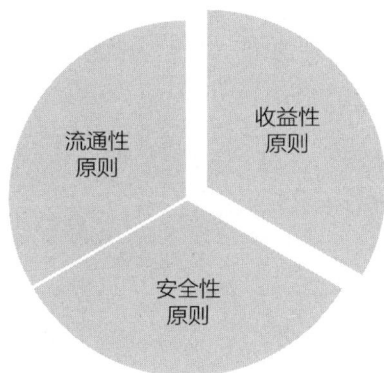

图 11-5　投资的原则

（1）收益性原则

收益性原则是证券投资最基本的要求。一笔证券投资的收益等于利息、股息等当前收入与资本增值之和。债券的利息率一般是预先确定的，持有人可按利息率高低确定收益的多少。债券投资给企业带来的资本增值一般为零；在高通货膨胀率下，债券投资的净收益可能为负数。

普通股股票的股息不能预先确定，股票价格因为受社会、经济、政治、军事及各种因素的影响更是难以把握，从而使得普通股股票的股息收入和资本增值都具备不确定性。为此，购买股息和红利都较为丰富的优先股股票，对于保证股权投资的收益性有重要意义。

（2）安全性原则

安全性原则就是要保证证券投资的本金不受损失。证券投资安全性原则要求企业实行证券组合，将资金分散于慎重选择的若干种证券上，以此分散投资风险，提高证券投资的安全性。

（3）流动性原则

流动性是指收回证券投资本金的速度。从整体上看，在发达的证券市场中，证券的流动性仅次于现金，证券的买卖十分容易、方便，一般在几分钟内即可完成。但是各种证券在流动性上还是有差异的，比如股票的流动性要高于债券，公债的流动性一般又高于地方性债券。

流动性强的证券意味着能够以较快的速度将证券兑换成货币，而以货币计算的价值不受任何损失；流动性弱的证券转化为货币需要的时间较长，支付的费用较多，有时甚至要遭受价格下跌的损失。

投资三原则是新建股份制企业、投资者入股以及机构投资者在实行资产运用时，必须认真考虑和对待的基本原则。

11.3.2　投资决策

投资决策是企业所有决策中十分关键、十分重要的决策，因此我们常说："投资决策失误是企业最大的失误，一个重要的投资决策失误往往会使一家企业陷入困境，甚至破产。"因此，财务总监的一项极为重要的职能就是为企业当好参谋，把好投资决策关。

简单而言，投资决策就是企业对某一项目（包括有形、无形资产）投资前进行的分析、研究和方案选择。投资决策分为宏观投资决策、中观投资决策和微观投资决策三部分。比如，房地产投资决策主要是指房地产投资经营决策，属于微观投资决策的范畴。

投资决策具有的特点如图 11-6 所示。

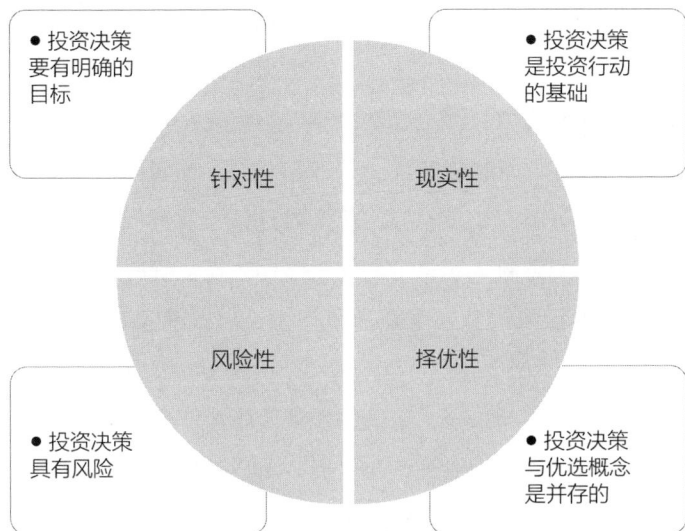

图 11-6　投资决策的特点

（1）投资决策具有针对性

投资决策要有明确的目标，如果没有明确的投资目标就无投资决策，而达不到投资目标的决策就是失策。

（2）投资决策具有现实性

投资决策是投资行动的基础，投资决策是现代化投资经营管理的核心。投资经营管理过程就是"决策—执行—再决策—再执行—决策"的循环过程。因此可以说企业的投资行动是在投资决策的基础上进行的，没有正确的投资决策，也就没有合理的投资行动。

（3）投资决策具有择优性

投资决策与优选概念是并存的，投资决策必须提供能实现投资目标的几个可行方案，因为投资决策过程就是对投资方案进行评判选择的过程。合理的选择就是优选。优选方案不一定是最优方案，但它应是诸多可行投资方案中最令人满意的投资方案。

（4）投资决策具有风险性

风险就是未来可能发生的危险，投资决策应顾及实践中可能出现的各种可预测或不可预测的变化。因为投资环境是瞬息万变的，风险的发生具有偶然性和客观性，是无法避免的，但人们可设法依据历史资料对风险做出估计，从而控制并降低风险。

一家企业是否具有高成长性主要取决于以下因素：该企业的文化创新性、战略创新性、技术创新性、营销创新性、管理创新性、体制创新性等。这就是说，要判断一家企业是否具有高成长性，第一要对这家企业进行全面分析，第二要看其能否在各个方面有所创新。一家企业如果整体表现很好并且呈现不断创新的趋势，所处的行业和地区发展势头又比较好，那么其具有高成长性就是很有可能的了。

投资决策决定着企业的未来，正确的投资决策能够使企业降低风险、取得收益，糟糕的投资决策能影响企业生存与发展，所以，决策者理应经过深思熟虑并在正确原理的指导下做出正确的投资决策。

评价投资方案时使用的指标包括贴现指标和非贴现指标。贴现指标是指考虑了时间价值因素的指标，主要包括净现值、现值指数、内含报酬率等。非贴现指标是指没有考虑时间价值因素的指标，主要包括回收期、会计收益期等。相应地，投资决策方法可分为贴现的方法和非贴现的方法。

11.3.3　投资的种类

投资是特定经济主体为了在未来可预见的时期内获得收益或是资金增值，在一定时期内向一定领域投放足够数额的资金或实物的经济行为。从企业角度来看，投资包括购置生产设备，兴建工厂，建造新生产线，改造设备，购买政府公债、股票、债券等。

投资的种类有哪些呢？

（1）按货币转化为资本的途径分

实物投资是以实物作为出资方式的投资，可用于投资的实物包括建筑物、机器设备或其他物资。

证券投资指企业或个人购买有价证券，获得收益的行为，包括买卖股票、债券、基金等。

（2）按投资资产性质分

有形资产投资指以资金或实物方式进行的投资，包括以厂房、机器或原材料等有形资产投入所形成的投资。

无形资产投资指以拥有或控制的非货币性资产进行的投资，可用于投资的无形资产包括长期股权投资、专利权、商标权等。

（3）按投资回收时间分

长期投资指不准备随时变现、持有时间超过 1 年的投资，长期投资的目的在于持有而不在于出售。长期投资按其性质分为长期股票投资、长期债券投资和其他长期投资。

短期投资是指能够随时变现并且持有时间不超过一年（含一年）的有价证券投资以及不超过一年（含一年）的其他投资，包括各种股票、债券、基金等。

（4）按投资运用方式分

直接投资指投资者将货币资金直接投入投资项目，形成实物资产或者购买现有企业的投资。可用于直接投资的资产包括现金、厂房、机械设备、交通工具和土地使用权等。

间接投资指投资者以其资本购买公司债券、金融债券或公司股票等各种有价证券，以预期获取一定收益的投资。间接投资的好处在于可以随时调用或转卖资产、更换其他资产。

（5）按投资的范围分

对内投资指把资金投向企业内部，形成各项流动资产、固定资产、无形资产和其他资产的投资，包括货币投资、短期投资、生产经营投资以及无形资产投资。

对外投资指企业以购买股票、债券等有价证券的方式或以现金、实物资产、无形资产等向企业以外的其他经济实体进行的投资。

（6）按投资主体分

法人投资是指建设项目由法人筹建和管理的投资。

个人投资是指个人作为一级投资主体所进行的投资，个人投资的资金主要是家庭的积蓄，或者通过银行信贷、民间信用渠道筹集的资金。

政府投资是指政府为了实现其职能，满足社会公共需求，实现经济和社会发展战略，投入资金用以转化为实物资产的行为和过程。

（7）按投资地域范围分

境内投资指政府、企业、个人等在境内所进行的投资。

境外投资，又称对外投资，是指跨境公司等国际投资主体，将其拥有的货币资本或产业资本，通过跨境流动和营运。

11.3.4　投资程序

企业投资的程序如下。

①提出投资领域和投资对象。这需要在把握良好投资机会的情况下，根据企业的长远发展战略、中长期投资计划和投资环境的变化来确定。

②评价投资方案的可行性。在评价投资项目的环境、市场、技术和生产可行性的基础上，对财务可行性做出总体评价。

③比较与选择投资方案。在投资方案可行性评价的基础上，对可供选择的多个投资方案进行比较和选择。

④执行投资方案。即投资行为的具体实施。

⑤再评价投资方案。在投资方案的执行过程中，应注意原来做出的投资决策是否合理、是否正确。一旦出现新的情况，就要随时根据变化的情况做出新的评价和调整。

11.4　企业项目投资

项目投资决策，是指在调查、分析、论证的基础上，对投资项目进行最后决断。也就是说，项目投资决策指企业对某一项目（包括有形、无形资产）投资前进行的分析、研究和方案选择。

11.4.1　项目投资概述

项目投资是一种以特定项目为对象，直接与新建项目或更新改造项目有关的长期投资行为。

与其他形式的投资相比，项目投资具有投资内容独特（每个项目都至少涉及一项固定资产投资）、投资数额多、影响时间长（至少一年或一个营业周期）、发生频率低、变现能力差和投资风险大的特点。

按照投资时间，项目投资可分为短期投资和长期投资。短期投资又称流动资产投资，是指在一年内（包括一年）能收回的投资。长期投资则是指一年以上才能收回的投资。由于长期投资中固定资产所占的比重较大，所以长期投资有时专指固定资产投资。按投资与企业生产经营的关系，企业投资可分为直接投资和间接投资。在非金融性企业中，直接投资所占比例很大。间接投资是指把资金投入证券等金融资产，以取得利息、股利或资本利得的投资。

根据投资方向，企业投资可分为对内投资和对外投资两类。对内投资是指把资金投向企业内部，购置各种生产经营用资产的投资。对外投资是指企业以现金、实物、无形资产等方式或者以购买股票、债券等有价证券的方式向其他单位进行的投资。根据投资在生产过程中的作用，企业投资可分为初创投资和后续投资。初创投资是在建立新企业时所进行的各种投资。后续投资则是指为巩固和发展企业再生产所进行的各种投资。

从决策的角度看，可把项目投资分为采纳与否投资和互斥选择投资。采纳与否投资是指决定是否投资于某一独立项目的决策。在两个或两个以上的项目中，只能选择其中之一的决策叫作互斥选择投资决策。按项目投资涉及内容，项目投资还可进一步细分为单纯固定资产投资和完整工业项目投资。二者的区别在于：单纯固定资产投资在投资中只包括为取得固定资产而发生的垫支资本投入而不涉及周转资本的投入；完整工业项目投资不仅包括固定资产投资，而且涉及流动资金投资，甚至包括其他长期资产（如无形资产、长期待摊费用等）的投资。

11.4.2　项目投资决策

投资决策是指投资主体在调查、分析、论证的基础上，对投资活动所做出的最后决断。按层次不同，投资决策可分为以下两类。

第一，宏观投资决策，是指从国民经济综合平衡角度出发，对影响经济发展全局的投资规模、投资使用方向、基本建设布局、重点建设项目、投资体制、投资调控手段、投资政策、投资环境的改善等内容做出抉择的过程。宏观投资决策直接影响到企业持续、稳定、协调、高效发展，在整个宏观经济决策中具有举足轻重的地位。宏观投资决策的失误往往是国民经济大起伏、大调整的直接原因。

第二，微观投资决策，亦称项目投资决策，指在调查、分析、论证的基础上，对拟建工程项目进行最后决断。微观投资决策涉及项目建设时间、地点、规模，技术上是否可行，经济上是否合理等方面的分析论证和抉择，是决定投资成败的关键环节。微观投资决策是宏观投资决策的基础，宏观投资决策对微观投资决策具有指导作用。

项目投资决策的程序，如图 11-7 所示。

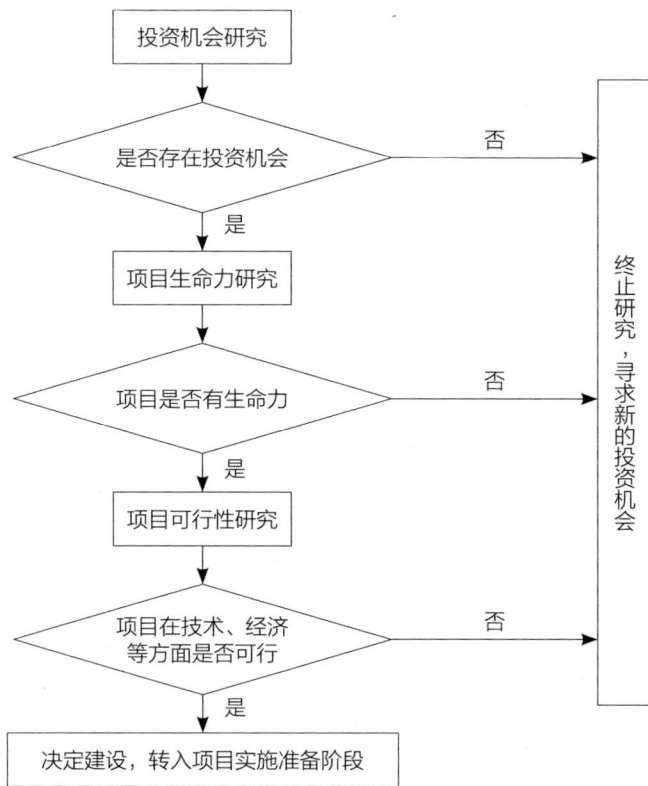

图 11-7　项目投资决策的程序

项目投资的现金流量由以下三部分组成。

（1）初始现金流量

初始现金流量即在项目投资开始至项目正常购建运行之前发生的现金流量，一般是指流出量。具体包括以下内容。

一是固定资产上的投资，包括购建费、运输费、安装费等。

二是营运资金上的垫支额，是为了维持正常的生产经营活动而追加的周转性资金，一般在营业终了时才能收回。

三是无形资产上的投资，包括在专利权、商标权、非专利技术、商誉等方面的投资。

四是其他投资，包括筹建费用、试车费用、职工培训费等。

（2）年营业现金净流量

年营业现金净流量是指在整个项目寿命期内正常生产经营活动产生的现金流入量和现金流出量的差额，包括以下内容。

一是营业收入。营业收入指按权责发生制所确认的收入。营业收入虽不能在当期全部收到现金，但为了简便，在实际估算现金流量时，可以把某个时期的营业收入直接看作现金流入。

二是付现成本。付现成本是指需要支付现金的成本，营业成本中不需要支付现金的部分称为非付现成本。非付现成本主要包括折旧和无形资产、开办费的摊销成本。

$$付现成本 = 营业成本 - 折旧 - 摊销额$$

三是税金及附加。税金及附加是指投资项目引起的企业所得税、增值税及附加。

以上三项中，第一项减去后两项的结果即营业现金净流量。

（3）终结现金流量

终结现金流量是指投资项目寿命期结束时发生的现金流量。其主要包括：一是固定资产残值的变价收入；二是收回垫支的营运资金。

例如，某公司要进行一项重置设备的决策，有关资料如表 11-1 所示。

表 11-1　相关资料

项目	旧机器（元）	新机器（元）
原值	100 000	340 000
变现价值	40 000	340 000
估计今后可使用年限（年）	10	10
每年折旧	4 000	34 000
每年人工成本	50 000	40 000
每年材料成本	615 000	565 000
动力	15 000	17 500
修理费	9 000	5 700

假定新旧机器的安装成本和残值相等，资金成本率为 10%，计算净现值，并评价设备是否应该重置。（不考虑所得税）

增量现金流量：（新机器与旧机器比较）

原始总投资 =340 000−40 000=300 000（元）

旧机器年付现成本 =50 000+615 000+15 000+9 000= 689 000（元）

新机器年付现成本 =40 000+565 000+17 500+5 700= 628 200（元）

重置新设备，将节约的成本作为现金流入量。

净现值 =（689 000−628 200）×（P/A, 10%, 10）−300 000

$\qquad$ =60 800×6.145−300 000=73 616（元）

应重置新设备。

11.4.3　项目投资的风险防范方法

在投资项目的实际运作过程中，企业项目投资风险的防范对策有如下几种。

①风险回避。当投资项目风险发生的可能性很大，不利后果也比较严重，而且又无其他策略可采用时，通过主动放弃项目、改变项目目标与行动方案来规避风险。

②风险控制。在实施风险控制策略时，最好将项目的每一具体风险都控制在可以接受的水平上，单个风险降低了，整体风险就会相应降低，成功的概率就会增大。

③风险转移。风险转移的目的是通过若干技术手段和经济手段将风险部分或全部转移给其他人承担。

④风险自留。对一些无法避免和转移的风险，采取现实的态度，在不影响投资者根本或局部利益的前提下，将风险自愿承担下来。

第 12 章
绩效考核与激励系统

　　企业年终考核，必须奖惩分明。对优秀的员工进行提薪、晋升、培训等嘉奖，对没有完成任务的员工进行降级、扣薪、末位淘汰。对于财务总监来说，绩效考核十分重要。

12.1　绩效管理与考核体系

　　大部分企业都在谈绩效管理，但是如何制定绩效并进行科学的管理，却是困扰企业的难题，毕竟成功的绩效管理并非通过几个表格、几项制度、几项考核就能实现的，而是一个管理体系，是对企业、部门和员工进行考核的科学依据。

12.1.1　绩效管理制度

　　彼得·德鲁克认为，目标管理到部门，绩效管理到个人，过程控制保结果。也就是说，绩效管理中较难的部分就是落实，这也是目标管理的核心内容。

　　作为财务总监，如何保证下属员工都能实现绩效目标呢？

　　绩效管理的最终目的是通过个人绩效目标的实现来完成企业的总体战略目标。因此，对无法胜任工作的员工，应该安排培训以促使其业绩提高，或者调整岗位。培训或换岗后仍不能胜任的，才考虑淘汰。

　　企业的激励要落实到企业每个员工的成长收益上。

例如，华为通过合理划分等级选项，通过"以岗定级、以级定薪、人岗匹配、易岗易薪"的制度来规范员工薪酬和奖金发放。华为的绩效管理制度如图 12-1 所示。

图 12-1　华为的绩效管理制度

（1）以岗定级。

以岗定级就是每一个职位都会对应一个职级，这个职级就是这个岗位对企业贡献价值的评估，包括了这一职级员工对组织的绩效、对岗位的价值，还包括任职者的个人评估。

华为以岗定级主要表现在两个方面。

其一，对每一类岗位确定岗位序列，比如市场岗位序列、研发岗位序列等。其中研发岗位序列中又包含了助理工程师、工程师、高级工程师等职位。

其二，对职位序列进行相应评估，明晰每个职位相应的负责范围、控制的资源、产出以及面对的客户和环境的复杂程度，以此为基础，明确身处这个职位的员工所需要具备的知识技能和经验。

这样一来，华为就能够通过职位承担的岗位职责和产出来进行衡量，最终用职级来进行描述。

（2）以级定薪。

以级定薪的出发点在于界定工资范围，实际上就是制定职级工资表。华为推行的是宽带薪酬体系，相应部门的主管可以根据自己员工的绩效在带宽范围内调整其工资。也就是说，对于同一职级的员工，主管可以根据员工的绩效表现确定其具体工资，优秀者会得到相应的调薪，获得职级工资带宽所允许发放的高工资。

由于华为不同职级薪酬区间存在着重叠区，员工只要能够持续贡献、取得足够的绩效，其工资也可能超过上一职级的员工，这种薪酬制度能够充分调动员工工作的积极性，让每一位员工在自己的岗位上兢兢业业。

（3）人岗匹配。

人岗匹配着眼于员工和其岗位责任的匹配评估，是指员工和其岗位所要求的责任之间的匹配，以确定员工的个人职级是否符合岗位要求。华为人岗匹配的核心要素是看员工的绩效是不是达到了岗位的要求、其工作能力是不是合乎岗位的职责要求，假如员工的岗位进行了调动，那么华为会按照新岗位要求对员工进行认证。认证不会在调动之后立即进行，往往会在调动后三个月或者半年后才开始。等到人岗匹配完成后，华为会按照新岗位要求的适应情况确定员工的个人职级和符合度，然后决定该员工的薪酬。

总而言之，华为努力做到善于发现每一个人的特长，根据每一个人的特长将其安排到合适的岗位，让他们最大限度地、充分地发挥自己的积极性和作用，真正做到了"职得其人""人适其职"。

（4）易岗易薪。

易岗易薪关注职级和绩效，主要在人岗匹配之后确定员工的薪酬。华为易岗易薪的薪酬方式主要针对岗位变动的员工，比如升职和降职的员工。在员工得到晋升后，假如该员工的工资已经达到或者超过了新职级工资区间的最低值，那么他的工资可以保持不变，也可以得到相应的提高，主要看其绩效表现；假如其工资没有达到新职级工资区间的下限，那么可以将其工资调整到新职级工资下限，也可以再往上调整，具体也是看其绩效表现。

是否降职也根据员工绩效表现，在新的职级对应工资区间内确定调整后的工资，假如降职前工资高于降职后的职级工资上限，就需要降到降职后的职级工资上限或者上限以下。

彼得·德鲁克在《管理的实践》中强调，企业的使命不管是过去还是现在都是创造客户。也就是说，绩效管理成功的关键是客户满意，那么，如何制定让客户满意的绩效考核制度呢？

不管是绩效目标的设定还是考核都要以客户需求为基础，这样才能保证企业的绩效是符合客户价值的，不会背离企业的使命。

任正非一直认为客户是华为的衣食父母，为客户服务是华为存在的唯一理由。他认为一家企业如果不能为客户提供良好的产品和服务，那么这家企业也就很难生存下去，更不用奢望发展壮大了。

因此，在华为的成长过程中，客户一直充当着灵魂的角色，任正非基于这一点提出的"以客户为中心"的企业发展理念，使得华为获得了无限的机会，保持了充沛的活力，逐渐发展壮大。

在企业界流传着这样一个小故事。

2001 年的时候，华为内刊准备刊发一篇阐述华为客户服务宗旨的文章，名称初为"为客户服务是华为存在的理由"。任正非在审阅时将其改为"为客户服务是华为存在的唯一理由"。在任正非看来，华为就是为服务客户而存在的，除了服务客户，华为没有任何存在的理由。由此可见，华为已经将为客户服务上升到了灵魂高度。

在任正非眼中，客户是华为的衣食父母，以客户为中心是华为活动的中心，唯有以为客户服务为企业的灵魂，让客户满意，为客户创造价值，企业才能更具活力、更具成长价值。任正非无疑是睿智的，纵观古今中外，成功的企业，大都会将客户置于企业中心，上升到灵魂高度，而很多衰落的企业也往往是因为忽视了客户的中心位置，没有将之上升到灵魂高度。轻视甚至鄙视客户的企业，势必会被客户无情地抛弃。

为了在华为贯彻"以客户为中心"的思想，做好客户服务，华为专门在考核体系中引入了"客户满意度考核"：华为会根据客户对企业服务的满意度判断员工服务工作的好坏。当然这个满意度的分数不是员工自己得出来的，也不是华为内部的部门打出来的，为了尽量保证这一分值的准确性，华为会聘请第三方专业机构进行打分。得出分数之后，华为会将之和当年企业所规定的权重相乘，最终得出相应员工的客户满意度考核结果。这一考核结果会和员工的工资、奖金等挂钩，分数越高，员工所能享受到的薪资待遇就越好。

华为的前 BG 质量与运营部部长薛铭先生曾经汇报了华为在企业领域，以客户需求为中心、持续提高客户和合作伙伴满意度的管理方法、流程、组织设计和平台建设情况。他说："华为将坚持聚焦与被集成，与合作伙伴一起持续提高客户满意度。"

现阶段，假如企业不建立起客户满意度考核体系，可以预见的是即便使用了最先进的绩效管理工具，企业也不会得到真正的发展。按照客户导向的流程型组织的设计原则，华为把客户导向的绩效分成能否快速响应客户需求、能否准确提供客户价值、能否让客户容易享受产品或服务、能否让客户低成本获得产品和服务几个维度，这也与客户经济流程变革理论创始人迈克尔·哈默对客户导向的流程的定义如出一辙。

12.1.2　绩效考核标准

绩效考核标准是考核者通过测量或通过与被考核者约定所得到的衡量各项考

核指标得分的基准。依据组织的战略，就可制定个人或群体的工作行为和工作成果标准，标准尽管可有多项，每一项也有很明细的要求，但衡量绩效的总的原则只有两条：是否使工作成果最大化；是否有助于提高组织效率。

（1）绩效考核标准的要素

绩效考核标准由三个要素组成：标准强度和频率、标号、标度。

标准强度和频率，是指评价标准的内容，也就是各种规范行为或对象的程度或相对次数。标准强度和频率属于绩效考核标准的主要组成部分。

标号，是指不同强度的频率的标记符号，通常用字母（如 A、B、C、D等）、汉字（如甲、乙、丙、丁等）或数字来表示。标号没有独立的意义，只有当我们赋予它某种意义时，它才具有意义。

标度，就是测量的单位标准，它可以是经典的测量尺度（即类别、顺序、等距和比例尺度），也可以是现代数学的模糊集合、尺度；可以是数量化的单位，也可以是非数量化的标号。总之，标度可以是定量的，也可以是定性的。标度是评价标准的基础部分，它同评价的计量与计量体系有密切的关系。

在绩效考核中，各种内容、标度和属性的标准之间，存在着密切的内在联系，它们相互依存、相互补充、相互制约，组成一个有机整体，这就是绩效考核标准体系。

（2）绩效考核的目的

绩效考核的目的，如图 12-2 所示。

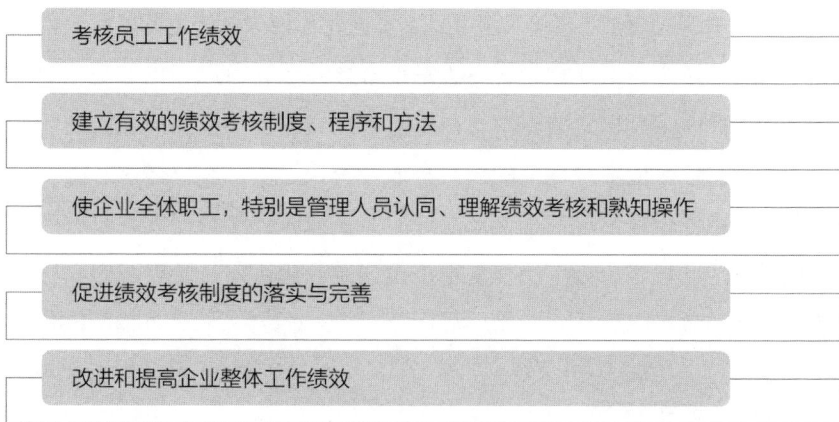

- 考核员工工作绩效
- 建立有效的绩效考核制度、程序和方法
- 使企业全体职工，特别是管理人员认同、理解绩效考核和熟知操作
- 促进绩效考核制度的落实与完善
- 改进和提高企业整体工作绩效

图 12-2　绩效考核的目的

（3）绩效考核标准分类

按绩效评价的手段，可把绩效考核标准分为定量标准和定性标准。

①定量标准，就是用数量作为标度的标准，如工作能力和工作成果一般用分数作为标度。

②定性标准，就是用评语或字符作为标度的标准，如对员工性格的描述等。

12.1.3 绩效考核的影响因素

绩效考核的影响因素主要有以下几点。

（1）考核目的不明确

很多企业考核目的不明确，有时甚至是为了考核而考核，考核方和被考核方都未能充分清楚地了解绩效考核只是一种管理手段，并非管理目的。同时，考核原则混乱、自相矛盾，在考核内容、项目设定以及权重设置等方面表现为无相关性、随意性突出、仅体现领导意志和个人好恶。绩效考核体系缺乏严肃性，可任意更改，难以保证政策的连续、一致性。

（2）考核缺乏标准

目前多数企业的绩效考核标准过于模糊，表现为标准欠缺、标准走样、难以准确量化等，这极易导致不全面、非客观公正的判断，很难使被考核者对考核结果感到信服。

（3）考核方式单一

在很多企业的考核实践中，往往是上级对下级进行审查式考核。考核者作为被考核者的直接上司，其和被考核者的私人友情或冲突、个人的偏见或喜好等非客观因素都将在很大程度上影响绩效考核的结果，考核者有时由于相关信息的欠缺难以给出令人信服的考核意见，甚至会引起上下级关系的紧张。

要想科学全面地评价一位员工，往往需要从多视角来观察和判断，考核者一般应该包括被考核者的上级、同事、下级、被考核者本人以及客户等，实施多方位的综合考核，从而得出相对客观、全面、精确的考核意见。单个考核者往往缺乏足够长的时间和足够多的机会了解被考核者的工作行为，同时考核者本身也可能缺乏足够的动力和能力去做出细致的评价，往往导致评价结果失真。

（4）职工对考核体系缺乏理解

有的企业在制定和实施一套新的绩效考核体系时，不重视和员工进行及时、细致、有效的沟通，导致员工对绩效考核体系的管理思想和行为导向不明晰，常常产生各种曲解，并对所实施的绩效考核体系的科学性、实用性、有效性和客观公平性表现出强烈的质疑。

（5）考核过程形式化

很多企业制定和实施了完备的绩效考核工作，但很多员工都认为绩效考核只是一种形式，出现"领导说你行，你就行；说你不行，你就不行"的消极判断，很少有人真正对考核结果进行认真客观的分析，没有真正利用绩效考核过程和结果来帮助员工在绩效、行为、能力、责任等多方面得到切实的提升。

（6）考核结果无反馈

考核结果无反馈表现形式一般有两种。一种是考核者不愿将考核结果及其对考核结果的解释反馈给被考核者。被考核者无从知道考核者对自己哪些方面感到满意、哪些方面需要改进。出现这种情况往往是因为考核者担心反馈会引起被考核者的不满，在将来的工作中采取不合作或敌对的态度；也有可能是因为考核结果本身无令人信服的事实依托，仅是领导意见，担心反馈会引起巨大争议。另一种是考核者无意识或无能力将考核结果反馈给被考核者。出现这种情况往往是由于考核者本人未能真正了解绩效考核的意义与目的，加上缺乏良好的沟通能力和民主的企业文化，考核者没有反馈绩效考核结果的能力和勇气。

（7）考核资源的浪费

企业在实施绩效考核的过程中对各种资料、相关信息进行收集、分析、判断和评价，这会产生各种中间考核资源和最终考核信息资源。这些信息资源可以充分运用到人事决策、员工的职业发展与培训、薪酬管理以及人事研究等多项工作中去，但目前很多企业对绩效考核信息资源的利用出现两种极端：一种是根本不用，造成宝贵的绩效考核信息资源的巨大浪费；另一种则是管理人员滥用考核资源，凭借考核结果对员工实施严厉惩罚，而不是利用绩效考核信息资源来激励、引导和帮助员工提高绩效、端正态度、提升能力，绩效考核信息成为威慑员工的工具。

（8）错误地利用考核资源

考核者在进行绩效考核的时候，特别是对被考核者进行主观性评价时，由于考核标准不稳定等因素，很容易出现两种不良倾向：过分宽容和过分严厉。有的考核者不愿得罪人，使得各绩效考核结果大同小异，难以真正识别出员工在业绩、行为和能力等方面的差异；有的考核者过分追究员工的失误和不足，对员工在能力、行为和态度上的不足过分放大，简单粗暴地训斥、惩罚和威胁绩效考核不佳者。

（9）考核方法选择不当

绩效考核的方法有很多，如员工比较评价法、行为对照表法、关键事件法、目标管理考核法、行为锚定评价法等。这些方法各有千秋，有的方法适用于将绩效考核结果用于职工奖金的分配，但可能难以指导被考核者识别能力上的欠缺；而有的方法则适合利用绩效考核结果来指导企业制订培训计划，但却不适用于平衡各利益相关者。

（10）考核者心理、行为上的错误

考核者在对员工的绩效进行评估时，会不自觉地出现各种心理上和行为上的错误举动。这类错误一般包括以下几种。

①光环效应。考核者对一位员工的总体印象是以该员工某项具体的特点，如相貌、智商，或某个事件作为判断基础，得出的结论往往有失偏颇。

②隐含人格假设。考核者在进行绩效考核之前，就对被考核者的人格类型进行了分类（如一位敬业者、一个偷懒的家伙），在进行绩效考核时，就会戴着眼镜看人。

③近因性错误。这类情况的出现是因为正常的记忆衰退，人们总是对最近发生的事情和行为记忆犹新，而对远期行为逐渐淡忘。在经过较长时间后进行绩效考核时，考核结果就更多地受到被考核者近期表现的影响了。

12.1.4　绩效考核流程

绩效考核是企业绩效管理的一个重要环节，是采用科学的方式评定员工的工作完成情况、工作履职程度和员工的发展情况，是绩效管理过程中的一种重要手段。同时，绩效考核的过程中可以发现问题、解决问题、找到差距，最终达到双

赢的目的。

那么，绩效考核有哪些流程呢？

（1）制定绩效考核方案

人力资源部根据企业的实际情况，编制绩效考核方案，设计考评工具，拟订考评计划，对各级绩效考核评定者进行培训，并提出处理考评结果的应对措施，供考评委员会决策。

（2）定岗定编

根据不同岗位的职责，确定管理的层级、机构的设置、人员的配备。确定岗位的难易程度，定岗定编，可以让每一名员工都清楚自己所处岗位的情况，为考核公平奠定基础。

（3）自我评价考评

根据 HR（人力资源）制定的绩效考核周期，如季度、半年、一年等，所有员工在考评期间内根据企业制定的工作目标或工作业绩完成情况及工作态度、工作能力等进行自我总结、评价。

（4）部门领导审核绩效考核

相关部门领导根据日常工作完成情况、考勤情况、管理日志等方面进行客观、公平、公正的打分，对员工在工作期间表现出的弱点提出相对应的建议，并交由该部门的最高领导进行审核。如果一个员工有两个直接主管，由其主要业务直接主管负责协调另一业务直接主管对其进行考评。因为，各级主管只能负责其直接下属的考评工作。

（5）面谈考评情况

员工与直接主管面谈绩效情况，当直接主管和员工就绩效考核初步结果谈话结束后，员工可以保留自己的意见，但必须在考评表上签字。员工若对自己的考评结果有疑问，有权向上级主管或考评委员会进行反映或申诉。

（6）收集考评结果

由 HR 收集、汇总所有员工的考评结果，编制考评结果一览表，上交企业最高领导层查阅、审批。

（7）制作考评表

人力资源部负责整理最终考评结果，进行结果兑现，分类编制员工绩效考核表。

（8）发放绩效

各部门领导就绩效考核的最终结果与下属面谈，对员工的工作表现达成一致意见时，确定发放绩效。同时指出有待改进的问题和方向，以提高个人及组织绩效。

上述为企业的绩效考核流程。但是，随着企业的发展方向及发展需求变化，HR 需要对绩效考核流程做出适当的调整与总结，制订新的绩效考核发展计划。

12.2　绩效考核的方法

绩效考核是指考核主体对照工作目标和绩效标准，采用科学的考核方式，评定员工的工作任务完成情况、员工的工作职责履行程度和员工的发展情况，并且将评定结果反馈给员工的过程。绩效考核是企业绩效管理中的一个环节，常见的绩效考核方法包括目标管理考核法、杜邦分析法、关键绩效指标考核法、平衡计分卡考核法等。

12.2.1　目标管理考核法

目标管理源于美国管理学家彼得·德鲁克，他在 1954 年出版的《管理的实践》一书中，首先提出了"目标管理和自我控制的主张"，其认为"企业的目的和任务必须转化为目标。企业如果无总目标及与总目标相一致的分目标来指导职工的生产和管理活动，则企业规模越大、人员越多，发生内耗和浪费的可能性越高。"概括来说，目标管理是让企业的管理人员和员工亲自参与工作目标的制定，在工作中实行自我控制，并努力完成工作目标的一种管理制度。

目标管理是指由下级与上级共同决定具体的绩效目标，并且定期检查目标进展情况的一种管理方式。由此而产生的奖励或处罚则根据目标的完成情况来确定。

目标管理考核法属于结果导向型的考评方法，以实际产出为基础，考评的重点是员工工作的成效和劳动的结果。

（1）目标管理考核法的属性

目标管理体现了现代管理的哲学思想，是主管与员工之间双向互动的过程。目标管理考核法是由员工与主管共同协商制定个人目标，个人的目标依据企业的战略目标及相应的部门目标而确定，并与它们尽可能一致。该方法用可观察、可测量的工作结果作为衡量员工工作绩效的标准，以制定的目标作为对员工考评的依据，从而使员工个人的工作目标与企业、部门目标保持一致，降低管理者将精力放到与组织目标无关的工作上的可能性。

（2）目标管理考核法的原则

目标管理考核法应遵循以下原则。

①企业的目的和任务必须转化为目标，并且要由单一目标评价转变为多目标评价。

②必须为企业各级各类人员和部门制定目标。如果一项工作没有特定的目标，这项工作可能就做不好，部门及人员也不可避免地会出现相互推诿的问题。

③目标管理的对象包括从领导者到员工的所有人员，大家都要被目标管理。

④实现目标与考核标准一体化，即按实现目标的程度实施考核，由此决定升降奖惩和工资。

⑤强调发挥各类人员的创造性和积极性。每个人都要积极参与目标的制定和实施。领导者应允许下级根据企业的总目标设立自己的目标，以满足自我成就的需求。

⑥任何分目标都不能背离企业总目标。在企业规模扩大和成立新的部门时，有的部门有可能片面追求各自部门的目标，而这些目标未必有助于实现企业总目标。企业总目标往往是摆好各种目标位置，实现综合平衡的结果。

（3）目标管理考核法的实施过程

目标管理考核法一般有以下四个步骤：

①制定目标，包括制定目标的依据、对目标进行分类、符合 SMART 原则、细分目标与总目标一致等；

②实施目标；

③信息反馈处理；

④检查实施结果及奖惩。

目标管理考核法不是用目标来控制，而是用目标来激励下级。目标管理考核法通常有四个要素：明确目标、参与决策、规定期限和反馈绩效。

目标管理考核法通过一种专门设计的过程使目标具有可操作性，这种过程一级接一级地将目标分解到组织的各个单位。组织的整体目标被转换为每一级单位的具体目标，即从整体组织目标到经营单位目标，再到部门目标，最后到员工个人目标。在此结构中，某一级的目标与下一级的目标连接在一起，而且对每一位员工而言，目标管理考核法都提供了具体的个人绩效目标。

因此，每个员工对他所在单位的贡献都是关键。如果所有员工都实现了各自的目标，则他们所在单位的目标也将实现，而整体组织目标的完成也将成为现实。

目标管理考核法实施的典型步骤，如图 12-3 所示。

1　● 制定组织的整体目标和战略

2　● 在经营单位和部门之间分配主要的目标

3　● 各经营单位管理者和部门管理者一起设定本部门具体目标

4　● 部门的所有成员参与设定自己的具体目标

5　● 管理者与下级共同商定实现目标的行动计划

6　● 实施行动计划

7　● 定期检查目标的进展情况，并向有关单位和个人反馈

8　● 进行绩效的奖励

图 12-3　目标管理考核法实施的典型步骤

目标管理考核法的评价标准直接反映员工的工作内容，结果易于观测，所以很少出现评价失误，该方法适用于对员工提供建议，进行反馈和辅导。由于目标管理的过程是员工共同参与的过程，因此，员工工作积极性大幅提高，增强了责任心和事业心。目标管理有助于改进组织结构的职责分工，由于组织目标的成果和责任划归一个职位或部门，容易发现授权不足与职责不清等缺陷。

目标管理考核法没有在不同部门、不同员工之间设立统一目标，因此难以对员工和不同部门之间的工作绩效进行横向比较，不能为以后的晋升决策提供依据。

（4）目标管理考核法的内容

目标管理考核法的主要内容如下。

①要有目标。

关键是设定战略性的总目标。一个组织总目标的确定是目标管理的起点。此后，将总目标再分解成各部门各单位和每个人的具体目标。下级的分项目标和个人目标是构成和实现上级总目标的充分而必要的条件。总目标、分项目标、个人目标，上下一贯，彼此制约，融会成目标结构体系，形成目标连锁。目标管理的核心就在于将各项目标予以整合，以目标来统合各部门各单位和个人的不同工作活动及其贡献，从而实现组织的总目标。

②周密计划。

目标管理必须制订完成目标的周详、严密的计划。健全的计划既包括目标的制定，还包括实施目标的方针、政策以及方法、程序的选择，使各项工作有所依据，循序渐进。计划是目标管理的基础，可以使各方面的行动集中于目标。计划要规定完成每个目标的期限，否则，目标管理就难以实现。

③相互为用。

目标是组织行动的纲领，是由组织制定、核准并监督执行的。目标从制定到实施都是组织行为的重要表现。目标反映了组织的职能，同时反映了组织和各岗位的责任与权力。目标管理实质上就是组织管理的一种形式、一个方面。目标管理使权力下放，使责、权、利统一成为可能。目标管理与组织建设必须相互为用。

④管理意识。

员工要认识到自己是既定目标下的成员，要为实现目标积极行动，努力实现自己制定的个人目标，从而实现部门单位目标，进而实现组织的整体目标。

⑤有效配合。

考核、评估、验收目标执行情况，是目标管理的关键环节。缺乏考评，目标管理就缺乏反馈过程，目标管理的目的，即实现目标的愿望就难以达到。

12.2.2　杜邦分析法

杜邦分析法是利用几种主要的财务比率之间的关系来综合地分析企业的财务状况的方法。具体来说，它是一种用来评价企业盈利能力和股东权益回报水平，从财务角度评价企业绩效的一种经典方法。

杜邦分析法的基本思想是将企业净资产收益率逐级分解为多项财务比率的乘积，这样有助于深入分析比较企业经营业绩。由于这种分析方法最早由美国杜邦公司使用，故名杜邦分析法。杜邦分析法常用公式如图 12-4 所示。

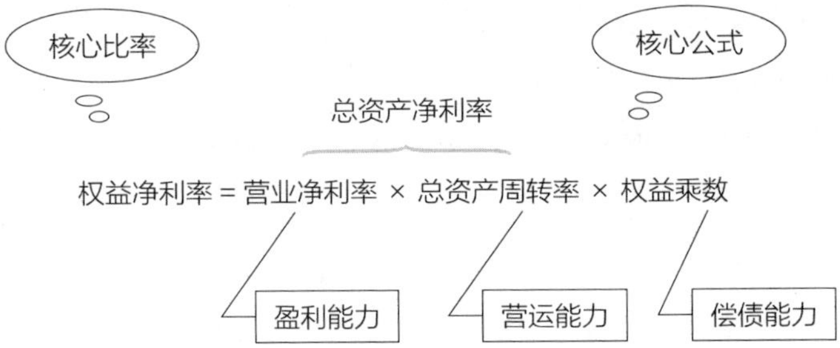

$$权益净利率 = 营业净利率 \times 总资产周转率 \times 权益乘数$$

核心比率　　总资产净利率　　核心公式

盈利能力　营运能力　偿债能力

$$权益净利率 = \frac{净利润}{股东权益} = \frac{净利润}{总资产} \times \frac{总资产}{股东权益} = 总资产净利率 \times 权益乘数$$

$$总资产净利率 = \frac{净利润}{总资产} = \frac{净利润}{营业收入} \times \frac{营业收入}{总资产} = 营业净利率 \times 总资产周转率$$

图 12-4　杜邦分析法常用公式

（1）杜邦分析法的特点

杜邦分析法的显著特点是将若干个用以评价企业经营效率和财务状况的比率按其内在联系有机地结合起来，形成一个完整的指标体系，并最终通过权益净利率来综合反映。

采用这一方法，可使财务比率分析的层次更清晰、条理更突出，为报表分析者全面仔细地了解企业的经营和盈利状况提供方便。

杜邦分析法有助于企业管理层更加清晰地看到权益净利率的决定因素，以及营业净利润与总资产周转率、权益乘数之间的相互关系，给管理层提供了一张明晰的考察企业资产管理效率和判断是否实现最大化股东投资回报的路线图。

（2）杜邦分析法的基本思路

杜邦分析法的基本思路如下。

①权益净利率，也称权益报酬率，是一个综合性较强的财务分析指标，是杜邦分析法的核心。

②总资产净利率是影响权益净利率的重要的指标，具有很强的综合性，而总资产净利率又取决于营业净利率和总资产周转率。总资产周转率反映总资产的周转速度。对总资产周转率的分析，需要对影响资产周转的各因素进行分析，以判明影响企业资产周转的主要问题在哪里。营业净利率反映营业收入的收益水平。提高营业收入、降低成本费用是提高企业营业净利率的根本途径，而提高销售收入，同时也是提高总资产周转率的必要条件和途径。

③权益乘数表示企业的负债程度，反映了企业利用财务杠杆进行经营活动的程度。资产负债率高，权益乘数就大，这说明企业负债程度深，企业会有较多的杠杆利益，但风险也高；反之，资产负债率低，权益乘数就小，这说明企业负债程度浅，企业有较少的杠杆利益，但相应承担的风险也低。

（3）财务关系

杜邦分析法中的几种主要的财务指标关系如下。

权益净利率＝总资产净利率（净利润/总资产）×权益乘数（总资产/股东权益）

总资产净利率（净利润/总资产）＝营业净利率（净利润/营业收入）×总资产周转率（营业收入/总资产）

权益净利率＝营业净利率×总资产周转率×权益乘数

在杜邦分析体系中，包括以下几种主要的指标关系。

①权益净利率是整个分析系统的起点和核心。该指标的高低反映了企业的净资产获利能力的强弱。权益净利率是由营业净利率、总资产周转率和权益乘数决定的。

②权益乘数表明了企业的负债程度。该指标越大，企业的负债程度越深，它

是资产权益率的倒数。

③总资产净利率是营业净利率和总资产周转率的乘积，是企业销售成果和资产运营的综合反映，要提高总资产净利率，必须增加营业收入，降低资金占用额。

④总资产周转率反映企业资产实现营业收入的综合能力。分析时，必须综合营业收入分析企业资产结构，即流动资产和长期资产的结构是否合理，同时还要分析流动资产周转率、存货周转率、应收账款周转率等有关资产使用效率指标，找出总资产周转率变化的确切原因。

（4）杜邦分析法的局限性

从企业绩效评价的角度来看，采用杜邦分析法得到的信息只包括财务方面的信息，不能全面反映企业的实力，有很大的局限性，在实际运用中需要加以注意，必须结合企业的其他信息加以分析。杜邦分析法的局限性主要表现在以下几点。

①对短期财务结果过分重视，有可能助长企业管理层的短期行为，忽略企业长期的价值创造。

②财务指标反映的是企业过去的经营业绩，在现代企业中，顾客、供应商、雇员、技术创新等因素对企业经营业绩的影响越来越大，而杜邦分析法无法衡量这些因素的影响。

③在市场环境中，企业的无形资产对提升企业长期竞争力至关重要，杜邦分析法却不能解决无形资产的估值问题。

（5）杜邦分析法的步骤

杜邦分析法使用步骤如下：

①从权益净利率开始，根据会计资料（主要是资产负债表和利润表）逐步分解计算各指标；

②将计算出的指标填入杜邦分析图；

③逐步进行前后期对比分析，也可以进一步进行企业间的横向对比分析。

案例：

公司基本情况：属于一家制造行业的私营公司，具有较长的经营历史，在行业中也有较高的知名度；公司总经理是技术性管理人员，没有受过系统的管理培训；

公司财务状况良好，从来没有和金融机构打过交道。

公司的权益净利率 2019 年为 28.38%，2020 年为 30.97%，2021 年为 18.50%，可以知道 2020 年的权益净利率最高，同时影响权益净利率的因素中净利润最为明显。

公司的权益净利率使人认为公司还能够给予投资者很好的回报，但存在以下疑问：权益净利率的剧烈波动是因为什么？

通过计算得出公司的财务杠杆在 2019—2021 年没有太大的变化，这说明财务杠杆不是影响公司权益净利率的关键因素。然后，发现公司的营业净利率和总资产周转率变化的幅度比较大，这可能是问题产生的原因。营业净利率的下降说明公司产品的盈利能力在减弱，可能存在以下原因：

产品已经进入衰退期或是市场已经低迷，竞争者很多，导致产品盈利能力减弱；

产品的成本控制不能够有效地达到目标；

公司在营销和市场开拓方面没有达到目标，公司的整体盈利能力在减弱；

该行业的平均利润水平与公司平均利润水平存在差异；

盈利能力的降低速度大于公司进行资产管理和资金调配方面的努力，导致公司的权益净利率的降低，这给予公司的管理层非常大的压力。

公司的权益净利率的较高水平来源于公司对财务杠杆的运用和资产管理水平较高，这种内部管理加强导致的较高权益净利率是公司长期盈利的因素。但是，公司产品盈利能力的减弱也导致了公司权益净利率的表现不能够达到理想的状态。通过这种分析就可以很好地掌握提高权益净利率的方法，并需企业落实。

公司在进行净资产回报管理的过程中，需要非常关注的是对指标的综合利用和发展，而不是只注重单一指标。在该案例中，过去，公司的总经理一直不知道如何投资和抓住良好的投资机会，因此将大量的现金存入银行，获利不多。在流动资产中，现金占总资产的比例 2019 年为 43.58%，2020 年为 41.14%，2021 年为 40.02%，如果将现金比例减小，而将现金投资到其他获利更高的项目中，或许公司的权益净利率会更高。

12.2.3　关键绩效指标考核法

关键绩效指标（KPI）是指，一家企业在价值创造过程中，每个部门和每一位员工 80% 的工作任务由 20% 的关键行为完成，抓住这 20% 的关键行为，就抓住了主体。

关键绩效指标的维度，如表 12-1 所示。

表 12-1　关键绩效指标的维度

绩效变量维度	关键绩效指标维度			指标
	测量主体	测量对象	测量结果	
时间	效率管理部	新产品（开发）	上市时间	新产品上市时间
成本	投资部门	生产过程	成本降低	生产成本率
质量	顾客管理部	产品与服务	满足程度	客户满意度
数量	能力管理部	销售过程	收入总额	销售收入

（1）特征

关键绩效指标是对组织运作过程中关键成功要素的提炼和归纳。一般有如下特征。

①具有系统性。关键绩效指标是一个系统。公司、部门、班组有各自独立的KPI，但是必须从公司远景、战略、整体效益展开，而且是层层分解、层层关联、层层支持的。

②可控与可管理性。绩效考核指标的设计是基于公司的发展战略与流程的。

③价值牵引和导向性。下道工序是上道工序的客户，上道工序是为下道工序服务的，内部员工的绩效最终体现在为外部客户的服务上。

（2）原则

确定关键绩效指标有一个重要的原则，即 SMART 原则。SMART 是 5 个英文单词首字母的组合。

①S 代表具体（specific），指绩效考核要切中特定的工作指标，不能笼统。

②M 代表可度量（measurable），指绩效指标是数量化或者行为化的，验证这些绩效指标的数据或者信息是可以获得的。

③A 代表可实现（attainable），指绩效指标在付出努力的情况下可以实现，避免设立过高或过低的目标。

④R 代表有关联性（relevant），指绩效指标与上级目标具有明确的关联性，最终与公司目标相结合。

⑤T 代表有时限（time-bound），注重完成绩效指标的特定期限。

（3）确定关键绩效指标的过程

确定关键绩效指标一般应遵循下面的过程。

①建立评价指标体系。

可按照从宏观到微观的顺序，依次建立各级的指标体系。首先明确企业的战略目标，找出企业的业务重点，并确定这些关键业务领域的关键绩效指标，从而建立企业级 KPI。接下来，各部门的主管需要依据企业级 KPI 建立部门级 KPI。然后，各部门的主管和部门的人员一起再将部门级 KPI 进一步分解为员工个人 KPI。这些绩效衡量指标就是员工考核的要素和依据。

②设定评价标准。

一般来说，指标指的是从哪些方面来对工作进行衡量或评价；而标准指的是在各个指标上分别应该达到什么样的水平。指标解决的是我们需要评价什么的问题，标准解决的是要求被评价者做得怎样、完成多少的问题。

③审核关键绩效指标。

对关键绩效指标进行审核的目的主要是确认这些关键绩效指标是否能够全面、客观地反映被评价对象的工作绩效以及是否适合用于评价操作。

（4）支持环境

有了关键绩效指标考核体系，也不能保证这些指标就能运用于绩效考核，达到预期的效果。能否真正达到效果，还取决于企业是否有关键绩效指标考核的支持环境。如何建立这种支持环境，同样是设计关键绩效指标时必须考虑的。企业应当做到以下几点。

拥有以绩效为导向的企业文化的支持。建立绩效导向的组织氛围，通过企业文化化解绩效考核过程中的矛盾与冲突，形成追求优异绩效的企业文化。

各级主管人员肩负着绩效管理任务。分解与制定关键绩效指标是各级主管应该也必须承担的责任，专业人员只是起技术支撑作用。

重视绩效沟通制度建设。在关键绩效指标的分解与制定过程中，关键绩效指标建立与落实是一个自上而下、自下而上的制度化过程。没有良好的沟通制度做保证，关键绩效指标考核就不会具有实效性和挑战性。

绩效考核结果与价值分配挂钩。实践表明，只有做到两者联系紧密，以关键绩效指标为核心的绩效考核系统才能真正发挥作用。

（5）目标制定

从组织结构的角度来看，KPI 体系是一个纵向的指标体系：先确定公司层面的 KPI，再确定部门乃至个人要承担的 KPI。由于 KPI 体系是经过层层分解的，因此可以把战略落到具体个人身上。而要把战略具体落实，需要显性化，要对每个层面的 KPI 进行赋值，形成一个相对应的纵向的目标体系。所以，在落实战略时要注重两条线：一条是指标体系，是工具；另一条是目标体系，可利用指标体系得到。

当然，目标体系本身还是一个沟通与传递的体系，即使使用 KPI 体系这一工具，具体的目标制定还需要各级管理者进行沟通：下级管理者必须参与更高一级目标的制定，由此他才能清楚本部门在更大系统中的位置，也能够让上级管理者更明确对其部门的要求，从而保证制定出适当、有效的子目标。

通过层层制定相应的目标，形成一条不发生偏失的目标线，保障战略有效传递和落实到具体的操作层面。具体到绩效管理的实施上，各部门承担的 KPI 是由战略决定的，但具体到某个年度时，并不需要对其所承担的 KPI 进行赋值。

因为战略目标是相对长期的，而具体到年度时会有所偏重，要求在选择全面衡量战略的 KPI 时要根据战略有所取舍。具体的年度目标的制定，是在全面分析企业内外环境、状况的基础上，根据年度战略构想，对本年度确定的 KPI 进行赋值得到的。其中，KPI 体系只是一个工具体系；而制定目标的关键还在于人与人的沟通和理解，需要管理者和自己的上级、同级、下级、外部客户、供应商进行全方位的沟通。管理，在制定目标、落实战略的时候，就是一个沟通、落实的过程。所谓战略的落实，正是通过这种阶段性目标状态的不断定义和实现而逐步达到的。

（6）优缺点

优点如下。

①目标明确，有利于公司战略目标的实现。KPI 考核法是企业战略目标的层层分解，通过对 KPI 的整合和控制，使员工绩效行为与企业目标要求的行为相吻合，不至于出现偏差，有力地保证了公司战略目标的实现。

②提出了客户价值理念。KPI 体系提倡的是为企业内外部客户价值实现的思想，对于企业形成以市场为导向的经营思想是有一定的好处的。

③有利于组织利益与个人利益达成一致。策略性地指标分解，使公司战略目标具体化为个人绩效目标，员工个人在实现个人绩效目标的同时，也在实现公司总体的战略目标，有利于公司与员工实现共赢。

同时 KPI 考核法也不是十全十美的，也有不足之处，主要有以下几点。

① KPI 比较难界定。KPI 考核法更倾向于定量化的指标，而考核者又难以界定这些定量化的指标是否能真正对企业绩效产生关键性的影响。

② KPI 考核法会使考核者误入机械的考核方式。过分地依赖考核指标，而没有考虑人为因素和弹性因素，在考核结果上会产生一些争端和异议。

③ KPI 考核法并不是适用于所有岗位。

12.2.4　平衡计分卡考核法

平衡计分卡考核法，是绩效管理中的一种新思路。它是一种绩效管理的理论框架，描述了公司整体远景、战略和目标，并将其转化为四个维度的目标、指标，从而使各个层次对公司远景和战略达成共识。它通过分解公司整体目标，建立业务单元、部门、个人等各层面的平衡计分卡。平衡计分卡的基本框架如图 12-5 所示。

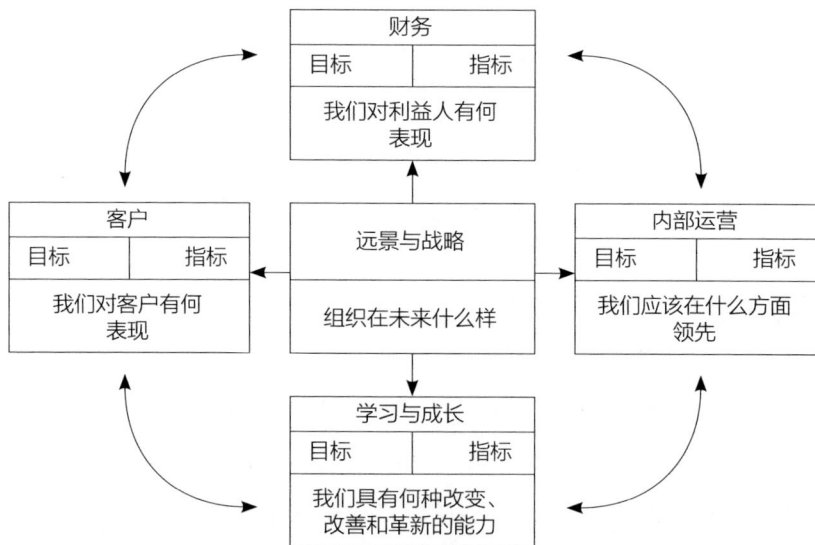

图 12-5　平衡计分卡的基本框架

平衡计分卡考核法对企业全方位的考核及关注企业长远发展的观念受到学术界与企业界的充分重视,许多企业已引入平衡计分卡,将其作为企业管理的工具。

平衡计分卡的指标体系如下。

财务:净资产收益率 / 总资产周转率 / 资本增值率。

客户:顾客满意度 / 合同准时完成率 / 优质项目率 / 投诉降低率。

内部运营:技术 / 生产效率 / 设备利用率。

学习与成长(产品与服务的创新与员工能力提升):员工满意度 / 员工保持率 / 创新数目 / 合理化建议数。

综合评价:将每一个指标的实际值与目标值相比较,得到个体指数,加权平均后,算出综合指数。

(1)平衡计分卡的原理

在信息时代里,传统的绩效管理方法有待改进,公司必须通过在客户、供应商、员工、内部业务流程、技术革新等方面的投资,获得持续发展的动力。基于这样的认识,平衡计分卡考核法认为,公司应从四个角度审视自身业绩:财务、客户、内部运营、学习与成长。

①财务方面。

公司财务性绩效指标能够综合地反映公司业绩,可以直接体现股东的利益,因此财务指标一直被广泛地用于对公司的业绩进行控制和评价,并在平衡计分卡考核法中予以保留。常用的财务性绩效指标主要有利润和投资回报率。

②客户方面。

客户是上帝,以客户为核心的思想应该在公司业绩的考核中有所体现,即强调客户造就公司。平衡计分卡考核法中客户方面的指标主要有:客户满意度、客户保持程度、新客户的获得、客户获利能力和市场份额等。

③内部运营方面。

公司财务业绩的实现、客户各种需求的满足和股东价值的追求,都需要靠公司良好的内部运营来支持。内部运营过程又可细分为创新、生产经营和售后服务三个具体环节。

创新环节。公司创新主要表现为确立和开拓新市场,发现和培育新客户,开发和创造新产品与服务，以及创新生产工艺和经营管理方法等。永无止境地创新是保证企业在激烈的市场竞争中制胜的法宝。平衡计分卡考核法中用来衡量创新能力的指标大致有：新产品开发所用的时间、新产品销售收入占总收入的比例、损益平衡时间、一次设计就能完全达到客户对产品性能要求的产品百分比、设计交付生产前需要被修改的次数等。

生产经营环节。生产经营过程是指从接受客户订单开始到把现有产品和服务生产出来并提供给客户的过程。实现优质经营是这一过程的重要目标，这一环节中采用的指标主要有时间、质量和成本，可以进一步细分为产品生产时间、经营周转时间、产品质量、服务质量、产品成本和服务成本等指标。

售后服务环节。售后服务是指在售出和支付产品和服务之后，给客户提供服务的活动过程，它包括提供保证书、修理、退货和换货，以及支付手段的管理（如信用证的管理）等。

上述内部运营过程可以使经营单位了解到在目标市场中吸引和保持客户所需的价值观念和股票持有者对更好的财务收益的期望。

④学习与成长方面。

企业的学习与成长主要依赖三个方面的资源，即人员、信息系统和企业流程。前述的财务、客户和内部运营目标通常显示出企业现有的人员、信息系统和流程能力与企业实现其业绩目标所需能力之间的差距，为了弥补这些差距，企业需要进行员工培训、信息系统改进与提升和企业流程优化。从本质上来看，企业的学习与成长是基于员工的学习与成长，因而可以考虑采用如下的评价指标：员工培训支出、员工满意程度、员工的稳定性、员工的生产率等。

平衡计分卡的四个方面既包含结果指标，也包含促成这些结果的先导性指标，并且这些指标之间存在着因果关系。平衡计分卡的设计者认为企业的一项战略就是关于因果的一系列设想，企业所采用的成功的绩效评价应当明确规定不同方面的目标和衡量方法之间的逻辑关系，从而便于管理它们和证明其合理性。

由于平衡计分卡的构成要素选择和评价过程设计都考虑了上述的因果逻辑关系链，所以它的四个评价维度是相互依赖、支持和平衡的，平衡计分卡是一个有机统一的企业战略保障和绩效评价体系。

（2）平衡计分卡考核法的特点

平衡计分卡考核法的特点主要体现在它的平衡性，其目的在于确保企业的均衡发展。

①财务指标和非财务指标的平衡。

多数考核法考核的一般是财务指标，而对非财务指标（客户、内部运营、学习与成长）的考核很少，即使有对非财务指标的考核，也多是定性的说明，缺乏量化和系统性的考核，而平衡计分卡考核法从四个维度全面地考察企业，实现了绩效考核过程中财务指标与非财务指标之间的平衡。

②企业长期战略目标和短期经营目标之间的平衡。

平衡计分卡考核法从企业的总体战略开始，也就是从企业的长期目标开始，逐步考核到企业的短期经营目标。在关注企业长期发展的同时，平衡计分卡考核法也关注了企业目标的完成度，使企业的战略规划和年度计划很好地结合起来，解决了企业战略规划可操作性差的问题，实现了战略目标与经营目标之间的平衡。

③企业外部和企业内部之间的平衡。

平衡计分卡考核法中，股东与客户为外部群体，员工和内部业务流程是内部群体，平衡计分卡考核法认识到在有效实施战略的过程中非常有必要平衡这些群体间可能发生的利益冲突。

④领先指标与滞后指标之间的平衡。

财务、客户、内部运营、学习与成长这四个方面包含了领先指标和滞后指标。财务指标是滞后指标，它只能反映企业上一年度的财务情况，不能指导企业如何改善业绩。平衡计分卡考核法对领先指标（客户、内部运营、学习与成长方面的指标）的关注，使得企业更加重视过程，而不仅仅是结果，从而达到了领先指标与滞后指标之间的平衡。

平衡计分考核法不仅在私人部门绩效管理中得到广泛应用，而且其能更好地适应公共组织在环境、目标、过程和产出等方面的多元性和复杂性的要求。

12.2.5　企业绩效评价体系

企业绩效评价体系属于企业管理控制系统的一部分，它与各种行为控制系统、人事控制系统共同构成企业管理控制体系。企业管理控制体系是企业战略目标实现的重要保障。由于每家企业战略目标有其特殊性，所以，有效的绩效评价体系在各企业中表现各不相同。但是，作为企业实现战略目标的通用工具，各企业的有效的绩效评价体系具有同质性。

绩效评价体系作为企业管理控制系统中一个相对独立的子系统，它一般由以下几个基本要素构成。

（1）评价目标

目标是一切行动的指南，任何企业绩效评价体系的建立必须服从和服务于企业目标。

（2）绩效评价体系要处理好评价系统目标和企业目标之间的依存关系

企业目标的实现需要各方面的共同努力：组建有效的组织结构、建立管理控制系统、制定科学的预算、设计绩效评价体系和激励系统等。

（3）评价对象

绩效评价体系一般有两个评价对象，一是企业，二是经营管理者，两者既有联系又有区别。评价对象的确定是非常重要的。评价的结果对绩效评价对象会产生一定影响，并涉及评价对象今后的发展问题。对企业的评价关系到企业的扩张、保持、重组、收缩或退出行为；对经营管理者的评价关系到其奖惩、升降及聘用等问题。

（4）评价指标

绩效评价指标是指对评价对象的哪些方面进行评价。绩效评价体系关心的是评价对象与企业目标的相关方面，即所谓的关键成功因素。关键成功因素既有财务方面的，如投资报酬率、营业利润率、每股收益等；也有非财务方面的，如与客户的关系、售后服务水平、产品质量、创新能力等。因此，用来衡量绩效的指标也分为财务指标和非财务指标。如何将关键成功因素准确地体现在各具体指标上，是设计绩效评价体系时应考虑的重要问题。

（5）评价标准

绩效评价标准是指判断评价对象业绩优劣的标杆。选择什么标准作为评价的标杆取决于评价的目的。在企业绩效评价体系中常用的三类标准分别为年度预算标准、历史标准及行业标准。为了全面发挥绩效评价体系的功能，同一个系统中应同时具有这三类不同的标准，在具体选用标准时，应结合评价对象考虑。

（6）评价报告

绩效评价报告是绩效评价体系的输出信息，也是绩效评价体系的结论性文件。

绩效评价人员以绩效评价对象为单位，通过会计信息系统及其他信息系统获取与评价对象有关的信息，经过加工整理后得出绩效评价对象的评价指标的数值或状况，将该评价对象的评价指标的数值或状况与预先确定的评价标准进行对比，通过差异分析，找出产生差异的原因、责任及差异的影响，得出评价对象绩效优劣的结论，形成绩效评价报告。

12.3 激励与薪酬理论概述

薪酬在企业运营管理中是一个非常重要的模块，因为它直接牵涉到大家的物质基础及利益，同时能体现一个人的价值、贡献值及荣耀。所以在设计薪酬标准时，应考虑公平的价值认同、付出与回报、激励等作用。薪酬会与工作目标、绩效、劳动付出、为人处事等挂钩。

12.3.1 薪酬制度的基本概念

薪酬制度是指用人单位为激励各类劳动者，采取各种手段向其支付多种形式报酬的有关规范、标准、方法的总称，也常称为工资制度，是指与工资决定和工资分配相关的一系列原则、标准和方法。

（1）薪酬构成

薪酬一般由基本工资、岗位工资、绩效工资、工龄工资、福利、奖金六部分构成。

薪酬的构成如图 12-6 所示。

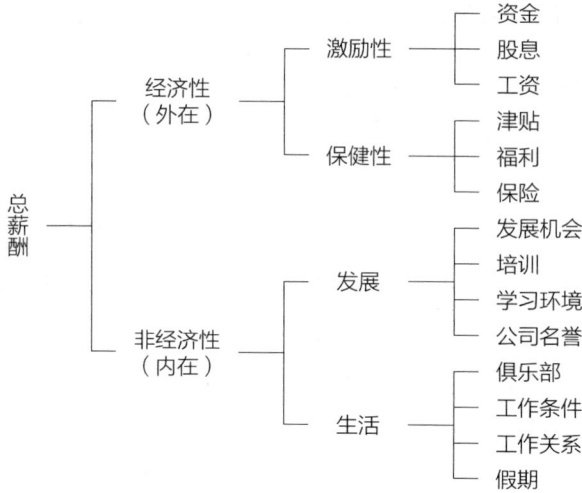

图 12-6　薪酬的构成

（2）薪酬分配的根本目的和重要性

薪酬分配的目的绝不是简单地分蛋糕，而是通过分蛋糕使得企业将蛋糕做得更大。薪酬分配不仅是一项技术工作，更是一种战略思考。

因此，在设计薪酬体系时，必须弄清楚其根本目的，而不是局限于解决企业眼前的薪酬问题和人力资源部的专业工作，否则，虽然眼前的问题暂时解决了，新的薪酬制度也建立起来了，但新的问题一旦出现，又需重构薪酬制度，甚至会阻碍企业的发展。另外，如果经常变动企业的薪酬制度会给企业带来影响，甚至会引发一系列的问题，给企业带来灾难。

企业薪酬分配的根本目的和重要性如图 12-7 所示。

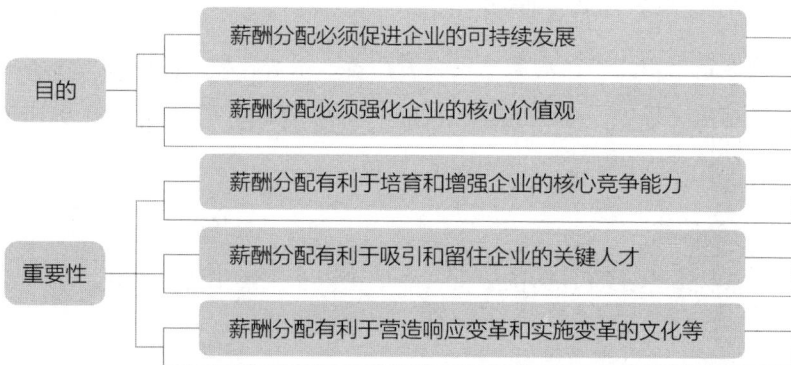

图 12-7　企业薪酬分配的根本目的和重要性

（3）设计薪酬体系的原则

一个科学的薪酬体系必须满足三个基本原则。

第一，外在竞争性，外在竞争性就是指企业员工的收入水平依据战略要求是具有竞争性的还是稳定性的薪酬水准。

第二，内在公平性、合理性，内在公平性是指薪酬收入相对公平。

第三，战略文化特性，战略文化特性是指结合企业发展战略需要订立的企业薪酬政策。

（4）不同类型薪酬模式

企业选取薪酬模式时应充分考虑企业所处的发展阶段、企业的发展战略、企业所在的行业和地区、企业人才选聘情况、绩效考核等基础管理制度的科学性等；并且企业须根据各种权变因素，动态调整薪酬模式。三种基本的薪酬模式如表 12-2 所示。

表 12-2　三种薪酬模式

模式	特点	优点	缺点
高弹性薪酬模式	绩效薪酬是薪酬的主要组成部分，基本薪酬等处于次要的地位，所占的比例非常小（甚至为零）	对员工的激励性很强，员工的薪酬完全依赖于其工作绩效	员工收入波动很大，员工缺乏安全感
调和性薪酬模式	绩效薪酬和基本薪酬各占一定比例	对员工既有激励性又使其有安全感	必须建立科学合理的薪酬体系
高稳定性薪酬模式	基本薪酬是薪酬的主要组成部分，绩效薪酬等处于次要的地位，所占的比例非常小（甚至为零）	员工收入波动很小，员工安全感很强	缺乏激励功能，容易导致员工懒惰

（5）薪酬设计的基本方法

薪酬＝固定工资＋浮动工资，而固定工资一般表现为基本工资，浮动工资一般表现为绩效工资。对于基本工资和绩效工资占的比例，要根据每家企业业务和发展阶段及企业文化、人才类型的特点而定。

常见的薪酬设计如下。

普通员工：基本工资和绩效工资的比例分别为 80% 和 20%。

中基层管理：基本工资和绩效工资的比例分别为 70% 和 30% 或 60% 和 40%。

高层管理：基本工资和绩效工资的比例分别为 60% 和 40% 或 40% 和 60%。

销售人员：基层销售人员的绩效工资（佣金、奖金等）占 60% 以上，中层和高层销售人员的绩效工资的比例要小一些。

技术人员：采用基本工资 + 绩效工资 + 项目奖金的方式，一般前两者所占的比例要大些。

（6）薪酬设计的基本步骤

要设计出合理科学的薪酬体系和薪酬制度，一般要经历以下几个步骤。

第一步：职位分析。职位分析是确定薪酬的基础。

第二步：职位评价。职位评价重在解决薪酬的内在公平性问题。

第三步：薪酬调查。薪酬调查重在解决薪酬的外在竞争力问题。

第四步：薪酬定位。在分析同行业的薪酬数据后，需要做的是根据企业状况选用不同的薪酬水平。

第五步：薪酬结构设计。报酬观反映了企业的分配哲学，即依据什么原则确定员工的薪酬。

第六步：薪酬体系的实施和修正。在确定薪酬调整比例时，要对总体薪酬水平做出准确的预算，大多数企业由财务部门做此预算。

（7）薪酬设计的注意事项

①结合企业实际，科学地确定管理岗位在薪酬分级中的地位。

许多企业在设计薪酬时，把管理岗位作为重要的薪酬分级依据，为了获得高薪，人们都希望成为管理人员，但是毕竟管理岗位是有限的，而且在科技型企业中，单纯以行政级别来确定薪酬，容易导致高技术水平的专业技术人员转向自己并不擅长的管理岗位，以求获得高薪，或者干脆以跳槽实现自身价值。因此，在设计薪酬时要充分考虑各种影响企业生产率的因素，降低管理岗位在薪酬分级中的重要性。

②避免平均主义。

有些企业的工资单元很多，但是每个单元各种类别人员的差别很小，尤其是各人均等的基本薪酬以至于每个人的薪酬总额相差无几；或福利所占比重很大，这是一种变相的平均主义。平均主义的最大缺点是缺乏激励，会挫伤一部分能力强、绩效高的员工的积极性，结果是他们减少自己的工作投入或跳槽。因此，设计薪酬时要突出重要薪酬因素。

③薪酬结构过于复杂。

影响薪酬水平的因素有很多，在设计薪酬系统时把所有因素都考虑在内是不现实的，也是完全没有必要的。有的薪酬系统有多个工资单元，每一个单元都设有几个不同等级的标准，看起来这样的薪酬系统考虑得全面，但实际上其很可能没有任何激励作用。

④奖金和福利计划缺乏弹性。

奖金和福利计划缺乏弹性，没有随着员工的业绩和能力进行动态变化，不仅容易使员工形成消极观念，而且还因缺乏竞争性和公平性，对员工起不到激励作用，甚至会引起员工的不满情绪。

⑤薪酬支付缺乏透明性、公开性。

很多企业都实行薪金保密制度，任何员工都不知道其他人的薪酬水平。保密的薪酬制度之所以在企业盛行，是因为它可以给管理者和员工减少麻烦，而且还有助于企业以较低的人力成本雇佣员工。但是通常情况下，保密的薪酬制度只会引起员工的好奇心而使其四处打探，导致员工之间互相猜测，从而产生不满情绪；而且薪酬制度不透明，使员工心中缺乏一个客观公正的尺度去衡量付出和所得的公正性。企业进入成熟期后进行薪酬设计时，应该更加注重将分配制度、员工激励和留住人才紧密地结合起来，还要将各分配制度与企业倡导的绩效文化相结合。

12.3.2　激励机制理论综述

激励就是激发、鼓励、维持动机，调动人的积极性、主动性和创造性，使人有一股内在的动力朝着所期望的目标奋勇前进的心理过程。调动人的积极性的各种措施，按其实质来说，就是要采取各种形式的激励手段去激发做出某种行为的动机，使外部的刺激转化为人的自觉主动行为的过程。

激励的特点是：有被激励的人；被激励的人有从事某种活动的内在的愿望和动机，而产生这种动机的根源是需要；动机的强弱，即积极性的高低是一种内在变量，不能被直接感觉到，它不是一时的冲动，而是一种长期的动力，持续地发挥作用，动机可以通过被激励人的行为和工作绩效得到体现。

从实质来说，激励实际上就是通过满足员工的需要而使其努力工作、实现组织目标的过程。在组织中，我们经常可以看到这样的现象：不同的人工作的努力程度不同，绩效也就不同。一个人对组织的价值并不完全取决于他的工作能力，在很大程度上取决于他的工作动机，也就是工作积极性。人的工作动机并不是天生就有的，其努力水平取决于目标对他的吸引力，取决于目标能在多大程度上满足员工的需要。激励员工就是要设法使他们看到满足自己的需要与实现组织目标之间的关系，从而产生努力工作的内在动力，勤奋工作。机制原指有机体的构造、功能及其相互关系。激励机制就是为了调动人的积极性而采取的各种措施、方案和制度的有机组合。

在明确了激励机制的概念之后，我们可以进一步认识激励的种类。激励可以按照内容、性质和方式的不同来分类。

根据内容，激励可分为物质激励与精神激励。前者着眼于满足人们的物质需要，如提高工资、颁发奖金等；后者着眼于满足人们的精神需要，如授予称号、颁发奖状、记功表彰、树立榜样、开会表扬、宣传事迹、予以授权等。

根据性质，激励可以分为正激励与负激励。正激励就是当员工行为符合组织目标时，通过奖励来保持和巩固这种行为的方式；而负激励则是当员工行为背离组织目标时，通过惩罚来抑制这种行为并使其不再发生的方式。

根据方式，激励可以分为内激励与外激励。内激励是通过启发、诱导，激发员工的主动性和内在潜力；外激励是运用环境条件来影响人们的动机以强化或者削弱有关行为，提升工作意愿。

12.3.3 员工激励的方法

科学有效的激励，能调动员工积极性、发掘员工潜能、提高员工素质。一个团队如果只有物质激励而没有精神激励，一定不能发展壮大，因为它不能让员工得到更高层次的满足；反之，如果只有精神激励而没有物质激励，这个团队能否存活都是问题，因为它没有解决人们最基本的生理需求。

员工激励的主要方法，如图 12-8 所示。

員工激励的方法

物质激励和精神激励结合法 ｜ 个体差别激励法 ｜ 信任激励法 ｜ 知识激励法 ｜ 情感激励法 ｜ 目标激励法

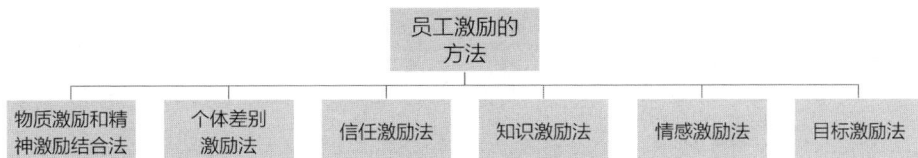

图 12-8　员工激励的方法

（1）物质激励和精神激励结合法

物质激励是指通过物质刺激的手段，激发员工工作的积极性。它的主要表现形式有正激励和负激励两种。正激励如发放工资、奖金、津贴、福利等，而负激励则有罚款等方法。

物质需要是人类的第一需要，是人们从事一切社会活动的基本动因。所以，物质激励是激励的主要方式，也是目前企业普遍使用的一种激励方式。

但是事实上，人类不但有物质上的需要，更有精神方面的需要，因此，企业单用物质激励不一定能起作用，必须把物质激励和精神激励结合起来才能真正地调动员工的积极性。

精神激励即内在激励，是指精神方面的无形激励，包括向员工授权，对员工的工作给予认可，公平、公开的晋升制度，提供学习和发展的机会，实行弹性工作制度以及制定适合每个人特点的职业生涯发展道路等。

（2）个体差别激励法

企业进行激励的目的，是提高员工工作的积极性。影响工作积极性的主要因素有工作性质、领导行为、个人发展、人际关系、报酬福利和工作环境等，这些因素对不同员工所产生的影响也不同。

企业在制定激励制度时一定要考虑到个体差异。

例如，在年龄方面，一般 20 ~ 30 岁的员工自主意识比较强，对工作条件等各方面的要求比较高，因此该年龄段的多数员工经常跳槽；而 31 ~ 45 岁的员工则因为家庭等原因比较安于现状，相对而言其工作比较稳定。

在文化方面，有较高学历的人一般更注重自我价值的实现，他们更看重的是精神方面的满足，如工作环境、工作兴趣、工作条件等；而学历相对较低的人则首要注重的是基本需求的满足。

在职务方面，管理人员和一般员工之间的需求也有不同。

因此企业在制定激励制度时一定要考虑到员工的个体差异，这样才能有较好的激励效果。

（3）信任激励法

企业应塑造人与人相互信任的企业文化，不然会影响企业的有序运转。信任是加速人体自信力爆发的催化剂，自信比努力更为重要。

信任激励是一种基本激励方式。同事之间、上下级之间的相互理解和信任是一种强大的精神力量，它有助于员工之间和谐共处，有助于企业精神和凝聚力的形成。

企业对员工的信任，体现在相信员工、依靠员工、发扬员工的主人翁精神上，体现在平等待人、尊重员工的劳动和意见上等。企业只有信任员工，才能最大限度地发挥员工的主观能动性和创造性，有时甚至还可使员工超水平发挥，取得优异成绩。

（4）知识激励法

随着知识经济的到来，当今世界日趋信息化、数字化、网络化，知识更新的速度不断加快，管理队伍中存在知识结构不合理和知识陈旧的现象也日益突出。

一方面，企业应在实践中不断丰富和积累知识；另一方面，企业也要不断加强学习，树立终身学习的思想，变一时一地的学习为随时随地的学习。企业对一般员工可采取自学和职业培训的方法，使其不断提高自己的思想品德素质、科学文化素质、社会活动素质、审美素质和心理素质，使其能够成为复合型人才，从而适应企业对人才素质的要求。

（5）情感激励法

情感是影响人们行为最直接的因素之一。按照心理学的解释，人的情感可分为利他主义情感、好胜情感、享乐主义情感等类型，这就要求企业多关心员工的生活，使员工敢于说真话、动真情、办实事，企业在满足员工物质需要的同时，还要关心员工的精神生活和心理健康。

企业对员工遇到的事业上的挫折、感情上的波折等，要及时给予疏导，以建立起正常、良好、健康的人际关系，营造出相互信任、相互关心、相互体谅、相互支持、互敬互爱、团结融洽的企业氛围，切实增强员工的生存能力，增强其对团队的归属感，促进员工之间的合作。

（6）目标激励法

所谓目标激励，就是确定适当的目标，激发员工的动机和行为，达到调动他们的积极性的目的。目标具有导向和激励的作用。一个员工只有制定切合实际的目标，才能具有源源不断的动力。

在目标激励的过程中，企业要正确处理大目标与小目标、个体目标与团队目标、理想与现实、原则性与灵活性的关系。在目标考核和评价上，企业要按照德、能、勤、绩标准对员工进行全面综合考查，定性、定量、定级，做到刚性规范，奖罚分明。